中国法院2025年度案例

国家法官学院　最高人民法院司法案例研究院　/编

刑事案例三

（侵犯公民人身权利、民主权利罪，侵犯财产罪）

中国法治出版社
CHINA LEGAL PUBLISHING HOUSE

《中国法院2025年度案例》通讯编辑名单

刘晓虹　北京市高级人民法院
王　凯　北京市高级人民法院
张　荷　天津市高级人民法院
徐翠翠　河北省高级人民法院
崔铮亮　山西省高级人民法院
杨钰奇　内蒙古自治区高级人民法院
张　健　辽宁省高级人民法院
苏　浩　吉林省高级人民法院
桑　松　黑龙江省高级人民法院
张　蕾　上海市高级人民法院
左一凡　江苏省高级人民法院
冯禹源　江苏省南通市中级人民法院
宋婉龄　江苏省无锡市中级人民法院
李　波　浙江省高级人民法院
刘伟玲　安徽省高级人民法院
林冬颖　福建省高级人民法院
杨云欣　江西省高级人民法院
李璐璐　山东省高级人民法院
卓峻帆　河南省高级人民法院
吴　杨　湖北省高级人民法院
唐　竞　湖南省高级人民法院
邵静红　广东省高级人民法院
邹尚忠　广西壮族自治区高级人民法院
韦丹萍　广西壮族自治区高级人民法院
黄文楠　海南省高级人民法院
吴　小　重庆市高级人民法院
任　梦　四川省高级人民法院
颜　源　贵州省高级人民法院
戚　雷　贵州省贵阳市中级人民法院
李丽玲　云南省高级人民法院
赵鸿章　云南省昆明市中级人民法院
索朗达杰　西藏自治区高级人民法院
郑亚非　陕西省高级人民法院
吴　莹　甘肃省高级人民法院
王　晶　青海省高级人民法院
马博文　宁夏回族自治区高级人民法院
石孝能　新疆维吾尔自治区高级人民法院
李　冰　新疆维吾尔自治区高级人民法院生产建设兵团分院

序

为深入学习贯彻习近平法治思想，落实习近平总书记“一个案例胜过一打文件”的重要指示精神，人民法院始终把完善中国特色案例制度，加强以案释法作为推进全面依法治国、支撑和服务中国式现代化的重要途径。人民法院案例库向社会开放一年多来，最高人民法院始终坚持高标准建设，实现入库案例对常见案由和罪名全覆盖，对于促进法律适用统一，实现严格公正司法发挥了重要作用。

“中国法院年度案例系列”丛书以及时记录人民法院司法审判工作新发展、新成就为己任，通过总结提炼典型案例的裁判规则、裁判方法和裁判理念，发挥案例鲜活生动、针对性强的优势，以案释法，以点带面，有针对性地阐释法律条文和立法精神，促进社会公众通过案例更加方便地学习法律，领悟法治精神，体现司法规范、指导、评价、引领的重要作用，大力弘扬社会主义核心价值观，积极服务人民法院案例库建设，加强对案例库案例的研究，促进统一法律适用，提升审判质效，丰富实践法学研究，增强全民法治意识和法治素养，展现新时代我国法治建设新成就。

“中国法院年度案例系列”丛书自2012年编辑出版以来，已连续出版13年，受到读者广泛好评。为更加全面地反映我国司法审判执行工作的发展进程，顺应审判执行实践需要，响应读者需求，丛书于2014年度新增金融纠纷、行政纠纷、刑事案例3个分册，2015年度将刑事案例调整为刑法总则案例、刑法分则案例2个分册，2016年度新增知识产权纠纷分册，2017年度新增执行案例分册，2018年度将刑事案例扩充为4个分册，2022年度将土地纠纷（含林地纠纷）分册改为土地纠纷（含环境资源纠纷）分册。自2020年起，丛书由国家法官学院与最高人民法院司法案例研究院共同编辑，每年年初定期出版。在全国各级人民法院的大力支持下，丛书编委会现编辑出版《中国法院2025年度案例系列》丛书，共 23 册。

“中国法院年度案例系列”丛书以开放务实的态度、简洁明快的风格，在编辑过程中坚持以下方法，努力让案例书籍“好读有用”：一是高度提炼案例内容，控制案例篇幅，每个案例字数基本在 3000 字左右；二是突出争议焦点，力求在有限的篇幅内为读者提供更多有效信息，便于读者快速抓取案例要点；三是注重释法说理，案例由法官撰写“法官后语”，高度提炼、总结案例的指导价值，引发读者思考，为司法审判提供借鉴，为法学研究提供启迪。

“中国法院年度案例系列”丛书编辑工作坚持以下原则：一是以研究案例库案例为首要任务。自 2024 年起，“中国法院年度案例系列”丛书优先选用人民法院案例库案例作为研究对象，力求对案例库案例裁判要旨的基本内涵、价值导向、法理基础、适用要点等进行深入分析，增强丛书的权威性、参考性。二是广泛选编案例。国家法官学院和最高人民法院司法案例研究院每年通过各高级人民法院从辖区法院汇集上一年度审结的典型案例近万件，使丛书有广泛的精选基础，通过优中选优，可提供给读者新近发生的多种类型的典型、疑难案例。三是方便读者检索。丛书坚持以读者为本，做到分卷细化，每卷案例主要根据案由或罪名分类编排，每个案例用一句话概括裁判要旨或焦点问题作为主标题，让读者一目了然，迅速找到目标案例。

中国法治出版社始终全力支持“中国法院年度案例系列”丛书的出版，给了编者们巨大的鼓励。2025 年，丛书将继续提供数据库增值服务。购买本系列丛书，扫描腰封二维码，即可在本年度免费查阅往年同类案例数据库。我们在此谨表谢忱，并希望通过共同努力，逐步完善，做得更好，探索出一条充分挖掘好、宣传好人民法院案例库案例和其他典型案例价值的新路，为广大法律工作者和社会公众提供权威、鲜活、精准的办案参考、研究素材，更好地服务司法审判实践、服务法学教育研究、服务法治中国建设。

“中国法院年度案例系列”丛书既是法官、检察官、律师等法律工作者的办案参考和司法人员培训辅助教材，也是社会大众学法用法的经典案例读本，同时为教学科研机构开展案例研究提供了良好的系列素材。当然，编者们在编写过程中也难以一步到位实现目标愿景，客观上会存在各种不足甚至错误，欢迎读者批评指正。我们诚心听取各方建议，立足提质增效，不断拓宽司法案例研究领域，创新司法案例研究方法，助推实现中国特色司法案例研究事业的高质量发展。

国家法官学院　最高人民法院司法案例研究院

2025 年 3 月

目　录

Contents

一、侵犯公民人身权利、民主权利罪

（一）故意杀人罪

（二）过失致人死亡罪

（三）故意伤害罪

（四）强奸罪

(七) 非法拘禁罪

(八) 绑架罪

(九) 侮辱、诽谤罪

(十) 侵犯公民个人信息罪

二、侵犯财产罪

（一）抢劫罪

（二）盗窃罪

一、侵犯公民人身权利、民主权利罪

（一）故意杀人罪

1

被告人主动到案如实供述后又翻供情况下自首的认定

——刘某故意杀人案

【案件基本信息】

1. 裁判书字号

北京市高级人民法院（2023）京刑核50082180号刑事裁定书

2. 案由：故意杀人罪

【基本案情】

2022年某日凌晨，在某小区，被告人刘某因离婚问题与其妻被害人王某发生争执，后用手扼压王某颈部致其死亡。案发后刘某驾车将王某尸体运至某镇附近一大山空地处予以掩埋。经鉴定，被害人王某符合被他人扼压颈部致机械性窒息死亡。被告人刘某后向云南省某镇派出所投案。刘某主动到案后，如实供述了因离婚问题与其妻被害人王某发生争执，后用手扼压王某颈部致其死亡的犯罪事实，后翻供辩称因被害人先持刀对其进行威胁，其在夺刀的过程中失手将被害人王某杀死。

【案件焦点】

被告人刘某的辩解是否超出了对行为性质的辩解，是否构成自首。

【法院裁判要旨】①

北京市第三中级人民法院经审理认为：被告人刘某因不能正确处理家庭矛盾，故意非法剥夺他人生命，致一人死亡，其行为已构成故意杀人罪，且犯罪性质恶劣，情节、后果严重，社会危害性大，依法应予惩处。被告人刘某到案之初多次供述稳定，均未提及系王某先持刀引发冲突，其后期供述及一审当庭辩解系王某先持刀欲杀其，但未能作出合理解释，且与在案客观证据不符，刘某所提上述辩解已超出对其行为性质的辩解，未能如实供述犯罪事实，不构成自首。鉴于被告人刘某自动投案，本案系婚姻家庭矛盾引发等具体情节，对刘某判处死刑，可不立即执行。故，以故意杀人罪判处被告人刘某死刑，缓期二年执行，剥夺政治权利终身。

一审宣判后，公诉机关未提出抗诉，被告人刘某未提出上诉。

北京市第三中级人民法院依法将刑事部分判决报送北京市高级人民法院核准。

北京市高级人民法院经复核确认的事实与北京市第三中级人民法院认定的事实一致。

北京市高级人民法院经复核认为：被告人刘某因不能正确处理家庭矛盾，故意非法剥夺他人生命，致一人死亡，其行为已构成故意杀人罪。刘某自侦查阶段后期始，推翻其最初的部分供述，辩称在杀害王某之前，因王某先拿刀威胁，其在夺刀过程中失手掐死王某。经查，在案证据不足以认定案发时王某先持刀威胁。刘某翻供前关于犯罪过程的供述自然、流畅，符合事态发展规律，且与在案的其他证据能够相互印证，应予采信。刘某翻供后的供述缺乏证据印

---

① 本书【法院裁判要旨】适用的法律法规等条文均为案件裁判当时有效，下文不再对此进行提示。

证，且不能就翻供理由作出合理解释，其翻供不能成立。刘某虽自动投案，但未如实供述主要犯罪事实，不成立自首。刘某犯罪性质恶劣，情节、后果严重，社会危害性大，依法应予严惩。第一审判决认定的事实清楚，证据确实、充分，定罪准确，量刑适当，审判程序合法。法院依照《中华人民共和国刑事诉讼法》第二百四十八条的规定，裁定如下：

核准北京市第三中级人民法院（2023）京03刑初4号以故意杀人罪判处刘某死刑，缓期二年执行，剥夺政治权利终身的刑事部分判决。

【法官后语】①

本案的争议焦点在于被告人刘某关于被害人先持刀威胁的辩解，是否超出了对行为性质的辩解，是否属于对主要犯罪事实的翻供，是否影响自首的成立。

一、如实供述自己的罪行，是成立自首的必要条件

根据《中华人民共和国刑法》第六十七条第一款的规定，犯罪以后自动投案，如实供述自己的罪行的，是自首。根据《最高人民法院关于处理自首和立功具体应用法律若干问题的解释》第一条第二项的规定："如实供述自己的罪行，是指犯罪嫌疑人自动投案后，如实交代自己的主要犯罪事实……犯罪嫌疑人自动投案并如实供述自己的罪行后又翻供的，不能认定为自首……"司法实践中，"主要犯罪事实"一般理解为对行为性质有决定意义以及对量刑有重大影响的事实、情节。

二、刘某的翻供与在案客观证据不符，歪曲了主要犯罪事实

刘某自侦查阶段后期，推翻其最初的部分供述，辩称在杀害王某之前，因王某先拿刀威胁，其在夺刀过程中失手掐死被害人。但从客观证据看，二人身上均无锐器割、划的伤痕；法医尸检鉴定意见中王某右手手部、腕部亦没有相应的伤痕；水果刀刀刃上的斑迹虽检测出王某的DNA（脱氧核糖核酸），但在水果刀的其他部分均未检测出刘某、王某的DNA，结合该水果刀系二人日常所

---

① 本书【法官后语】对相关法律问题涉及的法律法规等进行了时效性更新，下文不再对此进行提示。

用之物，故不足以认定该斑迹系案发时王某持刀所留。刘某的翻供明显与客观证据不符，不能成立。相反，刘某关于犯罪过程的原始供述却自然、流畅，符合事态发展规律，且与在案的其他证据能够相互印证，应予采信。

三、刘某的翻供，是对影响其定罪量刑重要情节的翻供，不能认定为如实供述主要犯罪事实

其一，本案中，如果认可刘某关于被害人王某先持刀威胁，其在夺刀过程中失手掐死被害人的辩解，则意味着刘某的行为性质由故意杀人转为带有防卫性质的行为，由恶性杀人行为转为临时的应急行为，也就意味着刑法对刘某行为性质及主观恶性的评价将发生重大变化。其二，如果刘某的辩解成立，则意味着必然认定本案被害人在案件发生过程中存在严重过错，如此必然会对刘某刑事责任大小的评价产生重大影响。因此，刘某关于被害人王某先持刀威胁，其在夺刀过程中失手掐死被害人的辩解，是对影响其定罪量刑重要情节的翻供，超出了对行为性质的辩解，不能认定为如实供述主要犯罪事实，刘某虽然有主动投案情节，但不能认定其行为构成自首。

编写人：北京市高级人民法院　陈轶　于文浩

2

被害人有严重过错，行为人出于义愤冲动杀人，作案后主动求救及报警，属故意杀人罪的“情节较轻”

——谢某某故意杀人案

【案件基本信息】

1. 裁判书字号

广东省高级人民法院（2023）粤刑终741号刑事判决书

2. 案由：故意杀人罪

【基本案情】

谢某某与被害人秦某于2010年登记结婚。秦某酒后常殴打谢某某，双方感情逐渐恶化。2019年2月，谢某某与秦某协议离婚，约定儿子的抚养权归男方。离婚后秦某多次殴打、辱骂、恐吓谢某某，骚扰谢某某亲属，将儿子交由女方抚养并经常前往谢某某住处纠缠、性侵谢某某。

2022年9月3日晚，秦某酒后再次到谢某某租住的某出租屋802房，打骂儿子、辱骂并威胁谢某某，要求谢某某搬去与其共同居住，胁迫谢某某与其发生性关系，要求谢某某买夜宵给他吃。次日1时许，谢某某下楼外出购买夜宵后返回802房，见秦某仍裸身睡于客厅床上，对秦某对儿子及自己实施暴力行为不满，为摆脱秦某纠缠和性侵，谢某某持铁锤敲击秦某头面部，在秦某坐起后继续多次敲击秦某头、面部，致秦某死亡。事后，谢某某先后拨打120求救和110报警，并在现场等候处理。接报后，公安人员到现场将谢某某控制，经审讯，谢某某对杀害秦某的行为供认不讳。

经法医鉴定，秦某系被他人用圆形接触面的金属钝器（如铁锤）打击头部致颅脑损伤死亡。

案发后，谢某某亲属代为赔偿秦某亲属经济损失3万元，取得秦某亲属谅解。

【案件焦点】

1. 案发当晚秦某辱骂、强奸谢某某，谢某某趁秦某熟睡时锤击秦某头部导致其死亡，谢某某的行为是否属于正当防卫；2. 被害人秦某有严重过错，谢某某出于义愤冲动杀人，作案后主动求救及报警，如何对谢某某量刑。

【法院裁判要旨】

广东省韶关市中级人民法院经审理认为：被告人谢某某无视国法，故意非法剥夺他人生命，其行为已构成故意杀人罪，并致一人死亡，后果严重，且手段凶残、又有犯罪前科，依法应予严惩。鉴于被害人秦某对谢某某有虐待、殴打、性侵等重大过错行为在先，且谢某某犯罪后主动拨打电话报警并在现场等待处理，如实供述罪行，视为自首，并认罪认罚，赔偿被害人家属经济损失，取得书面谅解，依法对谢某某从宽处罚。据此作出如下判决：

一、被告人谢某某犯故意杀人罪，判处有期徒刑十年，剥夺政治权利三年；

二、扣押在案的作案工具锤子一把，予以没收，谢某某的手机一部，均由扣押机关依法处理。

一审宣判后，谢某某提出上诉。

广东省高级人民法院经审理认为：上诉人谢某某故意非法剥夺他人生命，其行为已构成故意杀人罪。案发前被害人长期对谢某某及其孩子实施暴力行为，案发当晚再次对谢某某施暴，激起了谢某某长期压抑的不满情绪和反抗念头，引发本案，被害人对本案的发生具有严重过错。谢某某是在长期的家庭矛盾和暴力侵害中，因不堪忍受被害人长期纠缠、施暴等不法侵害，为摆脱被害人的侵扰，出于自我保护和义愤冲动而锤击被害人导致其死亡，作案后主动拨打急救电话求救、拨打报警电话报警，其行为应当认定为《中华人民共和国刑法》第二百三十二条规定的故意杀人“情节较轻”。谢某某具有自首情节，认罪认罚，取得被害人亲属的谅解，可以在情节较轻的量刑幅度内从轻处罚。原判认定犯罪事实清楚，证据确实、充分，定罪准确，审判程序合法，唯量刑不当。据此，判决如下：

一、维持广东省韶关市中级人民法院（2023）粤 02 刑初 1 号刑事判决第一项中对被告人谢某某的定罪部分和第二项；

二、撤销广东省韶关市中级人民法院（2023）粤 02 刑初 1 号刑事判决第一项中对被告人谢某某的量刑部分；

三、上诉人谢某某犯故意杀人罪，判处有期徒刑五年。

【法官后语】

本案的争议焦点为在案发当晚谢某某的行为是否符合正当防卫以及如何对谢某某量刑。

1. 被告人的行为是否具有防卫因素的认定。本案发生时，被害人处于睡眠状态，不存在正在进行中的不法侵害，也不宜认定其有继续实施暴力侵害的现实紧迫性，不满足防卫的时间条件。本案中，被告人买夜宵后返回住处，趁被害人处于睡眠状态时主动锤击被害人头部，此时被告人不存在面临不法侵害的现实紧迫性，故不宜认定满足防卫的时间条件，应当认定不具有防卫因素。

2. 被害人过错的认定。本案中，被害人在结婚后常酒后对被告人实施家庭暴力；离婚后威胁、骚扰被告人亲属，以孩子为要挟逼迫被告人返回当地居住，经常骚扰、辱骂、殴打或性侵被告人，经多次报警处理仍不罢手；案发当晚酒后再次打骂孩子，辱骂、威胁、性侵被告人，在案件起因上具有严重过错。

3. 故意杀人罪“情节较轻”的认定。本案被告人因不堪忍受被害人长期纠缠、施暴等不法侵害，觉得自己始终不能摆脱被害人的侵扰，担心被害人醒来后会再次对自己施暴，产生不满情绪及反抗念头，出于义愤而作案。被告人是在长期家庭矛盾和暴力侵害中产生的恐慌、害怕、义愤的心理状态下冲动杀人，犯罪动机的产生具有可宽宥性，主观恶性较小，且作案后主动拨打急救电话求救和报警电话报警，如实供述罪行，其故意杀人行为属于《中华人民共和国刑法》第二百三十二条规定的“情节较轻”。

综上，正当防卫必须针对正在进行的不法侵害，如果不法侵害已经结束，行为人出于恐慌、义愤心理杀害先前的不法侵害人，此时不满足正当防卫的时间条件，不属于正当防卫。被害人有严重过错，行为人出于义愤冲动杀人，作案后主动求救及报警，其行为属于故意杀人罪的“情节较轻”。

编写人：广东省高级人民法院　刘旭烜　郑晓雯

3

行为人本着杀人的目的一刀造成被杀者轻微伤和第三人重伤时的定罪量刑

——张某某故意杀人案

【案件基本信息】

1. 裁判书字号

北京市房山区人民法院（2023）京0111刑初51号刑事附带民事判决书

2. 案由：故意杀人罪

【基本案情】

被告人张某某与被害人赵某某系邻居关系，两家因道路通行问题曾发生过矛盾。2022年7月10日18时许，赵某某怀抱其孙子张某甲（男，案发时年龄为3个月）在北京市房山区某镇某村某胡同内来回走动，后张某某骑电动三轮车回其家中，张某某因自家墙角被刮的问题与赵某某发生口角并相互辱骂。在此过程中，张某某返回家中取出一把单刃尖刀，并对赵某某说再骂将扎死赵某某，赵某某让张某某扎个试试，张某某遂持刀割向赵某某的颈部，造成赵某某颈部受伤、张某甲左手自腕部完全离断。案发后，张某某持刀离开现场，赵某某报警。民警到达现场后，打电话联系张某某，张某某称在村西路边准备回家和民警说明情况，民警告知其在现场等待，并立即驾车赶到张某某所在位置，张某某将手中的刀扔在旁边地上，后民警将张某某控制，并将该刀扣押。经鉴定，赵某某身体所受损伤程度为轻微伤；张某甲身体所受损伤程度为重伤二级。

案发后，张某甲到北京儿童医院等医院进行治疗，支付医疗费58756.38元，购买残疾器具费支出1950元，购买住院日常用品支出659元，其法定代理人在其住院治疗期间支出住宿费 1854 元；赵某某到某医院等医院进行治疗，支付医疗费 1222.97 元。

2022 年 11 月 15 日，被害人赵某某及张某甲的法定代理人张某 2 给张某某出具收据一张，收据载明张某某于 2022 年 11 月 15 日赔偿赵某某、张某甲人民币 10 万元整。

经询，被害人一方表示张某甲被割断的左手经手术已接上，但目前被接上的手仍不能活动，仍需要后续治疗。

【案件焦点】

行为人本着杀人的目的一刀造成被杀者轻微伤和第三人重伤的，应当如何定罪处罚。

【法院裁判要旨】

北京市房山区人民法院经审理认为：被告人张某某在与他人发生矛盾后，不能正确处理，持刀欲非法剥夺他人生命，致一人重伤二级、一人轻微伤，其行为已构成故意杀人罪，依法应予惩处。鉴于被告人张某某在实施杀人行为过程中因其意志以外的原因未得逞，系犯罪未遂，可比照既遂犯对其从轻或减轻处罚。又鉴于被告人张某某接到民警电话后尚能按照民警的指示行事，到案后如实供述其主要犯罪事实，系自首，可依法对其从轻或减轻处罚。再鉴于被告人张某某自愿认罪认罚，可依法对其从宽处理。此外，被告人张某某的家属支付被害人人民币 10 万元，可酌情对其从轻处罚。综合前述法定从轻、减轻及酌定从轻处罚情节，可对其减轻处罚。随案移送的物品，一并予以处理。

因被告人张某某的犯罪行为给附带民事诉讼原告人赵某某、张某甲造成的合理经济损失，依法应予赔偿。综上所述，法院判决：

一、被告人张某某犯故意杀人罪，判处有期徒刑七年六个月，剥夺政治权利一年；

二、随案移送的单刃尖刀一把、蓝格短袖 T 恤衫一件、蓝色牛仔裤一条、黑色皮鞋一双，由公安机关作为物证存档；随案移送的手机一部，退回北京市房山区人民检察院依法处理；

三、被告人张某某赔偿附带民事诉讼原告人张某甲医疗费、营养费、误工费、住院伙食补助费、护理费、交通费等合理经济损失共计人民币89519.38元；赔偿附带民事诉讼原告人赵某某医疗费、营养费、误工费、护理费、交通费共计人民币10872.97（张某某已支付二人人民币10万元）；

四、驳回附带民事诉讼原告人张某甲、赵某某所提其他诉讼请求。

案件宣判后，判决已生效。

【法官后语】

本案中，对于被告人张某某一刀造成赵某某轻微伤、张某甲重伤这一事实不存在争议，但对于如何对张某某定罪量刑则有不同的观点。第一种观点认为，应当以故意杀人罪和故意伤害罪对被告人张某某数罪并罚。第二种观点认为，应当以故意伤害罪一罪对张某某定罪处罚。第三种观点认为，应当以故意杀人罪一罪对张某某定罪处罚。笔者认为，第三种观点更为妥当，具体分析如下。

行为人实施一个犯罪行为造成数个损害后果的，属于想象竞合犯，原则上应当择一重罪处罚

一、犯罪行为个数的判断

判断行为个数，既离不开对人的身体动静进行自然意义上的观察，也不可或缺构成要件意义上的规范性评价。[①] 也就是说，判断犯罪行为的个数，应将身体动静的自然行为个数和具有法律意义的行为个数结合起来进行判断。《中华人民共和国刑法》分则中关于“同时”或者“又”构成其他犯罪，依照处罚较重的规定定罪处罚，均是指行为的主要部分存在重叠，属于想象竞合犯中的“同一行为”，因而从一重处罚或者从一重从重处罚。

二、想象竞合犯及其处断规则

想象竞合犯，是指行为人在两种以上罪过的支配下实施一个危害行为，触犯两种以上不同犯罪罪名的情形。行为人主观上有多种罪过，因而又被称为

---

① 陈红兵：《行为个数与罪数的认定处理》，载《人民法院报》2016年11月9日，第6版。

"观念上的竞合"，一个行为触犯多种犯罪，因而又被称为"想象的数罪"。尽管行为人在多种罪过的支配下实施一个危害行为，可能会造成多种不法状态或者危害结果，但是从犯罪评价的角度看，一个危害行为以及相关的因素一次只能满足一个具体犯罪的犯罪构成。如果将危害行为与一个罪过等因素结合起来，评价为一个具体犯罪，其他剩余因素就不可能组合成一个完整的具体犯罪。之所以认为想象竞合犯是观念上的数罪，是因为在观念上可将危害行为与不同因素多次组合成不同的犯罪，但在禁止重复原则的指导下，不能将危害行为与不同罪过分别多次结合起来评价为不同的犯罪。因此，观念上的数罪不等于实质上的数罪。想象竞合犯实际上只不过是超过一个具体犯罪，但尚达不到两个犯罪，即成立一个具体犯罪后还剩余一部分犯罪构成要件要素。正因为行为人实施了一个危害行为，又因为刑法禁止对危害行为进行重复评价，想象竞合犯在实质上才属于一罪。

本案中，张某某与赵某某发生争吵之后，其返回家中取出一把单刃尖刀，并对赵某某说再骂将扎死赵某某，赵某某让张某某扎个试试，张某某遂持刀割向赵某某的颈部。从二人的言词证据来看，张某某既有要杀死赵某某的言语，又有拿刀割赵某某喉咙的外在行为，而割喉很容易致人死亡，因此，认定张某某存在杀人的故意不存在争议。但张某某持刀割赵某某喉咙的过程中，同时造成了张某甲的手腕断离，其对造成张某甲的损伤是何种罪过呢？从在案证据来看，赵某某在和张某某吵架过程中一直怀抱张某甲，张某某亦供称赵某某抱着孙子和其吵架，张某某在对赵某某实施割喉行为时，也应当预见到在持刀割喉的过程中可能会伤到张某甲，但其对此不管不顾，对造成张某甲损伤持间接故意心态。但从在案证据来看，认定不了张某某也有想要杀害张某甲的想法。首先，张某甲仅是不满四个月的婴儿，不可能和张某某有矛盾。其次，从监控录像来看，张某某是持刀割向赵某某的脖子，并没有持刀直接针对张某甲实施行为。最后，张某某也供称其没有想杀张某甲。因此，总体而言，无法认定张某某有追求张某甲死亡的目的，其对造成张某甲受伤是持一种间接故意的心态，对造成张某甲的损伤后果，应当构成故意伤害罪。但是，张某某只实施了一个持刀割喉的行为，而这个行为却造成两个损害后果，一个是造成赵某某的喉部受伤，另一个是造成张某甲的手腕断离。也就是说，张某某的一个犯罪行为同时造成了两个损害后果，按照想象竞合犯的理论，应当择一重罪对其进行定罪处罚。而之所以要按一罪处罚，是因为张某某虽然有直接故意杀人和间接故意伤害的两个罪过，但其仅实施了一个持刀割喉的行为，只能将故意杀人的主观罪过和持刀割喉的行为结合进行评价，或者是将故意伤害的罪过和持刀割喉的行为结合进行评价，而不能将这两种情形分别评价，否则就是对持刀割喉的行为进行了两次评价，使被告人面临了两次追诉、两次危险、两次惩罚，与刑法禁止重复评价的基本原则相悖。因此，对张某某只能在故意杀人罪和故意伤害罪中择一重罪进行处罚。事实上，根据我国刑法所要求的主客观相统一原则，张某某主观上是想杀害赵某某，客观上也是实施了持刀割赵某某喉咙的行为，也应当以故意杀人罪对其定罪处罚。

所谓的择一重罪处罚，在重罪的比较上，笔者认为，既包括法定刑的比较，也包括罪名的比较，且首先应就法定刑的轻重进行比较，之后再就罪名的轻重进行比较。就故意杀人罪而言，《中华人民共和国刑法》第二百三十二条规定："故意杀人的，处死刑、无期徒刑或者十年以上有期徒刑；情节较轻的，处三年以上十年以下有期徒刑。"具体到本案中，被告人持刀割喉仅造成赵某某轻微伤，应当认定属于故意杀人情节较轻的情形，对应的法定刑是三年以上十年以下有期徒刑。而对于故意伤害罪而言，《中华人民共和国刑法》第二百三十四条规定："故意伤害他人身体的，处三年以下有期徒刑、拘役或者管制。犯前款罪，致人重伤的，处三年以上十年以下有期徒刑；致人死亡或者以特别残忍手段致人重伤造成严重残疾的，处十年以上有期徒刑、无期徒刑或者死刑。本法另有规定的，依照规定。"被告人张某某的行为造成张某甲手腕离断，构成重伤二级，对应的法定刑是"三年以上十年以下有期徒刑"。两相比较，两个罪的法定刑都是一样的。在这种情况下，就需要对罪名进行比较，就罪名而言，故意杀人罪显然要重于故意伤害罪。因此，应当优先适用故意杀人罪对被告人进行定罪处罚。在确定了应当以故意杀人罪对被告人张某某的行为及其造成的后果进行整体定罪处罚的情况下，需要重新衡量被告人的量刑问题。也就是说，被告人的故意杀人行为造成一人重伤二级、一人轻微伤的情况下，显然不宜再认定其行为属于故意杀人中“情节较轻”的情形，而应适用“故意杀人的，处死刑、无期徒刑或者十年以上有期徒刑”的情形，亦即，被告人张某某的行为对应的法定刑应当是“死刑、无期徒刑或者十年以上有期徒刑”。当然，在具体量刑时，还需综合考虑案件的各种法定及酌定的减轻情节、从轻、从宽情节，来决定是否对犯罪行为人减轻处罚。应该说，这样的量刑思路更为周延和妥当。

编写人：北京市房山区人民法院　陈艳飞　徐梦雅

4

刑事责任能力重新鉴定申请应当从形式、实质方面予以全面审查判断[①]

——刘某某故意杀人案

【案件基本信息】

1. 裁判书字号

山东省高级人民法院（2023）鲁刑核21号刑事裁定书

2. 案由：故意杀人罪

【基本案情】

2018年5月，被告人刘某某在某村西南角违章建设的木工工棚被依法拆除，为此，刘某某对时任某村村委会主任的丁某某心生怨恨。多年来，刘某某

① 入库案例，参见人民法院案例库2024-04-1-177-005。

多次要求丁某某为其重新安排建设工棚用地并赔偿其损失，均未果。2021年11月12日15时许，刘某某从家中携带菜刀至丁某某位于某村东岭的办公室，再次要求丁某某为其安排建设工棚用地并索要赔偿，被拒绝。刘某某遂持菜刀砍击丁某某头部数刀，丁某某夺刀未果逃至办公室外，刘某某追至室外，再次砍击丁某某头部数刀，后被丁某某持螺纹钢将菜刀打落。刘某某遂骑电动三轮车逃至某1村崔某某家中割腕自伤，后被赶到现场的民警控制并抓获到案。丁某某于当晚18时46分经抢救无效死亡。

经法医鉴定，丁某某系因头、面部及左手多处锐器砍创，导致失血性休克而死亡。经鉴定，刘某某患有"躁狂发作"，作案时辨认与控制能力明显削弱，评定其对本案具有限定刑事责任能力。

【案件焦点】

诉讼参与人对已有的被告人限定刑事责任能力鉴定意见申请重新鉴定的，人民法院应当如何审查、决定是否重新鉴定。

【法院裁判要旨】

山东省青岛市中级人民法院经审理认为：关于被害人近亲属所提对被告人刘某某刑事责任能力进行重新鉴定的申请，经审查，某司法鉴定所出具的司法鉴定意见形式要件完备、鉴定程序符合法律规定，鉴定意见明确，鉴定机构和鉴定人具有法定资质；刘某某案发前曾因脑缺血、病毒性脑炎疾病等就医，在押期间有不合常理的表现，侦查机关具有启动鉴定的合理性事由；根据已有判例对于曾经被鉴定过系限定刑事责任能力的被告人，最高人民法院在核准死刑立即执行时更加慎重。故，本案无重新鉴定的法定事由，不需要启动重新鉴定。据此，一审判决：

一、被告人刘某某犯故意杀人罪，判处死刑，缓期二年执行，剥夺政治权利终身；

二、随案移送的罪证物品菜刀一把、螺纹钢一根、黑色皮鞋一双依法没收。未随案移送的涉案物品由扣押机关依法处理。

本案在法定期限内没有上诉、抗诉。经报送核准，山东省高级人民法院于2023年3月28日作出如下裁定：

核准原审法院以故意杀人罪判处被告人刘某某死刑，缓期二年执行，剥夺政治权利终身的刑事判决。

【法官后语】

本案的争议焦点在于诉讼参与人对已有的被告人限定刑事责任能力鉴定意见申请重新鉴定的，人民法院应当如何审查、决定是否重新鉴定。

被告人刑事责任能力鉴定意见若要作为证据，必须经过庭审质证，查证属实的，才能作为定案的根据。对于已有的被告人刑事责任能力鉴定意见，被害人亲属提出的重新鉴定申请，人民法院在审查决定时，应当从以下三个方面进行。

1. 根据《最高人民法院关于适用〈中华人民共和国刑事诉讼法〉的解释》的规定进行形式要件的审查，即证据能力审查。《最高人民法院关于适用〈中华人民共和国刑事诉讼法〉的解释》第九十七条、第九十八条对鉴定意见着重审查内容及不得作为定案根据的情形作出了规定，故对于当事人提出重新鉴定申请的，应首先对在案鉴定意见进行内容上的形式审查，包括鉴定委托程序等是否合法，鉴定机构、鉴定人是否具备法定资质，鉴定材料是否真实可靠，鉴定过程和方法是否符合专业规范等情形。本案司法鉴定意见书形式、内容等均符合法律规定。此外，本案刑事责任能力鉴定系由公安机关委托，具有启动鉴定的合理性事由。需要注意的是，是否启动精神病司法鉴定，应当根据案件具体情况综合分析。

2. 结合庭审质证结果、案件事实等对鉴定结论是否采信进行实质性判断，即证明力审查。鉴定结论受到鉴定人本身的知识水平、经验，所依据材料等影响。本案中，被害人方提交重新鉴定申请的同时，提交了专家论证意见，从鉴定所依据的调查材料、精神检查欠充分，刘某某案发前准备、应对行为、案发后表现等方面，倾向于评定刘某某为完全刑事责任能力。对于这些异议意见，法院应当听取，对鉴定结论进行实质性判断，一方面，应当对鉴定意见所依据的材料进行审查，确定是否全面充分，本案鉴定依据的材料既包括刘某某的就医情况、讯问笔录、亲属邻居询问笔录、同监室人员询问笔录、羁押期间现实表现记载等书面材料，也包括对刘某某的精神检查、辅助检查等，鉴定意见对刘某某案发前行为、案发后表现等均作出了分析，对其行为有现实事件诱发、案发后乱跑、割腕等也已予考量，已对被害人方提交的专家论证意见中所提异议进行回应。另一方面，应与在案其他证据综合考量，确定鉴定意见与其他在案证据有无矛盾之处，本案的鉴定意见与其他在案证据能够相互印证，无矛盾之处。

3. 综合全案进行必要性审查。经过对鉴定意见证明能力和证明力的审查和认定，本案已有的鉴定意见足以采信，不应当决定重新鉴定，以免影响司法鉴定的权威性，延长案件审理期限。但鉴于本案系故意杀人案件，被害人家属强烈要求重新鉴定，为实现良好的社会效果和法律效果，应对重新鉴定的必要性再做审查。一是根据最高人民法院对于曾经被鉴定过系限定刑事责任能力的被告人，核准死刑立即执行的已有判例，对重新鉴定的结论与原鉴定意见的结论不同的情况进行分析；二是要求鉴定人出庭或同意被害人方提出的专家出庭申请，根据当庭对鉴定意见的说明、论证再次审查是否有重新鉴定的必要。

综上，当事人对被告人限定刑事责任能力鉴定意见有异议申请重新鉴定的，法院应审查是否符合法定条件并结合具体案情决定是否重新鉴定。在审查认定时，应当进行证据能力审查、证明力审查、必要性审查。对于原鉴定意见足以采信的，则可不重新鉴定。本案通过上述方式审查后，最终决定不需要启动重新鉴定。

编写人：山东省青岛市中级人民法院　岳峰婷　岳薇

（二）过失致人死亡罪

5

刑事附带民事诉讼中安全保障义务人的责任承担与限度

——亢某某过失致人死亡案

【案件基本信息】

1. 裁判书字号

上海市第一中级人民法院（2023）沪01刑终68号刑事附带民事裁定书

2. 案由：过失致人死亡罪

【基本案情】

附带民事诉讼原告人沈甲、沈乙、沈丙、冉某分别系被害人齐某某的丈夫、儿子、女儿、母亲。

2021年11月9日1时许，被告人亢某某在明知被害人齐某某已经饮酒的情况下，与齐某某相约在某火锅店吃饭喝酒，其间齐某某大量饮用白酒后严重醉酒，无法自主行走。当日3时许，亢某某将齐某某抱至某旅馆开房，后在明知齐某某醉酒严重、失去自理能力的情况下将齐某某独自留在旅馆房间内。当日7时许，亢某某再次至上述地址，在明知齐某某尿失禁、生命体征异常的情况下，仍将其独自留在旅馆房间内。上述期间，被告人亢某某对严重醉酒的齐某某有不轨行为。当日11时许，亢某某再次至旅馆，在旅馆工作人员的协助下，打开房门，发现齐某某死亡。亢某某遂报警，并在现场等候民警，其到案后如实供述上述事实。经鉴定，齐某某心血中乙醇成分含量为3.57毫克/毫升；齐某某符合生前乙醇中毒合并急性出血坏死性胰腺炎而死亡，饮酒等可以是出血坏死性胰腺炎急性发作的诱因；亢某某无精神病，在本案中具有完全刑事责任能力，具有受审能力。

【案件焦点】

1. 刑事案件中，在被告人对死亡结果负有直接过错的情况下，作为安全保障义务人的民事赔偿责任、责任范围的判断应考虑哪些因素；2. 安全保障义务人的赔偿范围是否限于刑事附带民事诉讼的赔偿范围，能否包括死亡赔偿金、被扶养人生活费。

【法院裁判要旨】

上海市徐汇区人民法院经审理认为：亢某某过失致人死亡，情节较重，其行为已构成过失致人死亡罪，应予处罚。亢某某具有自首情节，自愿认罪认罚，依法可以从轻处罚、从宽处理。关于附带民事诉讼，亢某某未将严重醉酒的齐某某及时送医、陪护，与被害人死亡结果存在因果关系，应承担相应民事赔偿责任；齐某某未理性控制饮酒导致严重醉酒，自身亦存在过错，可以适当减轻亢某某的相关责任，故亢某某承担90%的民事赔偿责任。某旅馆工作人员未按规定办理入住登记，明知住宿人严重醉酒已无意识，其间见同行人二次独自离开旅馆而不予过问，且第二次已被告知住宿人尿失禁且叫不醒并要求更换床上用品时，仍未引起注意并及时提供服务、救助，未尽安全保障义务，应对亢某某由此造成的损害结果承担相应的补充责任。但死亡赔偿金、被抚养人生活费，于法无据，不予支持；丧葬费确认为68376元；交通费，确认为2922元；住宿费，确认为593.33元；误工费，相关证据缺乏关联性，不予支持。对于确认的上述费用，由各方按相应责任承担。

上海市徐汇区人民法院依照《中华人民共和国刑法》第二百三十三条、第六十七条第一款、第三十六条第一款，《中华人民共和国刑事诉讼法》第十五条，《最高人民法院关于适用〈中华人民共和国刑事诉讼法〉的解释》第一百九十二条第一款、第二款，《中华人民共和国民法典》第一千一百九十八条第二款规定，判决如下：

一、被告人亢某某犯过失致人死亡罪，判处有期徒刑一年六个月；

二、被告人亢某某应于本判决生效之日起十日内赔偿附带民事诉讼原告人沈甲、沈乙、沈丙、冉某人民币64702.2元；

三、附带民事诉讼被告上海某旅馆有限公司应于本判决生效之日起十日内按第二条判决主文确定的赔偿款项在20%计人民币12940.44元的范围内承担补充赔偿责任。

一审宣判后，亢某某提出上诉，随后又撤回上诉。

上海市第一中级人民法院依照《最高人民法院关于适用〈中华人民共和国刑事诉讼法〉的解释》第三百八十三条第二款规定，裁定如下：

准许上诉人亢某某撤回上诉。

【法官后语】

在被害人死亡系第三人造成的情况下，相关民事赔偿责任应当首先由直接侵权人承担。安全保障义务人虽然不承担刑事责任，但仍应承担安全保障义务，其责任范围及限度需要根据自身的注意程度、经营方式以及第三人侵权的地点、方式和后果综合判断。被害人存在过错的，可以酌情减轻其他主体的赔偿责任。除交通肇事致人死亡外，刑事附带民事的赔偿范围不包括死亡赔偿金和被扶养人生活费，安全保障义务人民事赔偿范围也仅限于此。

一、本案侵权责任应当首先由直接侵权人承担

由于过失犯罪的特殊性，本案被告人与宾馆之间并不构成共同犯罪。因被告人的行为单独足以造成被害人死亡，宾馆的侵权行为系依附于被告人的过失致人死亡行为这一基本事实而存在的，因此，宾馆的行为既不构成《中华人民共和国民法典》第一千一百七十一条规定的叠加的共同侵权，也无法适用《中华人民共和国民法典》第一千一百九十八条第一款，要求宾馆承担直接侵权责任。正因如此，对于宾馆而言，被害人的死亡系第三人侵权的结果，因而相关侵权责任应当由第三人直接承担，宾馆在此过程中并未尽到安全保障义务，应当依照《中华人民共和国民法典》第一千一百九十八条第二款承担安全保障义

务下的补充责任。

二、安全保障义务人的责任范围及限度

刑事附带民事诉讼中，安全保障义务人的责任判定应当遵循以下逻辑。

首先，应当先行判断直接侵权人的责任。虽然在绝大多数情况下，刑事案件的被告人其自身行为足以完整、独立地构成侵权行为，但并不排除在特定情况下，被告人与其他主体同时构成犯罪和共同侵权的可能性，只不过特定主体可能不满足刑事犯罪的主体、主观等构成要件而未被追究刑事责任。因此，为了确保此类案件法律适用的准确性，应当根据《中华人民共和国民法典》侵权责任编判断各个民事构成要件事实，避免责任认定的简单化。

其次，在前述判断基础上，需根据民事侵权案件审理的一般思路，逐一确定被害人、安全保障义务人各自的责任。也即按照侵权责任类型，沿着从一般到特殊、特别法优先于一般法的基本思路寻找法源。本案中，在锚定适用安全保障义务去分析宾馆经营者的民事责任时，又需进一步根据安全保障义务的不同类型，具体确定经营者的民事责任。

再次，安全保障义务人的责任范围及其限度，需要根据其自身的注意程度、经营方式以及第三人侵权的地点、方式和后果判断。本案中，宾馆很难注意到有同住人共同办理入住情况下的危险性。然而，其未按规定办理入住登记，在明知住宿人严重醉酒已无意识，其间发现一定异常后，仍未引起注意并及时提供服务、救助，理应就此承担相应的责任。一审法院综合以上因素判定宾馆在被告人赔偿责任20%范围内承担补充责任是恰当的。

最后，由于除交通肇事致人死亡外，刑事附带民事诉讼赔偿范围不包括死亡赔偿金和被扶养人生活费，安全保障义务人也仅仅在刑事附带民事赔偿范围内承担补充责任，这与一般民事侵权具有重大差异。

三、混合过错对责任承担的影响

本案中，被告人不仅没有尽到提醒、照顾等义务，还存在将被害人带离公共区域、在被害人明显存在异常情况下，未及时送医，应承担刑事和相应民事赔偿责任。但被害人自身存在过错，可以酌情减轻被告人的责任。

编写人：上海市徐汇区人民法院　彭涛　程龙

6

碾轧拖行深夜醉卧小区道路被害人致死属过失致人死亡

——张某过失致人死亡案

【案件基本信息】

1. 裁判书字号

湖南省永州市中级人民法院（2024）湘11刑终190号刑事附带民事裁定书

2. 案由：过失致人死亡罪

【基本案情】

2023年07月12日22时30分左右，被告人张某从某科技公司下班后，驾驶小车回自己租住的某小区的住处。当张某开车进入某小区后，张某未看见卧躺在小区上坡道路右侧的被害人吕某，仍以7.3千米/小时的速度向前行驶，在感受到车辆抖动后下车查看发现其车辆已碾轧到吕某，遂拨打报警电话。后吕某经某医院抢救无效，于2023年7月13日8时50分死亡。经鉴定，吕某符合被交通工具类物体作用（碾轧等）致肝脏破裂等全身多发性损伤、失血性休克死亡。案发后，张某拨打急救电话、报警电话等，并在现场等待交警部门的处理。2023年7月13日，公安局交通警察支队出具《证明》，认定本案交通事故的地点位于某小区6栋与某塑料厂老宿舍之间的院落内，不属于《中华人民共和国道路交通安全法》规定的道路，不属于道路交通事故。

案发后，张某赔偿了丧葬费50000元给被害人近亲属，支付吕某在某医院住院抢救期间的医药费共计35200元。2023年12月7日，张某的家属向死者吕某的家属共赔付了45000元（不含垫付医疗费之前支付的医疗费35200元、丧葬费50000元），死者吕某的家属对张某出具了谅解书。

【案件焦点】

1. 未设卡的非封闭小区内部路是否属于《中华人民共和国道路交通安全法》规定的道路；2. 被害人于深夜醉卧于驾驶人的视野盲区被碾轧拖行致死，是属意外事件，还是驾驶人构成过失致人死亡罪。

【法院裁判要旨】

湖南省永州市零陵区人民法院经审理认为：案发地点虽系允许社会车辆进入的未设卡的小区，但经交警部门认定，案发地点不属于《中华人民共和国道路交通安全法》规定的道路，故该案不属于道路交通事故，不构成交通肇事罪。被告人张某在非道路交通安全法上的道路上驾驶机动车因过失发生重大事故致一人死亡，其行为构成过失致人死亡罪。被告人张某在事故发生后报警，并留在事故现场等待处理，取得了受害人吕某亲属的谅解，且到案后能如实供述自己的犯罪事实，可认定为自首，依法可从轻或减轻处罚。

被告人张某过失造成受害人吕某死亡，其犯罪行为给附带民事诉讼原告人造成了经济损失，应依法承担民事赔偿责任。被告人张某驾驶的车辆在保险公司投保交强险和商业三者险，保险公司应在保险责任范围内承担赔偿责任。被害人吕某醉酒后卧于车辆通行的水泥路上，自身对死亡的后果有一定的过错，应当减轻侵权人20%的赔偿责任。一审法院以过失致人死亡罪判处被告人张某有期徒刑二年，缓刑三年；附带民事诉讼被告人某保险公司东莞市分公司于判决生效之日起十日内在保险责任范围内赔偿附带民事诉讼原告人吕甲、吕乙、吕丙、邹丁经济损失共计925717.64元；驳回附带民事诉讼原告人吕甲、吕乙、吕丙、邹丁的其他诉讼请求。

一审宣判后，张某提出上诉。

湖南省永州市中级人民法院经审理认为：上诉人张某在非人车分流的小区内夜间行驶，应当预见自己加油提速上坡的行为可能会发生撞倒他人的后果，但因为疏忽大意而没有预见，以致产生被害人吕某因被其车辆碾轧而死亡的严重后果，其行为构成过失致人死亡罪。经查，案发路段并非车辆专行路段，张某未尽谨慎注意义务，加油提速上坡，在上坡到达平地感觉车子震动后还继续往前驾驶了 3.6 米，以致吕某被其所驾驶车辆碾轧死亡，其主观上是疏忽大意的过失，而不是意外事件。湖南省永州市中级人民法院同意一审法院裁判意见，裁定：

驳回上诉，维持原判。

【法官后语】

本案系一起在未设卡小区内夜间驾驶机动车上坡碾轧醉卧小区道路被害人死亡的案件。案件的争议焦点在于对小区内部业主管理的道路这一案发地点是否属于公共管理的范围认定，以及碰撞被害人后继续行驶一段距离后停车的行为定性。本案以案例形式区分了交通肇事罪、意外事件和过失致人死亡罪，督促驾驶人撞到人或物体时要及时刹车，避免碾轧造成更严重伤害。

一、未设卡的非封闭小区内部道路不属于实行公共管理的范围

本案事发路段的修缮由某小区和塑料厂老宿舍建房的开发商完成，后续该路段的维护和相关配套设施的设立和维修（如路灯等）由小区业主自行管理而非交通部门所管理，该路段的使用也是小区业主共同使用，而是否设卡是小区自主管理的自由意志，未设卡不等于小区内部道路具有公共性，案涉路段是没有设卡点阻拦社会车辆的老式小区，那是否为其他用于公众通行的场所呢？“公共”其最本质的特征在于对象的不特定性。根据《中华人民共和国道路交通安全法》第一百一十九条和《中华人民共和国公路法》第六条的规定，该路段既不属于城市道路也不属于公路。故，本案认定被告人张某的危害行为侵害的是特定个人的生命健康权，即造成了吕某死亡的结果，并未侵犯交通运输的公共安全，且有交警大队出具的证明材料对此予以认定，故不予定性为交通肇事罪。

二、被害人夜晚醉卧小区内部的上坡道路，被告人驾车在视野盲区撞到人后未及时停车，被告人构成过失致人死亡罪，而非意外事件

意外事件是指行为人在客观上虽然造成了损害结果，但不是出于故意或者过失，而是依据行为人的主观情况和发生损害结果时的客观情况，行为人不具有能够预见的条件和能力，损害结果的发生完全出乎行为人的意料的，不是犯

罪。疏忽大意的过失通常被称为无认识的过失，行为人在有注意义务的前提下由于疏忽大意才没有预见，如果行为人小心谨慎，那么就可以预见到危害结果的发生。故，判断疏忽大意的过失，不是判断行为人是否疏忽大意，而是判断行为是否有预见能力，首先，考察行为人所属的一般人能否预见结果的发生；其次，再考虑行为人的智能水平是高于一般人还是低于一般人。本案中，张某系有完全行为能力的成年人，夜晚在人车同行的居民小区内通行，被害人醉躺路面这一现象不是绝对异常，不属于不能预见的情形，张某应意识到路上可能会有人，应在判明路况后谨慎驾驶，被告人不仅未谨慎驾驶，还在上坡完成明显感觉到车子震动后，仍在上坡后的平地将吕某拖行了 3.6 米，足以证实张某的疏忽大意。而被告人张某所主张的案发时间段晚以及被害人躺的地方是驾车的视野盲区都不是张某疏忽的理由，故对张某应当以过失致人死亡罪认定。

编写人：湖南省永州市零陵区人民法院　盘芳萍

7

药店经营者疏忽大意未审核中药药方，未严格辨认药物，导致客户服药后死亡的行为认定[①]

——廖某过失致人死亡案

【案件基本信息】

1. 裁判书字号

江西省赣州市中级人民法院（2022）赣 07 刑终 97 号刑事附带民事判决书

2. 案由：过失致人死亡罪

① 入库案例，参见人民法院案例库 2023-06-1-178-006。

【基本案情】

2019 年 8 月 13 日 10 时许，黄某持药方到县城药房抓药，进药房后将药方交给店员（无中药师资质），要求按方抓药。店员看了药方后表示店内没有“绞股蓝”“雷公藤”两味中药，建议黄某到其他店去看一下能否抓齐。黄某表示先把店里有的中药抓 4 副，缺少的两味中药其去别的地方买。其间，药店老板廖某（无中药师资质）也过来看了药方，发现是张某开的药方，故对店员抓中药的行为未提出异议。店员在抓药的时候发现店里“甲珠”不够，于是告诉了廖某，廖某表示他去其他药房借 14 克“甲珠”回来。接着，廖某告知黄某其反正要去借“甲珠”，正好可以一起到某草药摊帮黄某帮忙找一下其店里没有的这两味中药，黄某表示同意。随后，廖某叫店员写下店里缺少的这两味中药的药名和剂量。店员在抄写药名和剂量时，误将黄某拿来的药方中“雷公藤 10 克”看成“雷公藤 30 克”并据此写好一张采购单交给廖某。廖某拿着采购单来到某草药摊向郭某购买了 120 克“雷公藤”和 100 克“绞股蓝”，和借的 14 克“甲珠”一起带回药店交给店员，由店员分成 4 等份和药店内的其他中药材调配给黄某，黄某拿到药并支付药款后离开药店。

次日 8 时许，黄某将从药房抓的其中一服中药煎好交给被害人曾某服用，曾某服用后 10 分钟左右出现头晕症状，黄某将曾某扶进房间休息后，再次来到县城试图抓齐剩余的 3 副中药，但未能买到。当日 11 时 30 分许，黄某回到家中发现曾某已经死亡。

经鉴定，所送检的被害人曾某体内提取的血液、尿液、胃内容物和现场提取的药汤中均检出钩吻素子、钩吻素甲、钩吻素己成分。所送检血液、尿液、胃内容物和现场提取的药汤中均未检出雷公藤甲素和雷公藤酯甲成分及常见毒（药）物成分；从黄某家中扣押的药渣内液体、黄某家中扣押的未煎制中药、郭某处扣押的草药及郭某指认地点采摘的“雷公藤”进行鉴定，均检出钩吻素子、钩吻素甲、钩吻素己成分；被害人曾某符合钩吻中毒致死。

【案件焦点】

药店经营者疏忽大意未审核中药药方，未严格辨认药物，导致客户服药后死亡的行为是否构成过失致人死亡罪。

【法院裁判要旨】

江西省定南县人民法院经审理认为：过失致人死亡罪是指由于过失而致人死亡的行为。其主观方面是过失，包括疏忽大意的过失和过于自信的过失。经查，根据证人张某、黄某、郭某、袁某、邱某的证言，鉴定意见及被告人廖某的供述证实，2019 年 8 月 12 日，黄某持无行医资质的张某开具的中药处方到被告人廖某经营的药店买药，廖某未对药方进行审核即安排员工开始配药，因店里无“雷公藤”“绞股蓝”两味中药且“甲珠”不够，被告人廖某遂到旺某乐市场郭某的草药摊购买了“雷公藤”（实际为“钩吻”）、“绞股蓝”中药并向好某生药房借到“甲珠”，随后交给药店的员工，调配好后交给黄某，黄某支付了药费。次日，黄某的妻子曾某服用该中药后中毒死亡。本案中，廖某身为药店经营者，对来买药的黄某持有的药方未经中药审方员审核后配药，并到草药摊购买草药，未对其购买的“雷公藤”草药进行辨认，未尽相应的注意义务，主观上存在疏忽大意的过失，客观上发生了被害人曾某服用从廖某药店配的药后死亡的后果，且廖某的上述过失行为与曾某的死亡后果间具有因果关系，符合过失致人死亡罪的构成要件，被告人廖某的行为构成过失致人死亡罪。故，江西省定南县人民法院判决：

一、被告人廖某犯过失致人死亡罪，判处有期徒刑三年；

二、被告人廖某在本判决生效后十日内赔偿附带民事诉讼原告人黄某、曾某甲、曾某乙经济损失人民币 40251.5 元；

三、驳回附带民事诉讼原告人黄某、曾某甲、曾某乙的其他诉讼请求。

一审宣判后，廖某提出上诉。

江西省赣州市中级人民法院经审理认为：原审判决认定事实清楚，量刑适当，审判程序合法。原审判决未支持附带民事诉讼原告人主张的处理丧葬事宜的交通费、住宿费、误工费错误，予以纠正。故判决对一审判决刑事部分予以维持，民事部分改判为“上诉人（原审被告人）廖某赔偿附带民事诉讼原告人黄某、曾某甲、曾某乙经济损失人民币45251.5元”。

【法官后语】

不具有中药药剂师资质药店经营者，其明知出售中药材需中药药剂师审核后才能出售，仍从非正规渠道购买“雷公藤”（实际为“钩吻”）后出售，导致被害人钩吻中毒死亡，其未尽相应的注意义务，主观上存在疏忽大意的过失，客观上造成他人死亡，且上述过失行为与死亡后果间具有因果关系，符合过失致人死亡罪的构成要件，药店经营者构成过失致人死亡罪。

第一，注意义务具有客观性、法定性。行为人注意义务的来源是多方面的，在合理限定注意义务的范围时，不应当孤立地看待某一个方面或某一种因素，而应综合考虑注意能力、行为的危险程度，犯罪对象对社会的重要程度，行为时特定环境等因素，同时考虑可以允许的危险理论和信赖原则在减轻、缓和及免除注意义务时的具体运用。根据行为人认识能力和应否采取措施的不同，注意义务分为结果预见义务和结果避免义务。结果预见义务是指对于危害社会的结果所具有的预见义务，只要对可能发生的危害后果有概括的认识即可；结果避免义务是指在预见可能发生的危害结果后，行为人所具有的避免这种危害结果发生的义务。注意义务是法律对所有具备刑事责任能力的行为人预先设定的一般的、客观的法律义务，在行为人实施具体行为以前就客观存在，具有客观性、法定性。注意义务以行为人具备遵守相关行为规范的能力为前提，即要求具备注意能力，所以超出能力所及范围的义务当属无效。注意义务还要求行为人尽到相同社会领域中的一般人能够尽到的注意。因此，判定行为人是否具有注意义务时，不仅需要考虑行为人的个体性要素，还应考虑其注意能力，根据行为人标准赋予行为人相应的注意义务。

第二，过失犯的核心是注意能力与注意义务。注意能力和注意义务是判定过失犯罪的核心标准，成立过失犯罪的判断标准在于行为人是否在具备注意能力的前提下违反注意义务，并导致危害结果的发生。注意能力是指行为人具备的能够认识到自己的行为可能产生危害社会的结果，以及认识到自己应否采取措施和应采取什么样的措施以避免危害结果发生的选择能力。判定行为人是否具备注意能力，要结合行为人行为时的认知能力和环境条件综合判断，需要考虑包括行为人的年龄、工作经验、社会阅历、身体状态、知识结构、当时的客观环境等因素。过失的本质是行为人没有预见或预见到了却未能采取避免结果发生的措施，由此违反了注意义务。因此，行为人的注意义务归根结底是避免结果发生的注意义务。违反注意义务是导致危害结果发生的直接原因，行为人需对其行为负责，一个行为的危害结果具有一定的可预见性和可避免性，这就要求具有注意能力的行为人在行为时审慎地去采取适当的措施，以避免危害结果的发生。

第三，特殊主体注意义务的司法认定。本案中，药店经营者是否构成犯罪，要结合过失犯的判定标准及过失致人死亡罪的犯罪要件来认定。首先，行为人是否具备注意能力。药店经营者的身份不同于普通人，其具有一定的药理知识储备，应对药材的来源、用法用量等负责，应当认识到错误用药可能发生的后果。其次，行为人是否具有注意义务并违反注意义务。药店经营者应确保其出售的药材真实、安全，但其从非正规渠道购买药材且未经审核即出售，该行为使得药材的真实性及安全性处于不确定状态，即产生了预见危害结果的注意义务。最后，是否导致了危害后果的发生，且与行为人的行为是否具有直接的因果关系。本案中，药店经营者从非正规渠道草药摊购买“雷公藤”（实际为“钩吻”，别名“断肠草”），被害人服用该药后死亡，是引起与被引起的关系，且无明显的介入因素，故死亡后果与其行为间存在因果关系。因此，药店经营者作为特殊主体，未尽比一般人更高的注意义务，主观上具有过失，客观上造成他人死亡，且其行为与被害人死亡结果之间具有因果关系，其行为构成过失致人死亡罪。

编写人：江西省定南县人民法院　张观石

（三）故意伤害罪

8

聚众斗殴与正当防卫、防卫过当的辨析

——谢某某、贝某某故意伤害案

【案件基本信息】

1. 裁判书字号

广西壮族自治区柳州市中级人民法院（2023）桂02刑终77号刑事裁定书

2. 案由：故意伤害罪

【基本案情】

被告人谢某某与被告人贝某某是朋友关系。贝某某是被害人刘某某的前女友。

2021年8月8日3时许，贝某某、谢某某与黄某某、谭某某、张某甲等人在一酒吧喝酒。其间，贝某某与刘某某在微信软件上聊天，二人因感情问题发生矛盾，贝某某将聊天记录展示给谢某某、张某甲等人传阅，张某甲用贝某某的微信与刘某某挑衅约架，刘某某询问贝某某所在位置，贝某某将所在地点发给刘某某后，刘某某表示即刻到达。

当日4时许，刘某某被挑衅后纠集张某乙、侯某某、覃某、韦某某来到约定的酒吧楼下，并微信告知贝某某已到达。此时谢某某与黄某某等人已先行离开行至楼下露天停车场附近，贝某某通过微信向谢某某发送语音消息称前男友想要来“砍”自己，谢某某答复贝某某自己已在楼下。

当日5时许，贝某某与谭某某一起走出上述酒吧楼下大门时，张某乙先行上前和谭某某发生口角并推搡谭某某，二人发生打斗，随后韦某某、覃某、侯某某与刘某某一起上前对谭某某拳打脚踢。此时酒吧楼下露天停车场入口附近的谢某某与黄某某见状向刘某某等人的方向走去，刘某某停下，以手指向谢某某的方向并走过去，谢某某持一把卡齿刀冲向刘某某，刘某某抬腿踢向谢某某，而谢某某持刀朝刘某某胸腹部快速捅刺二刀，致刘某某左胸部、右季肋部创伤，之后谢某某逃离现场。张某乙、侯某某、覃某、韦某某见状上前查看刘某某情况，贝某某离开打斗现场。刘某某被捅刺后送医经抢救无效身亡。经尸体检验，刘某某系因左胸部被单刃锐器捅刺造成心脏破裂急性大失血而死亡。

2021年8月8日，公安机关将谢某某抓获，查获作案工具黑色卡齿刀一把。同日，贝某某经公安人员电话通知后主动到案。

审理过程中，谢某某、贝某某的亲属分别将赔偿给刘某某亲属的3万元、20万元暂存至法院。

【案件焦点】

被告人谢某某在聚众斗殴过程中致人死亡的行为应当如何定性，是否属于正当防卫或防卫过当，是否构成故意伤害罪或故意杀人罪。

【法院裁判要旨】

广西壮族自治区柳州市柳北区人民法院经审理认为：贝某某不能正确处理与他人的矛盾，纠集谢某某聚众斗殴，致一人死亡，二人行为构成故意伤害罪。贝某某虽然没有直接打击刘某某身体，但事态发展与矛盾升级均在其犯意引导下，其对于同伙的行为具有放任的间接故意，伤害后果并未超出其伤害对方的概括故意，同伙持刀伤人与其有直接因果。谢某某对双方的矛盾与挑衅过程有一定了解，受贝某某纠集积极地携凶器前往，与贝某某是共同犯罪。结合谢某某供述与客观证据，其受刘某某挑衅后出于泄愤目的而非防卫意图实施了伤害行为，具有伤害故意，其行为不构成正当防卫或防卫过当。刘某某不能正确处理双方纠纷，对矛盾激化负有一定责任。

广西壮族自治区柳州市柳北区人民法院依照《中华人民共和国刑法》第二百九十二条第二款、第二百三十四条第二款、第二十五条第一款、第六十七条第一款和第三款、第六十四条，《中华人民共和国刑事诉讼法》第十五条及《最高人民法院关于处理自首和立功具体应用法律若干问题的解释》第一条之规定，作出如下判决：

一、被告人谢某某犯故意伤害罪，判处有期徒刑十三年；

二、被告人贝某某犯故意伤害罪，判处有期徒刑十年；

三、作案工具黑色卡齿刀一把，依法予以没收；

四、被告人谢某某的亲属代其赔偿给被害人刘某某亲属的人民币 3 万元、被告人贝某某的亲属代其赔偿给被害人刘某某亲属的人民币 20 万元，共计人民币 23 万元，赔偿给被害人刘某某的亲属。

一审宣判后，贝某某提出上诉。

广西壮族自治区柳州市中级人民法院经审理认为：原判认定的事实清楚，证据确实充分，定罪准确，审判程序合法，量刑适当，处理正确。依照《中华人民共和国刑事诉讼法》第二百三十六条第一款第一项之规定，裁定如下：

驳回上诉，维持原判。

【法官后语】

从事实层面看，聚众斗殴过程具有一定复杂性，斗殴与防卫在行为表现上存在一定相似。聚众斗殴的被告人往往会辩解行为构成正当防卫或防卫过当，准确把握三者的定义与区别，是处理此类案件的关键。本案争议焦点在于谢某某的行为如何定性。

一、聚众斗殴的定义

聚众斗殴，是指聚集多人攻击对方身体或者相互攻击对方身体的行为，往往出于不正当目的，且要求人数达三人以上。正当防卫，是指对正在进行不法侵害的行为人，采取的制止不法侵害的行为，对不法侵害人造成损害，但未超过必要限度的行为。一旦超过必要限度，则构成防卫过当。正当防卫是我国刑法阻却犯罪成立的法定事由。

防卫与斗殴并不绝对互斥。社会法益并不排斥个人人身权利的实现。聚众斗殴案件日益复杂化，部分聚众斗殴情形，如单方聚众殴打对方、临时起意参与等，随着斗殴过程的转变，可能存在主观故意的转变。

二、防卫与斗殴的区别

防卫与斗殴的最本质区别在于行为意图。不依赖惯性思维，行为定性可以从构成要件的角度结合社会常识、案件具体情况综合分析。

1. 事件起因。双方因情感纠纷各自纠集他人相约斗殴，逞勇斗狠，具有伤害对方的概括故意，起因具有不法性。

2. 行为起因。刘某某、张某甲等五人对贝某某方的谭某某实施殴打，属不法侵害，存在防卫起因。

3. 行为时间。张某甲对谭某某的围殴处于持续进行中，属正在进行中的不法侵害，具有现实紧迫性。

4. 行为对象。在谢某某走向谭某某方向时，刘某某停止对谭某某的殴打，并缓缓走向谢某某，离开殴打谭某某的核心区域，刘某某个人已不是不法侵害直接的实施对象。

5. 行为意图。谢某某在双方挑衅时在场，对双方矛盾有一定了解，此后，谢某某先行离开，本有回避打斗、采取公力救济或其他手段化解纠纷的可能。后在贝某某纠集之下，谢某某对打斗发生已有预见，此时不法侵害尚不具备紧迫性，然而谢某某没有消极回避，反而积极前往。庭审中，谢某某承认其主观目的从阻止对方殴打谭某某转化为受挑衅后泄愤。因此，谢某某虽有防卫意识，但无防卫目的，不具备防卫意图。从攻击的行为、工具、位置等看，谢某某显然具备故意伤害的意图。

谢某某从未供述有杀害刘某某的意图，虽实施捅刺刘某某胸腹部的行为，但其快速捅刺的两刀，其中一刀为致命伤，另一刀未深达腹腔，属连贯动作，而刘某某踢踹谢某某动作幅度较大，有影响谢某某伤害位置的可能。因此不能仅凭后果认定谢某某具有故意杀人的犯罪故意，不能以故意杀人罪论处。

此外，谢某某的伤害行为并未超出贝某某的犯罪意图，贝某某主动挑衅，并在对方未携带也未声称携带凶器的情况下，夸大危险程度纠集同伙，具有伤害对方的概括故意。

6. 行为程度。总体而言，刘某某一方人数上占优，贝某某、谢某某方持有凶器；局部分析，在刘某某走向谢某某的过程中，形成二人单独对峙，此时，刘某某以踢踹方式攻击，谢某某携带凶器并捅刺对方胸腹部，致刘某某死亡，明显超过了防卫的限度。

综上，谢某某聚众斗殴致人死亡，应以故意伤害罪论处。司法鼓励正当防卫，法不向不法让步，但应当严格审查正当防卫的构成要件，特别是主观意图，避免行为人滥用防卫权。

编写人：广西壮族自治区柳州市柳北区人民法院　黄婧

9

认定“打击错误”应考虑被告人主观是否具有间接故意

——冯某某故意伤害案

【案件基本信息】

1. 裁判书字号

黑龙江省双鸭山市中级人民法院（2023）黑05刑终52号刑事裁定书

2. 案由：故意伤害罪

【基本案情】

2022年1月24日14时许，被告人冯某某和娄某某在刘某家中，因琐事发生争吵，在争吵中冯某某拿起塑料凳上的水杯砸向娄某某方向，将站在中间的被害人赵某面部打伤。经鉴定：被害人赵某的损伤程度属轻伤一级，十级伤残，医疗终结时间为伤后九十日。2023年5月11日，被告人冯某某被公安机关传唤到案。

另查明，附带民事诉讼原告人赵某伤后于2022年1月24日在某医院门诊治疗，后于2022年1月25日入住佳木斯大学附属第一医院治疗，2022年1月29日出院，共住院治疗4天。附带民事诉讼原告人赵某的经济损失：（1）医疗费11151元；（2）住院伙食补助费400元；（3）误工费24723.12元；（4）护理费521.88元；（5）交通费3446元；（6）住宿费734元。共计40976元。

上述事实，有经法庭举证、质证的下列证据证实：被害人赵某陈述，证人娄某1、门某、张某等人的证言，公安局刑事技术大队鉴定意见，现场勘验笔录、现场图及照片，附带民事诉讼原告人提交的票据、住院病志等证据。

【案件焦点】

被告人的行为是否属于“打击错误”，应如何处置。

【法院裁判要旨】

黑龙江省双鸭山市宝清县人民法院经审理认为：被告人冯某某故意损害他人身体健康，致一人轻伤，已构成故意伤害罪。公诉机关指控的罪名成立。被害人赵某的陈述及证人娄某1、门某等人的证言均能证实冯某某因与娄某某发生口角，用水杯砸向娄某某致使赵某受伤的犯罪事实，能够认定冯某某有伤害他人的故意，故对冯某某的辩解及辩护人的辩护意见，不予采纳。冯某某曾因故意伤害犯罪被判处刑罚，酌定从重处罚。对公诉机关的量刑建议，予以采纳。赵某合理的经济损失，冯某某应予赔偿。赵某提交的处方笺、加油票据、餐费票据无其他证据相佐证，不予支持。赵某主张的精神损害抚慰金、伤残赔偿金于法无据，不予支持。冯某某先行垫付的医疗费6500元应予扣除，故仍需赔偿赵某34476元。法院依照《中华人民共和国刑法》第二百三十四条第一款，《中华人民共和国民法典》第一百七十九条第一款第八项、第一千一百七十九条，《最高人民法院关于审理人身损害赔偿案件适用法律若干问题的解释》第六条、第七条、第八条、第九条、第十条的规定，判决：

一、被告人冯某某犯故意伤害罪，判处有期徒刑一年十个月；

二、被告人冯某某赔偿附带民事诉讼原告人赵某 34476 元，限本判决生效后七日内付清；

三、驳回附带民事诉讼原告人赵某的其他诉讼请求。

一审宣判后，冯某某提出上诉。

黑龙江省双鸭山市中级人民法院经审理认为：上诉人冯某某故意伤害他人身体，致一人轻伤，已构成故意伤害罪。冯某某曾因故意伤害犯罪被判处刑罚，酌予从重处罚。上诉人冯某某及其辩护人所提原审判决认定事实不清、证据不足的上诉理由及辩护意见，经查，被害人赵某与证人娄某 1、门某、赵某高等人关于案件起因、在场人员所站位置、作案工具水杯摆放位置的陈述与证言均相互印证，且被害人赵某与证人娄某某均证实上诉人冯某某用玻璃杯砸娄某某但砸伤赵某的事实，据此，原审判决认定的事实清楚，证据确实、充分，对该上诉理由及辩护意见不予采纳。上诉人冯某某及辩护人所提冯某某没有伤害被害人的主观故意的上诉理由及辩护意见，经查，上诉人冯某某欲实施故意伤害娄某某的犯罪行为，在实施过程中，明知犯罪行为可能造成赵某伤害的结果，而放任这种结果的发生，亦是一种伤害他人的主观故意，该上诉理由及辩护意见不予采纳。赵某合理的经济损失，冯某某应予赔偿。黑龙江省双鸭山市人民检察院驳回上诉，维持原判。原审判决认定的事实清楚，证据确实、充分，定罪准确，量刑适当。审判程序合法。民事判决正确。法院依照《中华人民共和国刑事诉讼法》第二百三十六条第一款第一项的规定，裁定如下：

驳回上诉，维持原判。

【法官后语】

在案件审理过程中，有的法官认为本案属于“打击错误”，且属于同一犯罪构成要件中的“打击错误”，虽然刑法理论界对此种处理结果存在争议，但实践中一般采用法定符合说，即在打击错误的情况下，行为人所认识的事实与实际发生的事实，只要在犯罪构成范围内是一致的，就成立故意的既遂犯，不影响对其行为性质的判断及刑事责任的承担，据此认为被告人构成故意伤害罪。有的法官认为应当采用具体符合说，即行为人所实施的犯罪行为所针对的犯罪对象要与其意图所侵犯的对象达成具体性的一致。行为人主观实施侵害行为的对象与实际被侵害的人的客观一致，否则阻却犯罪人对犯罪事实的故意，如果其具有过失，则成立过失犯罪，据此，本案被告人对被害人轻伤没有主观故意，出于过失造成他人轻伤，在刑法范围内不构成犯罪。

以上观点，均是在本案构成“打击错误”的基础上提出的处理方式，笔者认为，“打击错误”这一概念在刑法理论上本身就存在很大争议，尤其是理论界对“打击错误”中法定符合说存在诸多质疑声音，在理论与实践产生分歧时，更应该区分什么样的行为才构成“打击错误”，以避免实践中“打击错误”的滥用。

什么是“打击错误”？“打击错误”又称方法错误，是指行为人对于目标客体没有发生错误认识，但由于方法错误，以至于侵害行为引起的结果发生在意外客体而非行为人目标客体之上的情形。举个例子，行为人对自己意欲侵害的对象A实施侵害行为，行为本身的误差导致实际侵害对象B与其本欲侵害的对象A不一致。由此可见，打击错误其实是一个主观认识与客观效果不一致的问题，也是一个未遂犯与过失犯的观念竞合问题。那么，打击错误的主观认识中是否能够包含“间接故意”呢，笔者认为，答案是否定的。间接故意属于故意范畴，由于危害结果最终发生与否都不违反行为人的主观意志，因此，在间接故意的场合，根本上不可能存在行为人主观认识与客观效果实际不一致的情形，所以，在谈及打击错误的场合，首先必须明确一个基本前提，即对于实害客体行为人主观上必须不是处于间接故意的心理状态。

回到本案，从证人证言、被害人陈述、被告人供述可以明确，在案发时，被告人冯某某与被害人赵某、冯某某主观想要打击的证人娄某1处在一条直线上，且赵某恰好站在两人之间，冯某某在投掷玻璃水杯时，对于可能造成被害人赵某伤害的结果是符合大众一般认知的，即便其本人否认有伤害赵某的主观故意，但是其对于赵某可能受伤的结果持一种放任的态度，主观上是一种间接故意。据此，笔者认为，本案并不是“打击错误”，没有必要争论是适用法定符合说还是具体符合说。虽然在处理结果上与“打击错误”法定符合说的处理结果相同，但是不排除在其他案件中，一些行为人概括性的故意被认定为“打击错误”会对准确定罪有着一定程度的影响，“打击错误”应避免滥用。

编写人：黑龙江省双鸭山市中级人民法院　郭雨晴

10

防卫时间主观因素的逻辑判断

——臧某某故意伤害案

【案件基本信息】

1. 裁判书字号

黑龙江省农垦中级法院（2023）黑81刑终34号刑事附带民事裁定书

2. 案由：故意伤害罪

【基本案情】

被告人臧某某与被害人张某某（男，殁年五十七岁）同系某农场居民，两人在2022年7月因日常琐事发生争吵产生了一些矛盾，后由管理区书记为二人作调解处理。2022年8月1日20时许，张某某酒后手持一根直径3.66厘米至4.88厘米、长136厘米的原木色木棒来到臧某某家中寻找臧某某未果，其间还与臧某某之妻邹某某发生争吵、撕扯，随后便离开了臧某某家，邹某某跟在张某某后面也走了出去。张某某在走出臧某某家院子向西十几米后，遇到与邻居蔡某某喝完酒后一同回家的臧某某，张某某在看到臧某某后边走边骂，并声称要打死臧某某，蔡某某见此情形便出言劝阻张某某让其赶紧回家，但张某某不顾劝阻手持木棒便击打臧某某，臧某某躲过击打顺势抓住木棒另一头将木棒抢下，随即用右手拿着木棒横着对张某某头部抡击一下，致张某某倒地。之后张某某被蔡某某扶走，臧某某被邹某某拽回家中，臧某某打电话给其儿子臧某1

让其报警，臧某1随即报警。后张某某被他人送往某医院救治，2022年8月3日3时15分张某某经抢救无效死亡。经鉴定，张某某符合生前头部被钝性物体暴力打击致颅骨骨折、硬膜外血肿、大脑蛛网膜下腔出血、脑组织挫伤、小脑疝、形成重度颅脑损伤发生呼吸循环衰竭死亡。被告人臧某某于2022年8月2日接到公安机关电话通知后主动到公安机关接受调查，并如实供述其犯罪事实。

【案件焦点】

1. 被告人臧某某夺过木棒抡击被害人时不法侵害是否已经结束；2. 是否符合正当防卫的时间条件。

【法院裁判要旨】

黑龙江省九三人民法院经审理认为：被告人臧某某遭到张某某持木棒袭击后，抢下木棒随即抡击张某某，属于制止正在进行的不法侵害，其行为具有防卫性质；其防卫行为造成一人死亡的严重后果，明显超过必要限度造成重大损害，构成故意伤害罪，依法应负刑事责任。鉴于臧某某的行为属于防卫过当，案发后臧某某主动到公安机关接受调查，如实供述罪行，具有自首情节，自愿认罪认罚，且被害方具有严重过错等情节，对臧某某依法应当减轻处罚。臧某某的犯罪行为给附带民事诉讼原告人造成的物质损失，应当依法赔偿。对附带民事诉讼原告人所诉被害人医疗费、丧葬费，应予支持；所诉死亡赔偿金、精神损害赔偿金，不属于刑事附带民事赔偿范围，不予采纳。考虑被害人张某某的过错责任，由被告人臧某某赔偿医疗费27759.66元、丧葬费40184.50元的80%部分，即54355.33元。黑龙江省九三人民法院依照《中华人民共和国刑法》第二百三十四条第二款、第二十条第二款、第六十七条第一款、第三十六条，《中华人民共和国民法典》第一千一百七十三条，《中华人民共和国刑事诉讼法》第二百零一条之规定，作出如下判决：

一、被告人臧某某犯故意伤害罪，判处有期徒刑六年；

二、被告人臧某某于判决生效后十日内赔偿附带民事诉讼原告人经济损失人民币54355.33元；

三、驳回附带民事诉讼原告人的其他诉讼请求。

一审宣判后，被告人臧某某未提出上诉，公诉机关未提出抗诉，本案刑事部分已发生法律效力。

附带民事诉讼原告人认为臧某某的行为不具有防卫性质，一审法院适用法律错误，以臧某某应当赔偿全部医疗费、丧葬费及精神损失赔偿金为由，对民事部分向黑龙江省农垦中级法院提出上诉。

黑龙江省农垦中级法院经审理认为：同意一审法院裁判意见，作出如下裁定：

驳回上诉，维持原判。

【法官后语】

本案的主要争议焦点在于臧某某夺过木棒后抡击时，不法侵害是否已经结束，是否具有防卫的时间条件。司法实践中，对于不法侵害是否已经开始或者结束的判断，必须克服“圣人标准论”“事后诸葛论”等惯性思维，应当根据社会一般人的通常理解与可能反应，立足防卫人在防卫时所处情境和立场，考虑防卫人防卫时的恐慌、紧张等心理因素，根据主客观相统一原则，对防卫人的主观认识作出合乎情理的综合判断。

本案中，对不法侵害是否已经开始或结束的判断相关理由如下。

一是关于被害人张某某的行为是否属于正在进行的不法侵害问题。正当防卫必须是针对正在进行的不法侵害。对“正在进行的不法侵害”的认定，在实践中容易错误理解为仅包括不法侵害发生的一刹那。例如，用刀杀人就是举刀挥砍的时刻；用枪杀人就是扣动扳机的时刻。如果这样理解，则防卫分寸的把握简直就是千钧一发，一般人都不可能如此精准地掌握防卫时间。对不法侵害应当整体进行考察，从开始到结束，并不是只有杀伤的那一刹那才能实行防卫。就不法侵害的起始时间而言，只要发现对方具有侵害的现实可能性、紧迫性，就可以对之实行防卫。本案中，被告人臧某某面对对方手持木棒逼近自己，并且扬言伤害自己时，必然导致臧某某产生害怕、恐慌、紧张的情绪，站在一般人立场完全可以认为对方即将实施不法侵害，即便此时实行防卫亦符合正当防卫所需的时间条件。况且不法侵害人张某某已着手实施击打行为，该行为具有现实性、紧迫性、破坏性，被告人臧某某此时夺过木棒还击，在主观上应更容易判断不法侵害已经开始并正在进行。

二是关于不法侵害的结束时间问题。就不法侵害的结束时间而言，不能认为侵害人的某一次侵害动作完成，就不能再实行防卫。在大多数情况下，侵害不是一次性的而具有连续性，第一次侵害结束不等于全部侵害完成。而是要看是否存在再次侵害的可能性，只要侵害的危险没有排除，就可以实行防卫。除非侵害结束以后，侵害人已经脱离现场。在这种情况下，再次侵害的危险已经排除，被侵害人的人身安全已经得到保障，就不能再以防卫为名对侵害人进行报复。本案中，臧某某躲过张某某的击打，顺势抓住木棒的另一头，夺过木棒后随即击打张某某，这一行为过程是连贯一体的，中间没有明显中断。同时，被害人在臧某某抢到棒子后，并没有停止攻击，没有逃离现场、没有求饶，没有任何停止攻击的语言、行为，无法证明被害人已经失去侵害能力或者已经放弃侵害，应当认定不法侵害没有结束。尤其在紧张情境下，要求防卫人对不法侵害是否还会继续，作出准确的、分毫不差的判断，实属强人所难。本案中，张某某携带木棒对臧某某实施侵害，该木棒作为唯一的武器，获得木棒控制权的一方势必占据优势，在木棒被臧某某抢走后，张某某没有停止攻击、逃离现场的行为。此种情形下，站在一般人的立场，面对突如其来的伤害，而产生恐惧、紧张的心理，完全可以认为侵害人有可能要对木棒进行争夺继续实施侵害，不法侵害并未结束。因此，只有把前因后果结合起来分析，立足于防卫人防卫时的立场、情境和心理状态，才能判断臧某某实行防卫行为的合理性和必要性。

综上，在判断正当防卫的时间条件时，要围绕不法侵害的现实性、紧迫性，不法侵害是否有明显中断，是否存在再次侵害的可能性，以及防卫人在防卫时所处情境对其认知判断、心理状态等因素的影响，按照社会公众的一般认知，依法作出合乎逻辑的推断、合乎情理的判断，不能以完全理智、足够警惕的标准苛求防卫人。

编写人：黑龙江省九三人民法院　葛辰

11

倒车致人伤害的主观故意认定

——刘某某故意伤害案

【案件基本信息】

1. 裁判书字号

北京市第二中级人民法院（2023）京 02 刑终 12 号刑事附带民事裁定书

2. 案由：故意伤害罪

【基本案情】

2021 年 8 月 31 日 19 时许，被告人刘某某在某市场内，与被害人周某因货运问题产生矛盾，经某市场内人民调解委员会、某派出所调解，双方均未达成一致。后被告人刘某某驾驶车辆将被害人周某轧伤，致被害人周某左侧股骨近端骨折、左侧腹股沟皮肤瘢痕及左大腿皮肤瘢痕（累计小于 40 厘米且大于 15 厘米）、左下肢皮肤缺损（面积大于 30 平方厘米），经鉴定，被害人周某身体所受损伤程度为轻伤一级。被告人刘某某于 2021 年 8 月 31 日被北京市公安局丰台分局某派出所传唤到案。

【案件焦点】

被告人刘某某因与被害人周某发生货运纠纷，刘某某欲驾驶车辆倒车离开的行为致使躺在后车轮下阻止其离开的周某轻伤一级，刘某某的主观心理状态属于间接故意还是过于自信的过失。

【法院裁判要旨】

北京市丰台区人民法院经审理认为：结合在案证据，被害人周某随被告人刘某某一同向货车驾驶室方向行进，过程中可见周某用手指及朝刘某某方向转头的动作，虽市场监控无法还原现场声音，但结合被害人周某陈述，周某躺在驾驶室一侧车轮下的位置以及刘某某被控制时的表现，并非刘某某当庭辩称其无法知晓周某躺在车轮下；刘某某报警解决纠纷，民警在现场告知双方回派出所继续调解，但刘某某仍选择以强行倒车的方式处理矛盾。被告人刘某某不能正确处理矛盾，故意伤害他人身体，致一人轻伤一级，其行为已构成故意伤害罪，依法应予处罚。鉴于被害人周某对于损害结果的发生存在过错，该情节在量刑时酌予考虑。故判决：

被告人刘某某犯故意伤害罪，判处有期徒刑一年十个月。被告人刘某某赔偿附带民事原告人周某经济损失 219736 元。

一审宣判后，刘某某提出上诉。

北京市第二中级人民法院经审理认为：结合在案证据，案发前刘某某曾欲驾驶大货车离开，但周某在大货车尾部以其身体阻拦，二人的纠纷经市场、民警调解均未能解决，显见二人在驾车离开与以身体阻拦离开的问题上意志坚决。案发时，刘某某再次报警，民警到现场后仍不能解决二人纠纷，且周某明确表示如果刘某某驾车离开需从其身上轧过去，后二人一同走向大货车，周某躺在大货车左侧车轮下。刘某某明知周某可能仍会以身体阻拦的方式阻止其驾车离开，且作为有多年驾龄的大货车司机，亦明知其启动大货车倒车可能对周某造成损害，仍强行倒车并造成周某轻伤一级的后果，其主观上具有伤害他人的故意，其行为符合故意伤害罪的法定构成要件。被害人周某以其身体阻拦刘某某驾驶大货车离开，对案件发生具有过错，故对刘某某酌予从轻处罚。故裁定：

驳回上诉，维持原判。

【法官后语】

准确区分故意和过失两种罪过形式，对于案件的准确定性具有十分重要的意义。故意分为直接故意和间接故意，过失则分为疏忽大意的过失和过于自信的过失。在理论界和司法实践中，间接故意和过于自信的过失的区分问题存在很多争议。理论界通说认为，间接故意和过于自信的过失的区分要综合分析认识因素和意志因素。间接故意要求行为人明知自己的行为可能发生危害社会的结果，放任危害结果的发生；过于自信的过失要求行为人已经预见自己的行为可能发生危害社会的结果，但轻信能够避免危害结果的发生。司法实践中的情况千差万别，是否入罪因主观心态的认定而不同。以理论通说服务于司法实践，对区分间接故意和过于自信的过失具有可行性。

在认识因素方面，间接故意要求行为人对危害结果的发生有明确的认识，过于自信的过失要求行为人对危害结果有模糊的认识。司法实践中，对于认识因素的判断应从以下两点进行把握：第一，危害结果发生概率的大小与行为人认知危险的能力呈正相关；第二，行为人产生的认识错误是一般认识错误还是特殊认识错误。如果一般人处在行为人所处的情境下也会产生同样的认识和行为，则属于一般认识错误，行为人的主观心理认定倾向于过于自信的过失。如果一般人在行为人所处的情境下会更加理智，可以通过理智行为和手段避免危害结果的发生，则属于特殊认识错误，行为人的主观心理认定则倾向于间接故意。

被告人刘某某究竟有没有明知自己倒车的行为可能会发生致人伤害的危害结果。刘某某辩称，其不知道被害人周某躺在车下，不存在伤害他人的主观故意。案发前被告人刘某某曾多次打算驾驶大货车离开市场，但被害人周某三次在大货车尾部以身体阻拦其离开，且被害人多次明确表示如果被告人刘某某驾车离开需要从其身上轧过去。案发时，二人一同走向大货车，后被告人刘某某进入驾驶室准备倒车离开，在天黑且周围有群众聚集的情况下，被告人不顾货运纠纷尚未解决完毕且仍有货物在车上的情况，仍然驾驶大货车倒车离开，据此可以表明被告人刘某某明自己的倒车行为可能对他人生命具有危险性。在此前提下，进一步判断刘某某对危害结果的发生持放任态度还是反对态度。

在意志因素方面，间接故意的行为人所持的态度是“放任”，过于自信的过失行为人所持的态度是“轻信能够避免”。司法实践中，对于意志因素的判断应从以下两点进行把握：第一，行为人心理状态属于“管他呢”“活该”等情况，则属于间接故意，行为人心理状态属于“不会吧”“没事”等情况，则属于过于自信的过失，行为人的心理状态可以根据案发前后行为人的语言分析出来；第二，行为人是否有足够把握相信危害结果不会发生。

从案件起因上看，被告人刘某某存在放任伤害后果的现实动因。判断行为人对危害结果持有何种态度，首先要查明案件起因，从被告人与被害人之间的关系，双方冲突的激烈程度，被告人是否存在足以放任危害结果发生的心理因素等方面综合分析。本案中，被告人刘某某与被害人周某初次相识，二人因货运问题产生纠纷到案发的时间长达两个多小时，并多次前往派出所及市场调解处进行调解，均未能解决。在争吵期间，被害人周某明确表示如果被告人刘某某驾车离开需要从其身上轧过去，被告人也曾多次扬言如果被害人周某钻到车底下就轧过去。刘某某明知周某可能仍会以身体阻拦的方式阻止其驾车离开，且作为有多年驾龄的大货车司机，亦明知其启动大货车倒车可能对周某造成损害，仍强行倒车并造成周某轻伤一级的后果，其主观上具有放任被害人身体造成伤害的现实动因，认定刘某某主观上系间接故意更符合案件事实。

编写人：北京市第二中级人民法院　刘克河　白子健

12

对非法侵入住宅行为进行防卫的必要限度判断要结合防卫行为暴力程度、打击部位、力量对比以及损害结果等因素

——李某某故意伤害案

【案件基本信息】

1. 裁判书字号

北京市第二中级人民法院（2023）京02刑终356号刑事附带民事裁定书

2. 案由：故意伤害罪

【基本案情】

2020年10月28日12时许，被告人李某某在其位于北京市某地（院外东

侧和北侧均为拆迁废墟，南侧为自建房屋，西侧紧邻街）的自建楼三层的房屋内午休，被害人方某翻墙进入自建楼并进入李某某午休的房间内。被告人李某某发现方某后，遂起身上前与方某扭打在一起，其间，方某将其右小臂咬伤，后李某某将方某摔倒在地并骑在方某身上。方某挣扎反抗试图挣脱，被告人李某某先后使用改锥、水果刀等工具对方某面部、胸背部、四肢等部位进行长时间的持续刺击，直至方某停止挣扎并同意报警后，被告人李某某于当日14时12分许拨打电话报警。当日14时29分许，民警到达现场房间后拨打急救电话，被害人方某经医生抢救无效后被当场宣布死亡。

【案件焦点】

1. 被告人李某某的行为是否具有防卫性质；2. 如何判断对非法进入住宅行为进行防卫的必要限度。

【法院裁判要旨】

北京市大兴区人民法院经审理认为：被告人李某某在方某非法侵入其住宅及对其人身造成威胁的情况下，为使自己免受不法侵害，采取了制止不法侵害的行为，其行为具有防卫性质，但其防卫行为造成方某死亡的严重后果，明显超过必要限度造成重大损害，被告人李某某的行为构成故意伤害罪，依法应负刑事责任。被告人李某某的行为属于防卫过当，其在案发后主动报警并留在现场等待民警处理，到案后如实供述主要犯罪事实，系自首，且被害人一方存在严重过错，故对被告人李某某依法应当减轻处罚，被告人李某某的行为造成了附带民事诉讼原告人方某某、吴某某的经济损失，故被告人李某某在承担刑事责任的同时亦应承担相应的民事赔偿责任。鉴于被害人方某对损害的发生存在严重过错，依照法律规定可以减轻被告人李某某的民事责任，故结合案件的起因、被害人的过错程度及所造成的后果，酌定由被告人李某某承担附带民事诉讼原告方全部损失的60%，其余损失由附带民事诉讼原告方自行承担。故依据相关法律规定，以故意伤害罪判处被告人李某某有期徒刑五年，赔偿附带民事诉讼原告人丧葬费、误工费、交通费共计41661元。

一审宣判后，被告人李某某及附带民事诉讼原告人方某某、吴某某提出上诉。

北京市第二中级人民法院经审理认为：在案李某某本人的供述、出现场警务人员等人的证言、现场勘查笔录、相关书证、鉴定意见及相关视听资料等证据已经形成了完整的证据链，充分证明李某某面对虽有非法侵入住宅等违法行为但赤手空拳且未对自身安全造成严重威胁的被害人方某，在已将对方压在身下后，仍持改锥、水果刀等工具数十次扎刺对方身体，且持续时间较长，最终导致被害人失血性休克死亡，显见李某某所实施的防卫行为与方某实施的不法侵害行为在行为方式、危害程度等方面相差很大、明显过激，且造成了重大损害后果，依法虽可认定李某某的行为具有防卫性质，但超过必要限度，属于防卫过当，其行为构成故意伤害罪，依法应当承担相应的刑事及民事赔偿责任。故裁定：

驳回上诉，维持原判。

【法官后语】

2020年，《最高人民法院、最高人民检察院、公安部关于依法适用正当防卫制度的指导意见》（以下简称《指导意见》）发布，进一步规范了正当防卫、防卫过当案件的办理。在涉及防卫行为的案件中，对防卫行为性质的判断涉及罪与非罪、此罪与彼罪，而对防卫行为是否超过必要限度的判断则是准确认定行为性质、做到罚当其罪的核心。

《中华人民共和国刑法》第二十条第一款规定，为了使国家、公共利益、本人或者他人的人身、财产和其他权利免受正在进行的不法侵害，而采取的制止不法侵害的行为，对不法侵害人造成损害的，属于正当防卫，不负刑事责任。这对防卫行为提出了几项要求：一是要求防卫行为针对的对象必须是不法侵害行为；二是不法侵害正在进行中。

在防卫行为性质的判断上，被害人方某潜入李某某家中，可认定存在不法侵害。《中华人民共和国民法典》以及《中华人民共和国刑法》中均有对于公民住宅安宁权的相关规定，未经许可擅自进入他人住宅是对于他人正当权利的侵犯，情节严重的可以构成犯罪。本案中，现场勘查笔录、司法鉴定结论以及被告人李某某的供述可以相互印证，现场一层东院内、二层大厅、二层东数第三间房间、第四间房间留有被害人方某的灰尘足迹，且被害人方某上衣兜内被查获钳子、螺丝刀，结合方某多次盗窃前科，虽然无法确定被害人方某是否以盗窃的主观意志进入被告人李某某家中，但是可以确定其未经允许非法进入被告人李某某家中，确属不法侵害。另外，结合李某某供述，其发现方某后，方某并未立即逃离现场，而是与李某某厮打到一起，厮打持续近一个半小时。在被李某某压倒在身下后，方某一直挣扎、反抗并抢夺工具，造成被告人李某某右腹部、右手掌小鱼际共三处划伤，李某某持二把螺丝刀、一把水果刀扎刺方某面部、大腿、手腕等部位，最终方某因失血过多休克死亡，上述螺丝刀、水果刀上均检出方某基因，亦可佐证双方存在抢夺工具的情况。立足被告人李某某所处情境来看，被害人方某持械无故进入其居住的密闭空间内，在被发觉后仍未离开现场，反而与其扭打在一起，给其造成了现实、紧迫的危险。且被害人方某抢夺工具，具备继续实施不法侵害的现实可能性，且相关视听资料可证明，被害人尽管被压在身下，仍有挣扎行为并且其兜里有螺丝刀等工具，一旦起身就可能给被告人造成严重后果，因此可以认定李某某为防止自身受到更严重的伤害而进行的反击行为具有防卫的性质。

对于李某某的行为性质的判断还要结合防卫必要限度进行判断。《指导意见》规定，认定防卫过当应当同时具备“明显超过必要限度”和“造成重大损害”两个条件，缺一不可。李某某在长达一个多小时的时间里，持螺丝刀、水果刀多次扎刺被害人头面部、颈项部、胸部、背臀部、四肢部，造成刺创、划伤等33处创口，最终致被害人失血过多死亡，后果严重，且结合出警视频、勘验笔录及被告人供述，可认定系李某某一人所为，符合《指导意见》中“造成重大损害”的情形。

对于“明显超过必要限度”的判断，《指导意见》中强调要结合不法侵害行为的性质、手段、强度、危害程度和防卫的时机、手段、强度、损害后果等情节，考虑双方力量对比，立足防卫人防卫时所处情境，结合社会公众的一般认知作出判断。

综合考虑本案情况，证据能够最低限度证明被害人方某未经允许进入他人住宅，从手段上看，方某实施的不法侵害种类包括未经允许进入他人住宅以及与李某某的相互厮打行为，方某虽携带部分工具，但并未在其实施不法侵害过程中使用，从整体上看不法侵害行为的暴力程度不强；李某某面对正在赤手空拳实施不法侵害但未对其人身安全造成严重威胁的方某，且自身持有工具又占据明显优势的情况下，仍然持改锥、刀等工具在长时间多次扎向方某的身体，采取手段的暴力程度较高。从双方力量对比来看，方某虽年轻但体型较为瘦小，李某某年过五十但长期从事重体力劳动，身体素质较为优秀，在二者力量对比中处于优势地位。从损害后果来看，李某某作为防卫者自身仅受轻微伤，方某则最终失血性休克死亡。从打击部位来看，方某在厮打过程中主要袭击李某某腹部及手部，而李某某的防卫行为则是针对方某面部、大腿、手腕等部位，在可能造成的后果上不相匹配。综合考虑双方的行为，本案的防卫行为较之不法侵害行为，相差很大、明显过激，应当认定防卫明显超过必要限度。

综上，李某某的防卫行为明显超过必要限度，造成了重大损害，应当认定李某某的行为属于防卫过当。结合李某某行为的特征、所用工具及打击部位，不能认定其有杀害方某的故意，故应以故意伤害罪追究李某某的刑事责任。涉防卫性质案件涉及罪与非罪，在认定时要避免单纯从事后结果角度来判断行为性质，应当结合双方所采取手段的暴力程度、打击部位、力量对比以及损害结果等因素，立足防卫人当时处境进行综合判断，才能真正实现罪刑相适应、罚当其罪。

编写人：北京市第二中级人民法院　冯圣轩

13

医疗介入类伤害案因果关系判断及对量刑的影响[①]

——赵某某故意伤害案

【案件基本信息】

1. 裁判书字号

北京市第二中级人民法院（2022）京02刑终59号刑事判决书

2. 案由：故意伤害罪

【基本案情】

2020年7月17日21时许，被告人赵某某在某烧烤店门前，因琐事与被害人魏某某（男，2003年7月26日出生）发生口角，赵某某持剪刀将魏某某右背部扎伤，后魏某某被送至某医院就医，经开胸探查术后魏某某于2020年7月23日出院，诊断为右侧创伤性血气胸、胸部开放性损伤、腰1双侧横突骨折、右侧肾挫伤、肾被膜下血肿、血尿；魏某某出院后，因病情恶化于2020年7月25日再次前往某医院入院就医，并于2020年7月26日进行右肾摘除手术，出院诊断为右肾损伤、右肾出血、出血性休克、右肾周围感染、肌酐升高、低钠血症、低钙血症、胆囊结石、腰1双侧横突骨折、胸部损伤个人史、背部锐器伤清创术后、胸腔闭式引流术后。经司法鉴定，魏某某身体所受损伤主要为胸背部开放性穿透创，创伤性血气胸，肾破裂，右肾包膜下血肿，腰1双侧横突骨折。其中魏某某胸背部开放性穿透创，创伤性血气胸伴单肺压缩30%以下，腰1椎体双侧横突骨折，损伤程度构成轻伤二级，右肾破裂、右肾包膜下血肿

① 入库案例，参见人民法院案例库2024-04-1-179-018。

并行手术治疗，损伤程度构成重伤二级。综合损伤程度为重伤二级。经鉴定，魏某某外伤致右肾损伤等符合七级伤残。在魏某某治疗过程中，被告人赵某某及其家属代为支付部分治疗费。被告人赵某某于2020年7月17日被公安机关传唤到案。

【案件焦点】

医院对被害人魏某某的伤情出现了误判，致使魏某某在不符合条件的情况下出院，后病情恶化，致右肾被摘除，构成重伤，如何考虑此重伤结果与赵某某伤害行为之间的因果关系，进而确定合适的刑罚。

【法院裁判要旨】

北京市丰台区人民法院经审理认为：结合在案证据，综合考虑病情变化、诊疗情况等因素，认为在被害人肾包膜已经出现血肿的情况下，其出院等行为虽系介入因素，但并不必然对危害后果起决定性作用；某司法鉴定所依法定程序出具的司法鉴定意见书也可证明外伤系导致魏某某右肾摘除的主要原因；综上认定赵某某使用剪刀扎伤被害人的行为与被害人肾摘除的损害结果之间具有直接因果关系。被告人赵某某持凶器故意殴打他人身体，造成一人重伤二级，其行为已构成故意伤害罪，应予处罚。鉴于被告人赵某某明知他人报警而在现场等待，到案后能够如实供述犯罪事实，有自首情节，积极垫付被害人部分医药费用，对被告人赵某某依法予以从轻处罚。被害人因损伤造成伤残的情况，在量刑时予以考虑。故判决：

被告人赵某某犯故意伤害罪，判处有期徒刑五年。

一审宣判后，赵某某提出上诉。

北京市第二中级人民法院经审理认为：赵某某不能正确处理因琐事引发的纠纷，持械伤害他人身体，造成被害人重伤后果，其行为已构成故意伤害罪，依法应予惩处。鉴于赵某某明知他人报警而在现场等待，到案后能够如实供述犯罪事实，具有自首情节，且能积极垫付被害人部分医药费用，结合被害人就医过程及医院在被害人治疗过程中存在过错等本案具体情况，依法可对赵某某予以从轻处罚。被害人因损伤造成伤残的情况，在量刑时予以考虑。一审法院根据赵某某犯罪的事实、性质、情节和对于社会的危害程度作出的判决，事实清楚，证据确实、充分，定罪和适用法律正确，对扣押物品处理正确，审判程序合法，唯因二审期间出现新的证据，确实出现新的量刑情节，导致对赵某某量刑不当，本院依法予以改判。法院依照《中华人民共和国刑法》第二百三十四条、第六十七条第一款、第六十四条、第六十一条，《中华人民共和国刑事诉讼法》第二百三十六条第一款第三项之规定，判决如下：

一、维持北京市丰台区人民法院（2020）京 0106 刑初 1308 号刑事判决主文第二项，即在案扣押物品，由扣押机关依法处理；

二、撤销北京市丰台区人民法院（2020）京 0106 刑初 1308 号刑事判决主文第一项，即被告人赵某某犯故意伤害罪，判处有期徒刑五年；

三、上诉人赵某某犯故意伤害罪，判处有期徒刑三年。

【法官后语】

按照先事实后规范、先归因后归责的逻辑顺序以及实践判断，介入型因果关系认定应综合判断归因与归责。归因层面上，医疗介入类伤害案件中，伤害行为与医疗后的伤亡结果只要存在条件上的促发关系，无论在后的医疗介入如何发展，都具备事实上的因果关系，因为从事实因果流程出发，若没有前置伤害行为，就不可能有接受医疗后的结果。而归责意义上的因果关系成立以危险实现为基准，只有行为创设的不法危险实现为实害结果才能进行归责。将这一标准替换到介入型因果关系的判断语境中，判断核心就表现为：在先行为的危险实现进程是否完全被介入因素的危险实现替代。

就医疗介入类伤害案因果关系判断而言，将上述危险替代的判断基准予以适用，可形成如下认定方式：第一，如果伤害行为仅导致轻微实害结果的危险，被害人接受治疗后反而出现了严重的结果，即便无法查明医疗过失等介入因素与更重结果之间的因果关系，也不能将结果归因于伤害行为，因为较重结果已经超出伤害行为的危险范围。第二，如果伤害行为本身有造成致死、致重伤等严重后果的危险，经过医疗有效降低了发生严重结果的危险，但由于医疗过失、被害人行为等介入因素，导致本已降低的危险再次升高转化为实害后果，此时介入因素并不影响结果归责于伤害行为，但应考虑介入因素对因果关系的削弱情况以确定量刑。第三，如果医疗过失、被害人行为等介入因素创设了新的引发伤害结果危险，并完全替代排斥了原伤害行为危险，则实害后果不能归属于原伤害行为。

按照以上标准来判断本案，需要先判断在先的伤害行为是否有造成重伤的危险。第一，如果伤害行为只会造成轻伤危险，则医院误判让被害人出院使得其重伤的结果就超出了伤害行为的危险范围而不能归责于伤害行为。第二，如果伤害较为严重，有致重伤危险，归责与否就需要进一步判断介入因素是否创设了新的致果危险并替代了伤害行为的危险而实现为结果。本案中，结合在案证据并询问鉴定人员，可以认定被害人肾部创口就是被告人剪刀扎刺造成的，剪刀是锐器，插入肾脏后造成了血尿情况出现，说明扎得很深，至少扎穿了肾脏外壁。医疗实践中，肾部出现创口，原则上应进行手术处理（缝合或部分切除或切除），但实践中，也存在医生在没有出现大出血等明显手术指征的情况下保守观察的可能，如果创口非常小，附近出现凝血块，将来凝血块吸收后也可能不用手术就自愈。在本案中，创口较大，患者不经过手术自愈几乎不可能，医院应在第一时间进行手术，则有可能保住右肾（缝合或部分切除）。因此，最终导致被害人重伤的危险仍是来自杀害行为，被害人只是通过医疗行为暂时控制了危险不会持续向重伤结果发展，医院误判使被害人出院这一介入因素无法中断剪刀插入肾脏与被害人重伤之间的因果关系。

明确本案介入因素无法中断因果关系后，在量刑方面即需考虑介入因素对因果关系的削弱程度。对于介入型因果关系来说，介入因素对因果关系可能产生中断、无影响和削弱三种作用，前两种情况影响的是定罪，后一种情况影响的是量刑。在本案中，司法鉴定意见显示“患者最终外伤后右肾摘除的损害后果，主要是因其原始损伤较为严重所致”“医院在诊疗过程中，存在未尽到必要的注意义务之医疗过错。医疗过错在患者右肾摘除的损害后果中的原因力程度，鉴定为介于轻微原因至次要原因之间”，因此伤害行为对被害人的重伤结果是主要的，医疗过错也是导致重伤结果的因素，但没有外伤大，其削弱了伤害行为与重伤结果之间的因果关系。将医学检验状况纳入刑法的分析框架就是，医疗过错对被害人最终的重伤结果虽占有一定的原因力，但法律实践中对导致结果发生因素作用力的思维考量尚不足深入按比例大小来进行精确微观量化对比分析从而定性伤害行为的性质，所以从法律的抽象性出发只能在法律适用时对各种原因力因素做成较为宏观的定性分析。综合分析本案，介入因素并未完全中断先行行为与危险结果之间的因果关系，二者共同导致危险结果发生，医院过失作为介入因素，应当作为酌定量刑情节从轻处罚。

编写人：北京市第二中级人民法院 段沛宜

14

日常婚姻家庭矛盾引发的刑事案件是否认定存在被害人过错

——陈某故意伤害案

【案件基本信息】

1. 裁判书字号

广东省高级人民法院（2023）粤刑终560号刑事裁定书

2. 案由：故意伤害罪

【基本案情】

被告人陈某经营养生馆，其丈夫对此不满，多次发生矛盾并到养生馆吵闹，后二人分居，分居后李某常常骚扰陈某，陈某因类似情况报警，民警要求李某不得骚扰陈某。2022年8月28日凌晨1时许，被害人李某驾摩托车再次到陈某的养生馆店门外，双方再次发生矛盾。陈某将养生馆的玻璃门锁上，李某在门外持续吵闹并辱骂陈某及其他工作人员。后李某用力踢玻璃门一脚，转身准备驾车离开，陈某遂持水果刀冲出门外，对李某做出捅刺动作，然后持刀往回走。李某见状即追上去踢打陈某，陈某挥刀刺中李某左腋，地面出现血迹，二人即扭打在一起。李某夺下陈某的刀后察看自己伤情，陈某则跑回养生馆内并报警。李某将水果刀扔掉骑摩托车离开，行驶约300米后倒地死亡。经鉴定，李某系被单刃锐器刺击左侧胸部致左肺破裂引起大失血而死亡。同日，陈某向公安机关投案自首。

【案件焦点】

1. 被害人李某是否存在过错；2. 能否对被告人陈某从轻处罚。

【法院裁判要旨】

广东省中山市中级人民法院经审理认为：陈某无视国家法律，故意伤害他人身体，致一人死亡，其行为已构成故意伤害罪，依法应予惩处。陈某有自首情节，依法可以从轻处罚。本案系因婚姻家庭纠纷引发，被害人李某对本案的发生也具有一定责任，且陈某的家属代为赔偿原告人部分经济损失，可以酌情对陈某从轻处罚。故判决陈某犯故意伤害罪，判处有期徒刑十五年，并责令陈某赔偿附带民事诉讼原告人李某人民币35935元。

一审宣判后，陈某提出上诉。

广东省高级人民法院经审理认为：本案中，陈某与李某虽然已分居，但从案发时二人的表现来看，伤害对方时仍有明显的克制表现，说明二人相互仍有感情维系，因此本案属于因婚姻家庭纠纷引起的案件。在婚姻家庭纠纷类案件中，夫妻双方因日常生活琐事所致的吵闹、打斗，一般不认定为过错，但被害人李某多次吵闹、滋扰，对案件发生确有引起责任，陈某动刀伤人，属于激情犯罪。因二审没有出现新的量刑情节，被害人家属没有谅解陈某，社会矛盾尚未完全化解，因此对被告人陈某不宜再予从轻处罚。原判认定的事实清楚，证据确实、充分，定罪准确，量刑适当，审判程序合法。故裁定：

驳回上诉，维持原判。

【法官后语】

本案的主要争议焦点是婚姻家庭纠纷案件中的被害人过错认定问题。

一、被害人过错之界定

刑法意义上的被害人过错一般指被害人实施违背社会伦理或者违反法律的行为，侵犯了他人的合法权益，诱发、促成、激化被告人实施犯罪，因而可以对被告人从宽量刑的酌定量刑情节。判断是否构成被害人过错，要综合考虑被害人行为的不当程度、犯罪行为与被害人不当行为的关联度、犯罪行为有无节制等多方面因素。一般来说，认定被害人过错应满足以下条件：一是被害人实施了违背社会伦理或者违反法律的不当行为；二是被害人的不当行为侵犯了被告人或者其近亲属的重要合法权益；三是被害人的不当行为直接对被告人造成精神刺激，激化矛盾，诱发被告人的犯罪行为；四是被告人的行为有“反制”意图，在一定程度上存在道义基础。在以上条件中，被害人行为的反伦理性是认定被害人过错的基础，反制的必要性及其程度是判断被害人过错是否成立的条件。也即，被害人的不当行为如果没有明显违反伦理，或者虽然违反伦理但其违反的程度轻、反制行为的后果严重，二者明显不相匹配，不成立被害人过错。

二、涉婚姻家庭案件中被害人过错应谨慎

对于涉及婚姻家庭的刑事犯罪案件，为了准确确定被告人的主观恶性，首先应对犯罪原因是否属于婚姻家庭纠纷范围进行判断。因家庭琐事、家庭内部积怨等矛盾引起的犯罪，往往因为长期的矛盾积累后，在偶然因素刺激下发生。激发犯罪的偶然因素在常人看来可能并不应导致严重犯罪，但对于犯罪者来说，偶然因素只是长期矛盾积累后在一瞬间使其超出心理承受范围的原因，其行为常人看来经常无法理解。因此，婚姻家庭纠纷引发的重刑案件中行为人的主观恶性相较于一般案件主观恶性是相对较轻的。

这种长期积累的矛盾、偶然激发犯罪的因素，往往是日常生活琐事及相关的一般打斗、打砸等，在大多数情况下，双方自行感情调节、亲属劝解后，就可以在家庭内部自我修复，并不必然引起刑事案件。即使引发了刑事案件，一般也不宜认定存在被害人过错，存在直接的引起与被引起关系的，可以认定具有引起责任。如果引起刑事案件的被害人行为，主要是指长期的矛盾、纠纷，当然也包括临时的激发因素，严重地、明显地违反伦理、违反公众情感，结合案情考虑，也难以再通过家庭内部“自愈”，这时可以考虑认定存在被害人过错。

三、本案被害人行为不宜评价为过错，可认定存在引起责任

具体到本案中，评价被害人行为是否构成过错，要紧紧围绕被害人与被告人之间的矛盾是否仍属于家庭纠纷范围、被害人的行为是否严重、明显违反伦理、公众感情两个方面展开。

首先，被害人的行为是否因家庭纠纷而起。案发之前，被害人李某因为怀疑妻子陈某开养生馆同时从事一些不正当生意，虽无实据，但因此多次对陈某进行辱骂；陈某则指责被害人李某不仅不管家用，还将为数不多的积蓄打赏给女主播刷礼物，又无端猜疑、对其打骂、赶其出家门等。陈某已准备与李某离婚，二人确已分居。从上述情况分析，被害人李某和被告人陈某矛盾的主要原因是家庭经济纠纷，同时掺杂一些其他夫妻矛盾，二人的矛盾仍然属于正常家庭纠纷范围。

其次，被害人行为是否仍属于家庭矛盾纠纷引发的范围。是否具有在家庭内部自我修复可能是家庭矛盾纠纷与非家庭矛盾纠纷的主要区别。因双方在家庭中的不同的关系，评判标准也应不同。夫妻、共同生活的情侣本无血缘关系，是基于相互爱恋、相互珍惜、相互愿意付出等异性相吸引的情感而走到一起的，双方只要还相互存在这类情感，一般的矛盾就有修复的可能。因此，审查发生在夫妻、情侣之间的刑事案件是否为家庭矛盾纠纷引发，主要是查明双方的情感状况。案发当晚，被害人李某一再隔门对着陈某辱骂，但并没有动手打人，后来李某用力踢门，然后准备驾车离开，陈某因受踢门的刺激而追出来持刀对着李某做出捅刺动作，刺了两下之后陈某即转身往回走。这时李某立即追打并用脚踢陈某，陈某遂转身持刀捅刺，刺中李某的左腋下部位（致命伤部位），随后地面即开始出现血滴，双方短暂扭打后，李某将刀夺下，陈某则跑回店内

关了门，李某站在当地撩衣查看，发现自己被捅伤后，遂又去大力拍门，因无法进入，遂扔掉刀离开现场。在上述过程中，陈某一开始朝被害人捅刺两下然后停手往回走，其行为明显属于泄愤，是因为李某长时间辱骂后，又进行拍门受刺激后的反应，行为明显存在一定的节制；李某夺刀后并未立即持刀捅陈某，而是撩衣查看，其夺刀的目的显然是制止陈某伤害自己。陈某和李某在持刀的情况下，行为仍然明显都有克制，这种克制的原因显然是出于双方本有的夫妻关系。因此，案发时二人仍有一定感情。

最后，从本案情况来看，被害人李某经常酗酒、对陈某打骂、多次要赶陈某出门，还给女主播刷礼物。二人分居后，李某又多次到养生馆闹事，陈某不得已报警，民警对双方进行调解，要求李某不得再去养生馆骚扰陈某。在这种情况下，陈某主观上显然认为双方矛盾已经超出了家庭内部自我修复范畴，因此李某再次不顾警察制止到养生馆闹事，陈某忍无可忍，遂持刀朝李某捅刺泄愤，其行为已经属于能为一般人理解的范围。从案发前因分析，李某因疑心陈某兼做不正当生意，遂致辱骂、拍门以致打砸等行为。但在双方已经因家庭矛盾而分居的情况下，李某不顾警察制止再次上门暴力滋扰，其行为表明公权力介入也无法对其有效阻止，其行为有一定的违反伦理性，陈某受到这样的刺激后无法再退让，才忍无可忍持刀泄愤、暴力反制，李某的行为对案件发生明显存在引起责任。

综上，李某与陈某之间的矛盾仍属于家庭矛盾纠纷，被害人行为具有违反伦理性，陈某的泄愤行为能为一般人理解。本案被害人行为虽不能认定过错，但存在引起责任。

编写人：广东省高级人民法院　李中原　赵慧仪

（四）强奸罪

15

轮奸是强奸罪的加重处罚情节，只有实害后果发生才能认定构成轮奸

——莫某、吴某强奸案

【案件基本信息】

1. 裁判书字号

广东省云浮市中级人民法院（2024）粤53刑终54号刑事判决书

2. 案由：强奸罪

【基本案情】

2023年4月1日凌晨，被告人莫某、吴某和叶某在某烧烤店吃宵夜，被害人邓某（十三周岁）在外等候。其间，吴某、莫某商量要与邓某发生性关系。吴某提出给邓某的朋友叶某200元，让其和莫某两人与邓某发生性关系，叶某表示同意。凌晨4时许，邓某跟随叶某、莫某、吴某到某旅店房休息。其间，莫某和吴某再次商量等一下如何与邓某发生性关系。之后，莫某先口头挑逗邓某，再上前按住邓某的双手并用手摸了邓某的胸部，吴某则按住邓某的双脚并欲脱去邓某的裤子。由于邓某反抗哭泣并踢了吴某一脚，吴某没有成功。邓某一直哭求不要伤害她，两人遂停手。过了一段时间，叶某因口渴与吴某一起出去买水。当两人走出门口并关上房门后，莫某再次上前按住邓某的双手并用手

摸了邓某的胸部，邓某则反抗咬了莫某的手并大声哭泣。叶某则一直在外拍门，莫某遂停手放开邓某并开门让吴某、叶某进入。随后，邓某与叶某离开了旅店。

另查明，莫某、吴某家属共主动赔偿20000元给被害人，获得了被害人家属的谅解。

【案件焦点】

1. 莫某是否构成自首的问题；2. 两被告人的犯罪形态问题；3. 本案是否认定属于轮奸情节。

【法院裁判要旨】

广东省新兴县人民法院经审理认为：被告人莫某、吴某对不满十四周岁的幼女实施轮奸行为，均已构成强奸罪，应处十年以上有期徒刑、无期徒刑或死刑。二被告人奸淫不满十四周岁幼女，依法从重处罚。被告人莫某已着手实施轮奸行为，但因意志以外的原因未得逞，属犯罪未遂，可以比照既遂犯从轻或者减轻处罚。被告人吴某已着手实施轮奸行为后主动放弃了犯罪行为，属犯罪中止，应当减轻处罚。在本案共同犯罪中，二被告人均积极参与作案，不宜区分主从犯，但各自具体情节有所不同，在量刑时予以体现。被告人莫某、吴某犯罪后主动投案并如实供述犯罪事实，均属自首，依法可以从轻或减轻处罚。二被告人已赔偿被害人损失，获谅解，在量刑时予以考虑。二被告人犯罪时未满十八周岁，依法应当从轻或者减轻处罚。综合考虑二被告人的犯罪情节、作用地位、认罪悔罪态度等量刑情节，决定对二被告人予以减轻处罚。二被告人因心智尚未成熟，未能树立正确的人生观、价值观，从而走上犯罪道路，此后一定要吸取教训，谨慎交友，培养良好的兴趣爱好，改过自新。为维护社会治安秩序，保护未成年人的合法权益不受非法侵害，法院依照《中华人民共和国刑法》第二百三十六条第二款和第三款、第二十三条、第二十四条、第六十七条第一款、第十七条第二款和第四款的规定，作出判决如下：

一、被告人莫某犯强奸罪，判处有期徒刑四年六个月；

二、被告人吴某犯强奸罪，判处有期徒刑三年六个月。

一审宣判后，莫某提出上诉。

广东省云浮市中级人民法院经审理认为：上诉人莫某、原审被告人吴某对不满十四周岁的幼女实施强奸行为，其行为均已构成强奸罪。二被告人奸淫不满十四周岁幼女，依法从重处罚。上诉人莫某已着手实施强奸行为，但因意志以外的原因未得逞，属犯罪未遂，可以比照既遂犯从轻或者减轻处罚。原审被告人吴某已着手实施强奸行为后主动放弃了犯罪行为，属犯罪中止，应当减轻处罚。在本案共同犯罪中，二人均积极参与作案，可不区分主从犯，根据各自具体情节有所不同，在量刑时予以体现。上诉人莫某及原审被告人吴某犯罪时均未满十八周岁，依法应当从轻或者减轻处罚。原审被告人吴某经公安机关电话通知主动到案，归案后能如实供述犯罪事实，属自首，依法可以从轻或减轻处罚。上诉人莫某及原审被告人吴某赔偿被害人损失，获得谅解，在量刑时予以考虑。综合考虑全案的犯罪事实及量刑情节，决定对两名被告人减轻处罚。综上，原判认定莫某、吴某犯强奸罪的主要事实清楚，证据确实、充分，定罪准确，审判程序合法，但对轮奸情节及莫某存在自首情节的认定不当，法院予以纠正。上诉人莫某所提的上诉理由，理据不足部分，本院依法不予采纳。法院依照《中华人民共和国刑法》第二百三十六条、第二十三条、第二十四条、第六十七条第一款和第三款、第十七条第二款和第四款及《中华人民共和国刑事诉讼法》第二百三十六条第一款第二项的规定，作出判决如下：

一、维持广东省新兴县人民法院（2023）粤 5321 刑初 203 号刑事判决第一项、第二项对上诉人莫某、原审被告人吴某的定罪部分；

二、撤销广东省新兴县人民法院（2023）粤 5321 刑初 203 号刑事判决第一项、第二项对上诉人莫某、原审被告人吴某的量刑部分；

三、上诉人莫某犯强奸罪，判处有期徒刑四年；

四、原审被告人吴某犯强奸罪，判处有期徒刑二年十个月。

【法官后语】

本案的争议焦点在于莫某是否构成自首，两被告人的犯罪形态以及是否认定有轮奸情节的问题。

1. 关于莫某是否构成自首的问题。根据公安机关出具的到案经过及莫某的供述，可以证实公安机关是在办理其他盗窃案中发现莫某有盗窃嫌疑，于2023年4月13日19时许到莫某所在学校依法传唤其到案接受调查，故莫某不属于主动投案。莫某在2023年4月14日的第一份笔录中基本如实供述了其性侵被害人的主要犯罪事实，但根据受案登记表、受案回执以及被害人的陈述等证据，可以证实被害人邓某在2023年4月12日已经在家长的陪同下到公安机关报案，且陈述了被莫某、吴某等人性侵的事实，即办案机关已经掌握了本案的基本犯罪事实。莫某亦不符合如实供述司法机关还未掌握的本人其他罪行的情形。因此，一审认定莫某属于自首不当。

2. 关于本案两被告人犯罪形态的问题。(1) 在吴某与莫某共同对被害人邓某实施强奸行为时，虽然被害人邓某积极反抗并哭求，叶某在旁边口头劝阻，但双方力量悬殊，且叶某事前也同意两人的行为，因此被害人邓某的反抗行为及叶某的口头劝阻并不足以阻止两名被告人的犯罪行为，二人仍有继续实施强奸犯罪行为的能力和机会。在此情形下，二被告人停止犯罪行为，主动放弃犯罪应居于主导地位，应认定为犯罪中止。吴某在停止犯罪行为后主动与叶某离开现场，符合中止犯成立的及时性、自动性、彻底性，故应认定为犯罪中止。(2) 莫某虽然在第一次与吴某共同对被害人邓某实施强奸行为时暂时停止了犯罪行为，但其并未彻底放弃犯意，在吴某与叶某离开房间后，在明知被害人邓某不愿意的情形下，仍违背女性意志，趁机以暴力手段对被害人邓某实施强奸行为，但因被害人邓某的反抗咬伤其手，另外叶某与吴某走到门外，听到声音拍门阻止，莫某客观上已经无法继续实施犯罪行为，应认定为犯罪未遂。因此，吴某属于犯罪中止，莫某属于犯罪未遂。

3. 关于本案是否应认定有轮奸情节的问题。轮奸区别于一般强奸共同犯罪，本质的差别在于被害人性权利遭受更严重的实害后果，只有实害后果发生才能认定构成轮奸。轮奸是强奸罪的加重处罚情节，不是独立罪名，对于情节只有构成与否，不存在既、未遂问题。虽然上诉人莫某及原审被告人吴某有共同强奸被害人的故意，且实施了按住被害人手脚及脱裤子等行为，但本案并未发生轮奸的实害后果，如认定轮奸情节起刑点即为十年以上，可能出现罪责刑不相适应的情形。因此，本案不宜认定为轮奸情节，原判对此的认定有误，导致量刑过重，予以调整。

编写人：广东省云浮市中级人民法院　曾勇辉

16

被告人“零口供”情况下强奸事实证据的认定

——陈某某强奸案

【案件基本信息】

1. 裁判书字号

广东省汕尾市中级人民法院（2022）粤15刑终188号刑事裁定书

2. 案由：强奸罪

【基本案情】

2019年5月至2021年10月13日，被告人陈某某在其位于某镇某村的住宅内，多次强行对其亲生女儿被害人王某某（系化名，时年十二周岁）实施奸淫。王某某多次向其母亲反映，并在微信上向好友求救。2021年10月14日20时许，公安机关接到王某某的好友李某某（系化名）报警后，将陈某某抓获归案。

【案件焦点】

在被告人拒不供认，又缺乏足以锁定被告人强奸的客观性证据的情况下，如何对强奸事实进行认定。

【法院裁判要旨】

广东省汕尾市海丰县人民法院经审理认为：虽然被告人陈某某否认强奸王某某，且未提取到直接指向陈某某强奸的痕迹物证，但在案证据足以认定陈某某多次对王某某实施奸淫。理由如下：一是被害人王某某稳定陈述其多次被父亲陈某某强行奸淫，并多次向母亲、好友讲述其遭受陈某某奸淫的经过。王某某陈述内容与其年龄、认知相符，且作为刚满十二周岁的幼女，其所陈述的被性侵害的细节内容，如不亲身经历，难以编造。二是有多个证人证言印证被害人陈述。王某某母亲证实王某某至少有十几次向其说过被陈某某强奸，其随后责问陈某某被陈某某打骂。王某某的朋友刘某某、李某某、肖某某等证实王某某告诉过他们自己被陈某某奸淫之事，李某某为此专门建立微信群以便向王某某提供帮助。三是微信聊天记录证实，2021 年 10 月 12 日王某某再次遭受陈某某奸淫后，即在微信群里向好友发出求救，同月 14 日李某某与王某某等人商议如何报警、如何保存证据及让王某某前往医院进行身体检查等，后由李某某报案，案发过程客观、自然，可排除诬告陷害的可能。四是经诊断，王某某处女膜多处旧裂。

综上，在案证据相互印证，足以证实被害人陈述真实可信，对陈某某否认强奸王某某的辩解不予采信，陈某某犯强奸罪的事实清楚，证据确实、充分。陈某某长期多次奸淫不满十四周岁的亲生女儿，情节恶劣，应从重处罚。据此，以强奸罪判处陈某某有期徒刑十四年，剥夺政治权利四年。

一审宣判后，陈某某提出上诉。

广东省汕尾市中级人民法院经审理认为：一审判决认定事实清楚，证据确实、充分，定罪准确，量刑适当，审判程序合法。据此，裁定：

驳回上诉，维持原判。

【法官后语】

性侵未成年人犯罪往往存在案发过程隐蔽、报案时间延迟等特点，案件呈现以被害人陈述为主要证据的证据结构，其余证据多为传来证据，如证人某某的证言等，与被害人陈述事实关联性强的客观证据通常较少。此时一旦被告人拒不认罪，容易导致司法证明上的困难，追责难度相较于普通刑事案件大。司法实践中如果机械应用刑事诉讼法规定的印证证明标准，容易导致放纵犯罪，不能很好体现出对未成年被害人的优先保护原则。

基于此，司法实践中性侵未成年人犯罪案件的证据审查标准应有别于成年人案件标准。《最高人民法院、最高人民检察院、公安部、司法部关于办理性侵害未成年人刑事案件的意见》第二十九条规定，认定性侵害未成年人犯罪，应当坚持事实清楚，证据确实、充分，排除合理怀疑的证明标准。对案件事实的认定要立足证据，结合经验常识，考虑性侵害案件的特殊性和未成年人的身心特点，准确理解和把握证明标准。接着第三十条详细规定了对未成年被害人陈述的审查规则，强调应着重审查陈述形成的时间、背景，被害人年龄、认知、记忆和表达能力，生理和精神状态是否影响陈述的自愿性、完整性，陈述与其他证据之间能否相互印证，有无矛盾；若被害人陈述了与被告人或者性侵害事实相关的非亲历不可知的细节，并且可以排除指证、诱证、诬告、陷害可能的，一般应当采信。可以看出，性侵未成年人犯罪因其固有特点，在对强奸事实认定时重点在于审查被害人陈述的真实性，并建构以被害人陈述为核心的证据体系，运用经验法则对证据进行审查判断。

具体到本案中，争议焦点在于，在被告人拒不供认，又缺乏足以锁定被告人强奸的客观性证据的情况下，如何对强奸事实进行认定。被害人王某某虽提供了案发时其所穿的内裤，但公安机关的鉴定结果显示无法判断内裤上是否含有陈某某的DNA，此时案件缺乏直接指向被告人的生物物证，定罪的关键在于在案证据能否形成以被害人陈述为核心的证据锁链并相互印证，同时应考虑到被害人是不满十四周岁的幼女，对其陈述的审查标准应有别于成年人案件。本案中，王某某曾将其被陈某某强奸一事告知其好友刘某某、李某某、肖某某等人，当王某某再次遭受陈某某奸淫后，即在微信群里向好友发出求救，好友帮忙予以报案，案发过程客观、自然。王某某作为不满十四周岁的幼女，多次向其母亲、好友讲述其遭受奸淫的经过，并寻求帮助，其陈述自然、符合逻辑，符合一个未成年人的心智反应、认知和表达，如无亲身经历，难以编造。王某某母亲，证人刘某某、李某某、肖某某等均出证了王某某被强奸经过，与王某某的陈述相互印证，并有微信群聊天记录截图、医院检查诊断等相关证据予以佐证，故应对陈某某犯强奸罪的事实予以认定。

综上，强奸事实的认定，在被告人拒不供认，又缺乏足以锁定被告人强奸的客观性证据的情况下，重点在于审查被害人陈述的真实性。应当在全面审查案件证据的基础上，主要从被害人陈述形成的时间、背景，是否稳定、自然，陈述中是否有非亲历不可知的细节，与其他证据之间能否相互印证，被告人辩解有没有证据支持及是否合理，被告人与被害人身份关系等方面综合判断，能够排除指证、诱证、诬告、陷害可能的，一般应对被害人陈述予以采信，认定被告人强奸事实。

编写人：广东省汕尾市中级人民法院　叶文榜

17

对行为人嫖宿已满十二周岁不满十四周岁的被害人“明知”的认定

——叶某强奸案

【案件基本信息】

1. 裁判书字号

浙江省温州市中级人民法院（2024）浙03刑终75号刑事裁定书

2. 案由：强奸罪

【基本案情】

被告人叶某经林某某（另案处理）介绍认识胡某某（2005年10月2日出

生，已判决）。2022 年 7 月 21 日，经胡某某介绍，被告人叶某在明知杨某某（2009 年 6 月 26 日出生）可能未满十四周岁的情况下，以 800 元一次的价格，在某小区×幢×室家中与杨某某发生性关系。

2022 年 10 月 16 日，被告人叶某向永嘉县公安局投案自首。

【案件焦点】

叶某以嫖娼的形式和被害人自愿发生性关系构成强奸罪的主观明知问题，即叶某是否具备法律规定明知被害人系幼女而与之发生性交易的犯罪构成要件。

【法院裁判要旨】

浙江省永嘉县人民法院经审理认为：从被告人供述、证人证言、被害人陈述、微信聊天记录、检查笔录等证据，足以综合证明被告人叶某明知被害人杨某某系未满十八周岁的未成年人，其主观上已经能认识到被害人杨某某可能系幼女的情况下，没有尽到进一步的核实义务，未能足够谨慎行事，不考虑其是否系幼女的可能性，甘冒风险与杨某某发生性关系，另根据被害人的身体发育状况、言谈举止等，并不属于极其特殊的例外情况，现亦无证据证明本案被告人根本不可能知道被害人是幼女，因此应当认定其主观上明知被害人系幼女仍奸淫幼女，其行为已构成强奸罪。公诉机关指控的罪名成立，予以支持。鉴于被告人叶某犯罪后主动投案，酌情予以从轻处罚。据此，以强奸罪判决被告人叶某有期徒刑三年一个月。

一审宣判后，叶某提出上诉。

浙江省温州市中级人民法院经审理认为：叶某明知杨某某是幼女而与其发生性关系，其行为已构成强奸罪。原判鉴于叶某系主动投案，酌情已予以从轻处罚。原判认定事实和法律适用正确，量刑适当，审判程序合法。据此，裁定如下：

驳回上诉，维持原判。

【法官后语】

本案的关键问题在于叶某以嫖娼的形式和被害人自愿发生性关系构成强奸罪的主观明知问题，即叶某是否具备法律规定明知被害人系幼女而与之发生性交易的犯罪构成要件。这一直是司法实践中的疑难问题。

本案在审理过程中对此存在两种意见：第一种意见认为，叶某的行为构成强奸罪，且属于奸淫幼女，理由如下：被告人叶某明知被害人杨某某系未满十八周岁的未成年人，在其主观上已经能认识到被害人可能系幼女的情况下，没有尽到进一步的核实义务，未能足够谨慎行事，不考虑其是否系幼女的可能性，甘冒风险与杨某某发生性关系，另根据被害人的身体发育状况、言谈举止等，并不属于极其特殊的例外情况，现亦无证据证明本案被告人根本不可能知道被害人是幼女。因此，应当认定其主观上明知被害人系幼女，仍与之发生性关系，无论被害人是否自愿，其行为均构成强奸罪。第二种意见认为，叶某的行为不构成犯罪，指控其构成强奸罪证据不足。理由是：叶某与被害人系自愿发生性关系，双方是典型的卖淫嫖娼行为。卖淫嫖娼类型的强奸案件主观认知方面应当从严把握，有别于其他类型的奸淫幼女类强奸案件，另外，被害人自己谎报了年龄，加之当时被害人也化了妆，还出入娱乐场所，叶某确实不“明知”被害人未满十四周岁，因此，其主观上没有奸淫幼女的故意。笔者认为第一种意见更具合理性，具体分析如下。

一、“嫖宿幼女”型强奸案的法理依据

根据《中华人民共和国刑法》第二百三十六条的规定，强奸罪分为两种类型，即以暴力、胁迫或者其他手段强奸妇女和奸淫不满十四周岁的幼女。奸淫幼女型强奸罪，是否以行为人明知被害人系幼女为构成犯罪的必要要件。本案中，叶某和被害人之间是一种你情我愿的嫖娼交易行为，叶某是否构成强奸罪，必须准确把握叶某是否具有“明知”对方系幼女而与之发生性关系的主观故意。虽然叶某对是否“明知”被害人系幼女有诸多辩解，但认定其是否有罪以及构成何罪应立足本案事实和证据。

二、是否系“幼女”的主观明知的认定标准

幼女在法律上没有性承诺能力。因此，无论幼女是否同意，与不满十四周岁的幼女发生性关系均以强奸论处，并且从重处罚。实践中，对于已满十二周岁未满十四周岁幼女的主观明知判断仅存在极其特殊的例外情况，而非对一般情形的普遍豁免。显然，叶某的情形不属于不明知的极其特殊的例外情形。

三、主观明知要根据个案的案件事实和在案证据综合判断，无法一概而论

从本案的证据来看，没有证据或者合理依据可以证实叶某在实施行为时不存在根本不可能知道对方是幼女的情形。首先，公安机关再次对被害人进行了身体检查。其次，根据同案人员胡某某、周某某、廖某某的供述，证明胡某某在初期对外介绍被害人系十四岁、十五岁，客人嫌年纪小，后对外宣称被害人系十八岁，是自己妹妹，有些“客人”与胡某某相识慢慢知道被害人是初中生，有些客人完成交易后会问胡某某被害人是不是很小，侧面反映即使介绍卖淫人员对外明示被害人已满十四周岁，仍有“客人”认为被害人年龄幼小的情况。再次，根据被害人的陈述，证明大部分“客人”看自己比较小，都会问自己的年龄，大概有三四个客人看自己年龄小，就不再继续嫖娼了。微信聊天记录截图证明被告人在嫖娼几天后询问胡某某，被害人是不是年纪较小，十六岁左右的事实。最后，被告人叶某在侦查阶段和公诉审查阶段供认，林某某称有女的可以发生性关系，将胡某某介绍自己认识，并让胡某某介绍年纪较小的人给自己，胡某某就介绍了被害人给自己，还发了照片，叶某看着被害人年龄较小，应该是十六岁左右，胡某某说被害人十八岁。被告人所拥有的社会经验和阅历应当使其对十三周岁的幼女与十八岁成年人在谈吐、外表、生理发育等方面的差别有基本的辨识能力，叶某完全可以避免这种错误判断的产生。因此，叶某辩解对被害人可能是幼女不明知仅是其推卸法律责任、刻意回避事实的一种借口。

综合全案证据，从被告人供述、证人证言、被害人陈述、微信聊天记录、检查笔录等证据，足以证明叶某应当知道与其发生性关系的对象在年龄上可能较小，然其在侥幸心理的支配下，未尽谨慎核实义务，客观上造成不满十四周

岁的幼女杨某某被其奸淫这一严重危害后果的发生，其行为符合强奸罪的构成要件。

编写人：浙江省永嘉县人民法院　郑惠内　胡胜灿

18

“醉酒型”强奸案的司法认定

——练某强奸案

【案件基本信息】

1. 裁判书字号

福建省厦门市中级人民法院（2023）闽02刑终116号刑事裁定书

2. 案由：强奸罪

【基本案情】

2022年6月29日，被告人练某经人介绍，结识在某娱乐场所兼职卖酒的同乡被害人肖某某（2004年4月出生，案发时十八周岁），二人互加社交媒体账号，后练某多次约肖某某一起吃饭喝酒。2022年8月1日晚，被告人练某再次约被害人肖某某外出吃饭、喝酒。22时20分许至23时20分，肖某某通过社交媒体联系其前男友王某，让王某接其回家，并通过社交媒体发送定位。同日23时30分许，练某将已经醉酒的肖某某带至某门店的二楼小阁楼，趁肖某某醉酒不知反抗之机，褪下肖某某的内外裤以及自己的内外裤，欲强行与肖某某发生性关系，因肖某某自感疼痛而清醒、拒绝并反抗，而后王某赶到现场使练某未得逞。次日凌晨1时10分许，王某报警。

经检查，被害人肖某某外阴后联合见一处裂伤，少许出血，处女膜未见出血创面，被诊断为外阴挫伤。

事发后，被告人练某通过他人欲与被害人肖某某和解，但未果。2022 年 9 月 15 日，被告人练某被民警依法传唤后自行到公安机关接受调查。

【案件焦点】

1. 案发时被害人肖某某是否处于醉酒状态；2. 被告人练某案发当晚是否违背被害人肖某某的意志，欲强行与肖某某发生性关系。

【法院裁判要旨】

福建省厦门市湖里区人民法院经审理认为：关于案发时被害人肖某某是否处于醉酒状态的问题。经查，在案某医院检验报告单证实肖某某在 2022 年 8 月 2 日 5 时 36 分提取的血液酒精浓度为 143.30 毫克/100 毫升；证人何某某的证言证实肖某某饮酒过多后呈现醉酒状态；提取在案的肖某某与证人王某的社交媒体聊天记录显示，其在与王某联系时已经出现词不达意的情况；社区监控视频显示，肖某某系在练某的搀扶下进入某门店，事发后，肖某某与王某一同走出该门店，身体向前倾倒并坐在该门店门口呕吐，离开现场时，肖某某走路踉跄不稳；上述证据与肖某某关于醉酒并出现"断片"的陈述能够相互印证，亦符合饮酒后身体反应循序渐进的过程。故，在案证据可证实肖某某饮酒后处于醉酒状态。

关于被告人练某案发当晚是否违背被害人肖某某的意志，欲强行与肖某某发生性关系的问题。经查，第一，肖某某案发前无性生活史，与练某认识后有社交媒体联系、多次吃饭喝酒，但社交媒体聊天内容未见二人谈及男女朋友关系或发生性关系的暧昧内容，结合肖某某的陈述、证人王某、曾某某、何某某的证言及事发后练某私下录音内容看，肖某某并没有与练某谈恋爱或发生性关系的意愿。第二，二人酒后到达某门店的过程中。通过对社区监控录像中二人行走的动作、体态、姿势的分析及肖某某与王某的社交媒体通联情况，结合生活常识认定肖某某当时已处于醉酒状态。第三，二人在门店阁楼中的情况。应结合证人王某的证言，分析二人对此过程描述的言词证据的可信性和合理性。根据证人王某的证言，证实其在店外徘徊等待未见肖某某出来，遂进店寻找，并在二楼阁楼目睹肖某某赤裸下体、练某趴在肖某某身上的场景，其陈述过程中提及的多个细节与社区监控录像能互相印证。肖某某在事发两个小时后所作的第一份陈述，对事情发生的经过有较为清晰的记忆，其关于酒后被脱去内裤、练某将其压在身下并用阴茎顶其阴部，因阴部疼痛而清醒后言语拒绝并反抗、之后王某到场的陈述与证人王某的陈述能互相印证，也与其在民警带领下至医院检查诊断的结果（会阴挫伤）能互相印证。反观练某的供述，其在关键问题上出现前后反复，且明显呈现随证据的出现而改变供述的特点，其关于肖某某没有醉酒、自愿与其到现场的辩解与监控视频中呈现的细节情态相矛盾；其辩解没有用阴茎顶肖某某阴部，但对于肖某某的诊断结果又无法作出合理解释。综上，肖某某陈述具有真实性、可信性和合理性。第四，案发后双方的行为及报案过程。证人王某、李某某、何某某的证言及练某私下录音的内容与肖某某的陈述能互相印证，证实事发后练某与肖某某、王某商量解决办法，肖某某一直哭泣，反复强调其只是把练某当朋友，王某在不知所措的情况下电话联系李某某到场，李某某到场后提醒王某电话报警，符合一个涉世未深、酒后突然被熟人性侵的被害人的正常反应；相反，练某则是偷偷录音、步步引导肖某某做出有利于己方的陈述并试图私下赔偿处理。第五，报案动机。被告人练某与肖某某事发之前常社交媒体联系，多次一同吃饭喝酒，二人并无矛盾或积怨，不存在肖某某陷害练某的动机。

综上，一审法院认定被告人练某在被害人肖某某醉酒后不知反抗的情形下欲强行与其发生性关系，其行为已构成强奸罪。被告人练某在实施强奸犯罪的过程中，由于意志以外的原因而未得逞，系犯罪未遂，可比照既遂犯减轻处罚。故依照《中华人民共和国刑法》第二百三十六条第一款、第二十三条之规定，判决：

被告人练某犯强奸罪，判处有期徒刑二年。

一审判决后，练某提出上诉。

福建省厦门市中级人民法院经审理认为：原判认定上诉人练某构成强奸罪的事实清楚，被害人肖某某关于其在案发时处于明显醉酒状态的相关陈述，已得到在案证据的充分印证，练某在案发后不久录制的手机录音片段进一步体现出被害人肖某某在案发时醉酒的事实，以及肖某某不具有意图敲诈勒索或陷害练某的动机，原判认定练某犯强奸罪且系犯罪未遂有事实和法律依据。裁定：

驳回上诉，维持原判。

【法官后语】

司法实践中，强奸犯罪主要类型有暴力程度不明显的熟人强奸及醉酒型强奸。根据《中华人民共和国刑法》第二百三十六条的规定，以暴力、胁迫或者其他手段强奸妇女的，构成强奸罪，醉酒型强奸属于使用“其他手段”的强奸行为。这类案件，除强奸案普遍存在的一对一言词证据带来的查证难问题外，醉酒型强奸案件还面临特殊司法认定困难：一是被害人是否处于醉酒状态，以至于达到不知反抗、不能反抗的程度。在刑法理论界和司法界普遍认为醉酒型强奸的认定标准是被害人因醉酒而不知反抗或不能反抗，通常认为，醉酒达到不省人事的昏睡程度、丧失知觉的状态，可认定为不知反抗，这种情形下，认定醉酒型强奸一般不存在障碍。但在被害人并非处于完全丧失意识的昏睡状态，行为人也没有采取明显的强制手段时，醉酒型强奸与当事人自愿性行为之间的事实界限就更加模糊，认定容易陷入困局。二是被害人因醉酒没有呈现明显的挣扎、反抗，行为人是否违背妇女意志强行与其发生性关系，该主观故意也不易认定。三是被害人因受醉酒影响，其陈述亦存在前后不一致、不稳定的情形，导致实践中一些醉酒后性侵案件未能获得有效打击和惩罚。

本案是典型的醉酒型强奸案，在案件审理过程中，应确定两阶段的审查结构，首先，应审查被害人是否处于醉酒状态，其醉酒程度是否导致缺乏同意能力；其次，应审查行为人实施的性行为是否违背妇女意志。

在审查被害人是否处于醉酒状态方面，应注意被害人虽然未达到不省人事、丧失知觉的状态，但因醉酒的原因，性防卫能力受到削弱，行为人常常无须使用额外的强制力即可实施性侵行为，随着酒精反应，仍可能导致其对强奸行为“不能反抗”甚至“不知反抗”，如果将“不能反抗”等同于“不知反抗”，从而认定被害人仍有同意能力，显然有悖强奸罪的立法目的。本案中，证人何某某的证言、调取的监控视频、事后的酒精检验报告单，可与被害人肖某某关于醉酒并出现“断片”的陈述能够相互印证，亦符合饮酒后身体反应循序渐进的过程，可认定被害人处于醉酒状态。

在审查被告人是否违背妇女意志与其发生性关系方面，在以一对一言词证据为主的证据构造以及刑事诉讼中“存疑有利于被告人原则”的情况下，审查时有三个方面：第一，审查被害人是否同意的主观意愿，若被害人不愿意发生性关系，行为人强行与其发生性关系，则侵犯了妇女的性自主权；第二，审查被害人是否对其不同意的意愿进行了表达，由于醉酒被害人的性防卫能力受到削弱，其表达不同意意愿的方式区别于神志清醒时的表达方式，可能存在积极的反抗，如试图紧闭双腿、单纯的言语拒绝等；第三，审查被告人是否明知性行为违背了妇女意志。在判断被害人的主观意愿及不同意意愿的表达时，被害人的陈述是重要证据，但因为醉酒对个人的认知、记忆能力会产生影响，其真实性仍有待确认，需结合其他证据，依据一般情理对被害人的真实意愿做出推论，包括双方当事人之间的关系及性侵前的互动、被害人特殊的身体状况、被害人在性侵过程中的言行举止、双方事后的反应并结合被害人报案情况及报警动机来判断被害人是否同意的主观意愿。在审查被告人的主观犯意时，应关注被告人在性侵行为发生前、发生时及发生后采取的行动或策略，其采取的行为及策略所体现的操纵性和目的性，可表明其实施强奸的主观故意。在性侵前的准备方面，考察如灌酒行为、主动帮助被害人以获得犯罪机会、选择方便作案的犯罪地点、孤立被害人让其与他人脱离联系等；在性侵时的行为和情境方面，考察性行为发生的地点、时间、性侵过程中被害人的状态、身体是否有伤情等；在性侵后的反应和表现上，考察是否采取表面上正常或合理的举措来掩盖犯罪或将自己与犯罪撇清关系，如事后主动联系被害人，试图得到被害人自愿发生性行为的确认，或对导致性侵发生的事先事件解释为自然发生，而不是其计划安排等。本案中，在案证据并未能反映出被害人肖某某与练某具有发生性关系的感情基础或意愿。被害人肖某某在案发时呈醉酒状态，其关于练某趁其醉酒不知反抗之机，违背其意志，欲强行与其发生性关系的过程陈述，还得到证人王某的证言、被害人伤情就诊病历、疾病证明书及监控视频等在案证据的印证。被告人亦供称，被害人肖某某在其欲与之发生性关系时明确表示“不要”，并用手顶住其胸部。练某与被害人肖某某并无事前矛盾或积怨。案发后，肖某某、王某、李某某三人对事情的处理直至最终报警过程，亦符合三人在案发时十八周岁左右年龄段的行为特征，案发过程自然，可认定被害人的陈述更具有真实性。反观被告人的行为举动，在事发后主动与被害人联系并偷偷录音、步步引导肖某某做出有利于己方的陈述并试图私下赔偿处理，其供述亦呈现不稳定、前后矛盾的情形。综上，法院采信被害人的陈述，认定被告人违背妇女意志，趁被害人醉酒不知反抗之机强行与之发生性关系，其行为已构成强奸罪。

编写人：福建省厦门市湖里区人民法院　陈巧玲

19

性侵害未成年人犯罪中被害人口供的采信规则

——张某强奸案

【案件基本信息】

1. 裁判书字号

山东省聊城市中级人民法院（2023）鲁 15 刑终 289 号刑事判决书

2. 案由：强奸罪

【基本案情】

被害人芦某某（女，五周岁）系其母亲芦某与吕某在恋爱期间未婚状态所生育。被告人张某有家室，与芦某系情人关系，并保持十余年时间。从 2022 年上半年开始，二人在某小区内租房居住，其间与芦某的女儿芦某某共同生活。2022 年 11 月上旬的一天中午，被告人张某趁芦某在厨房做饭之机，在卧室对芦某某实施奸淫，被芦某发现。2022 年 11 月 18 日中午 11 时许，被告人张某趁芦某外出拿快递之机，在卧室对芦某某实施奸淫。

【案件焦点】

直接证据仅有被害人口供，是否能够认定犯罪事实的发生。

【法院裁判要旨】

山东省冠县人民法院经审理认为：被告人张某作为负有特殊职责的人员，对不满十周岁的幼女实施奸淫，情节恶劣，其行为已构成强奸罪。根据《最高人民法院、最高人民检察院、公安部、司法部关于办理性侵害未成年人刑事案件的意见》的规定，被告人张某对未成年人实施性侵犯罪，应当从严惩处。依照《中华人民共和国刑法》第二百三十六条、第四十七条，《最高人民法院、最高人民检察院关于办理强奸、猥亵未成年人刑事案件适用法律若干问题的解释》第一条、第十五条之规定，判决如下：

被告人张某犯强奸罪，判处有期徒刑十三年。

一审宣判后，张某提出上诉。

山东省聊城市中级人民法院经审理认为：张某在 2022 年 11 月上旬的一天中午，趁芦某在厨房做饭之机，对被害人芦某某实施了猥亵行为，对其行为应以猥亵儿童罪定罪处罚。其他查明事实与一审查明一致。本院依照《中华人民共和国刑法》第二百三十六条第三款第五项、第二百三十七条第三款、第四十七条、第六十一条、第六十九条第一款，《最高人民法院、最高人民检察院关于办理强奸、猥亵未成年人刑事案件适用法律若干问题的解释》第一条、第十五条，《中华人民共和国刑事诉讼法》第二百三十六条第一款第二项之规定，判决如下：

一、撤销山东省冠县人民法院（2023）鲁 1525 刑初 84 号刑事判决。

二、上诉人张某犯强奸罪，判处有期徒刑十一年；犯猥亵儿童罪，判处有期徒刑三年，数罪并罚，决定执行有期徒刑十三年。

【法官后语】

本案的争议焦点为，指控被告人有强奸或猥亵行为的直接证据只有五周岁被害人的陈述，能否认定被告人构成犯罪。

根据在案证据，能够证明被告人实施了奸淫行为的直接证据仅有被害人的陈述，其他证明被告人有罪的证据均为间接证据且属于传来证据，被告人及辩护人据此提出本案事实不清、证据不足，笔者认为，根据在案证据，能够认定被告人张某对未成年被害人实施了奸淫行为。具体理由如下。

根据《最高人民法院、最高人民检察院、公安部、司法部关于办理性侵害未成年人刑事案件的意见》第二十九条规定，认定性侵害未成年人犯罪，应当坚持事实清楚，证据确实、充分，排除合理怀疑的证明标准。对案件事实的认定要立足证据，结合经验常识，考虑性侵害案件的特殊性和未成年人的身心特点，准确理解和把握证明标准。第三十条规定，对未成年被害人陈述，应当着重审查陈述形成的时间、背景，被害人年龄、认知、记忆和表达能力，生理和精神状态是否影响陈述的自愿性、完整性，陈述与其他证据之间能否相互印证，有无矛盾。低龄未成年人对被侵害细节前后陈述存在不一致的，应当考虑其身心特点，综合判断其陈述的主要事实是否客观、真实。未成年被害人陈述了与犯罪嫌疑人、被告人或者性侵害事实相关的非亲历不可知的细节，并且可以排除指证、诱证、诬告、陷害可能的，一般应当采信。未成年被害人询问笔录记载的内容与询问同步录音录像记载的内容不一致的，应当结合同步录音录像记载准确客观认定。

关于本案中被害人的陈述的客观性、真实性和关联性。

第一，被告人张某和被害人共同居住时间较长，两人之间相互熟悉，被害人知道被告人名字，平时喊他“大大”，因此能够告诉妈妈对其实施性侵行为的人就是本案被告人而不是其他人。这也与被告人张某的供述、证人芦某证言证实他们共同生活半年多不到一年的时间相吻合。

第二，被害人年仅五周岁，根据其年龄、认知、表达能力，陈述的性侵害细节非亲历不可知，表述也符合其所处年龄段的智力程度、心理状态、认知和表达能力，具有客观性、真实性和合理性，应作为认定案件事实的证据，结合同步录音录像，足以排除存在指证、诱证，排除笔录记载与实际询问不符等情况。

第三，作为本案的关键证人即被害人的母亲芦某的证言是2022年11月18日案发当日公安机关进行的询问，而被害人是2022年12月9日进行的询问，两人的口供虽不完全一致，但芦某的证言证实第一次性侵是张某向被害人裸露生殖器，对被害人进行猥亵行为；而被害人的陈述中亦包含对其猥亵的内容。作为一名五周岁女童对于该部分内容中关于细节的陈述属于非亲历不可知的细节描述，且能够和其母亲的证言相互印证，具有较强的可信度，结合同步录音录像，办案人员对其的询问进行了如实记录，可以排除询问中存在引导暗示的情况。

第四，本案发生在2022年11月上旬的一天和11月18日，询问时间为2022年12月9日，时间仅过去二十余天，被害人能够回忆起来，也符合五周岁儿童的记忆能力，且芦某递交的2023年1月17日的被害人录音证实被害人在案发两个月后仍能回忆起来，且该录音内容与被害人之前在公安机关的陈述基本一致，说明被告人的行为已经深深印在孩子的心里，必将对孩子今后的成长产生无法评估的危害。

第五，根据对全案事实及案涉人员关系的调查了解，本案可以排除诬告、陷害的可能。首先，考虑到张某和芦某的情人关系以及经济支持，芦某在第一次发现张某裸露生殖器对着孩子时选择隐忍未报警符合常理常情，且张某当时认错态度较好，芦某随即将该情况在微信上与其朋友交流，朋友也劝其暂时隐忍并看好孩子，符合社会常理，也间接增强了芦某证言的可信程度。其次，根据张某当庭陈述，从2022年11月初第一次案发到11月18日第二次案发，他们二人大概每两天发生一次性关系，11月17日晚是最后一次，该情况也得到芦某认可，二人的微信聊天记录也显示二人感情融洽，没有发生矛盾。最后，芦某在第二次发现孩子异常，经询问得知被性侵后的处理方式亦符合社会常理。2022年11月18日芦某拿快递回家后发现异常，借故带孩子外出后询问得知孩子被性侵。于是返回住处后，与张某发生争吵，张某离开。考虑到自己买房、生活费等经济因素，芦某没有立即报警，而是与卢某甲、张某某商量并到律师事务所咨询，在一致认为应当报警的情况下，芦某选择到公安机关报警。芦某对于此事的处理方式，也符合常理常情。从利益角度和情感角度分析，芦某诬告陷害张某对自己没有任何好处。其证人卢某甲、张某某、王某的证言与芦某证言相互佐证，进一步印证了芦某证言的客观性、真实性。所以，可以排除诬告陷害的可能。

综上，本案被害人陈述了与性侵害事实相关的非亲历不可知的细节，并且可以排除指证、诱证、诬告、陷害可能的，应当采信，其陈述证明内容应予认可。结合本案在案其他证据，能够形成完整的证据链，达到事实清楚，证据确实、充分，排除合理怀疑的标准，足以认定被告人实施的犯罪行为的存在。

编写人：山东省冠县人民法院　刘伟

（五）强制猥亵、侮辱罪

20

特殊职责人员通过网络视频方式向未成年人裸露自己生殖器的行为构成强制猥亵罪

——方某强制猥亵案

【案件基本信息】

1. 裁判书字号

浙江省湖州市南浔区人民法院（2023）浙 0503 刑初 14 号刑事判决书

2. 案由：强制猥亵罪

【基本案情】

被告人方某于2012年至2019年任某学校体育教师，对体育特长生有优先升学推荐权。其间，方某为满足性刺激，在被害人陈某某（被告人任职学校学生，案发时十六周岁）抗拒的情况下，频繁通过网络向其发送淫秽图片和信息。后方某多次提出要对陈某某作出猥亵的行为，陈某某拒绝多次，后由于害怕方某报复，遂接受。被告人方某先后多次通过微信联系陈某某，要求陈某某自己对自己实施性行为并配合发送喘息声、淫秽话语予以回应配合其手淫。

2022年2月，方某为满足性刺激，频繁向被害人方某某（被告人任职中学学生，案发时十五周岁）发送淫秽信息及图片。其后方某提出视频裸聊的要求，并先后多次通过微信视频向其展示并触摸下体。方某某不堪其扰，又因害怕方某报复以及影响特长生优先升学，故同意接通微信视频观看两次并予以录屏。

另查实，方某为满足性刺激，曾向多名不特定未成年学生发送淫秽信息、淫秽图片。

【案件焦点】

特殊职责人员通过网络视频方式向未成年人裸露自己生殖器的行为是否构成强制猥亵罪。

【法院裁判要旨】

浙江省湖州市南浔区人民法院经审理认为：被告人方某利用其教师兼任校篮球队教练的身份，强制猥亵多名未成年女学生，其行为已构成强制猥亵罪。方某到案后如实供述主要犯罪事实，系坦白，依法从轻处罚。据此，法院依照《中华人民共和国刑法》第二百三十七条第一款、第六十七条第三款，《中华人民共和国未成年人保护法》第六十二条之规定，判决如下：

一、被告人方某犯强制猥亵罪，判处有期徒刑三年三个月；

二、禁止被告人方某从事密切接触未成年人的工作。

案件宣判后，判决已生效。

【法官后语】

本案的争议焦点在于：(1) 方某通过网络视频方式向未成年人裸露自己生殖器的行为是否属于“隔空猥亵”；(2) 方某的行为是否对被害人造成强制从而构成强制猥亵罪。

一、方某的行为属于“隔空猥亵”

网络猥亵行为区别于传统的面对面接触类型的猥亵犯罪，行为人与被害人并未处于同一个物理空间，以满足性刺激为目的，通过网络实施，具有持续时间长、辐射范围广、危害性大等特点，虽然没有肢体接触被害人，未对被害人造成生理上的实质性伤害，但行为人以诱骗、强迫或者其他方法要求被害人拍摄、传送暴露身体的不雅照片、视频，对被害人特别是未成年人的人格尊严和心理健康造成严重侵害，与实际接触被害人身体的猥亵行为具有相同的社会危害性。因此，在网络空间中实施猥亵行为应突破以往对于猥亵必须要有身体接触的认知，隔空猥亵行为也应进行处罚。

《最高人民法院、最高人民检察院关于办理强奸、猥亵未成年人刑事案件适用法律若干问题的解释》（以下简称《解释》），明确了一些特殊情形的法律适用标准。其中第九条对胁迫、诱骗未成年人进行网络裸聊、向未成年人索要裸照、视频等特殊猥亵行为，以猥亵儿童罪或者强制猥亵罪定罪处罚，同时构成其他犯罪的，依照处罚较重的规定定罪处罚。《解释》中明确对于通过网络胁迫、诱骗未成年人裸露隐私部位等强制未成年人特殊猥亵的行为，以猥亵儿童罪或者强制猥亵罪定罪处罚，但对于行为人向未成年人裸露自己生殖器的行为如何认定，并没有明确规定。笔者认为，向未成年人裸露自己生殖器的行为同样属于“隔空猥亵”。

从强制猥亵罪保护的法益来看，本罪保护的法益是对性的羞耻心。因此，对于未成年人的特殊猥亵行为不应作狭义解释。未成年人身心发育都不成熟，行为人无论是强迫未成年人拍摄裸露照片、视频还是要求未成年人观看自己或者他人手淫的视频都会对未成年人的身心造成影响，构成性侵害。本案中，被告人方某利用网络向被害人裸露自己的生殖器，要求被害人观看自己手淫的视频，并要求对方裸聊甚至向对方发送侮辱淫秽的文字、语音的行为，对被害学生心理上造成了极大的伤害，严重侵犯未成年学生的性羞耻心。因此，方某的行为属于“隔空猥亵”。

二、方某的行为是否可以认定为“强制”

所谓强制猥亵，是指除性交外的违背他人性意愿或性感情的行为。本罪要求行为人的行为与性有关且会引起被害人的性厌恶感或性羞耻感。强制体现了被害人对性意愿的违背，即“隔空猥亵”行为是否构成犯罪，应审查是否符合“强制”要件。强制包括但不限于暴力和胁迫。笔者认为，本案中，方某作为特殊职责人员未采取明显“强制”手段而使被害人陷入心理强制已经构成强制猥亵罪中的“强制”。

第一，司法实践中已达成普遍共识，对于“强制”不能作狭义的理解，教科书式的大力反抗、呼救只存在于极少数情形，大部分未成年被害人在遭遇性侵害时因害怕、羞耻或者被威胁而不敢、不能反抗，但是这种无力反抗不能成为不法分子用来狡辩“对方系自愿”的理由。只要行为人在实施猥亵行为时被害人并非自愿但由于各种原因难以明显反抗，就构成刑法意义上的强制，并不要求被害人完全丧失反抗的可能性。

第二，正确认定利用职权、教养关系、从属关系实施的强制猥亵罪，关键是查明行为人是否利用了特定的关系对妇女进行胁迫。有观点认为，特殊职责人员通过心理强制对未成年人实施猥亵，往往有两个特点：一是利用与未成年人的教养关系形成天然的精神压制；二是采用明示或者暗示的方法使未成年人了解特殊职责人员的特殊职权，使未成年人感受到压力进而产生服从心理。本案中，被告人方某任被害人所在学校的体育教师，对体育特长生有优先升学推荐权，其在提出要对被害学生作出猥亵行为的过程中，不止一次明示或暗示所带学生可以在推荐入学时给予帮助，进而对被害学生形成心理上的压力而不敢拒绝其过分要求，已明显构成心理上的强制。在此情形下，被害学生对作为教师的方某实施的隔空猥亵行为不敢反抗符合普遍认知。

编写人：浙江省湖州市南浔区人民法院　牛雪佳

（六）猥亵儿童罪

21

进入未成年人住所实施奸淫能否作为从重处罚情节

——石某强奸、猥亵儿童案

【案件基本信息】

1. 裁判书字号

广西壮族自治区柳州市中级人民法院（2023）桂02刑终274号刑事判决书

2. 案由：强奸罪、猥亵儿童罪

【基本案情】

2022年年底被告人石某与被害人罗某某（十二周岁）通过网络聊天软件相识。为满足私欲，石某在明知罗某某未满十四周岁的情况下，多次提出要求罗某某拍摄自己隐私部位的照片并通过通讯软件发送给其观看，罗某某向其发送了照片。2023年2月4日8时许，石某从A市来到B市，并进入罗某某家中的卧室内，与罗某某（十二周岁）发生性关系。同年2月6日，罗某某父母查看其手机，经询问得知罗某某与石某发生性关系一事，次日向公安机关报案。经鉴定，公安人员在罗某某家中提取到的床单上斑迹一处、垃圾桶内纸巾一团均检出石某精斑，床单血迹与罗某某基因型相同。同年2月15日13时许，公安人员在石某的住处将其抓获。

【案件焦点】

1. “侵入住宅实施奸淫”与“进入未成年人住所实施强奸、猥亵犯罪”的法律适用问题；2. “住所”与“住宅”的认定问题；3. 对“侵入”“进入”的界定问题。

【法院裁判要旨】

广西壮族自治区柳州市柳江区人民法院经审理认为：被告人石某明知被害人系不满十四周岁的幼女，仍与其发生性关系，其行为构成强奸罪；石某为满足性刺激，以要求被害人通过网络发送暴露身体隐私部位的照片供其观看的方式猥亵不满十四周岁的未成年人，其行为又构成猥亵儿童罪。本案中虽是罗某某开门将石某带入房间，但石某作为成年男子，在明知罗某某未满十四周岁且罗某某父母不在家的情况下，仍为满足自己的性欲与罗某某发生性关系，其行为应当认定为进入未成年人住所实施强奸犯罪，予以严惩。石某归案后供述不稳定，反复讯问才供述了罗某某向其发送隐私部位照片的事实，不能认定其构成自首。据此，判决：

被告人石某犯强奸罪，判处有期徒刑八年；犯猥亵儿童罪，判处有期徒刑三年，数罪并罚，决定执行有期徒刑十年。

一审宣判后，石某提出上诉。

广西壮族自治区柳州市中级人民法院经审理认为：同意一审法院认定石某构成强奸罪、猥亵儿童罪和不成立自首的裁判意见。关于石某进入被害人住所实施奸淫能否作为从重处罚情节的问题，石某是经被害人指引、同意进入被害人住所，并在被害人的帮助下离开，与采取暴力、胁迫或其他手段强行侵入他人住宅，或者经要求退出而无理由拒不退出，影响他人正常生活和居住安全、严重冲击未成年人心理安全的行为有本质区别，依法不应作为石某奸淫幼女从重处罚情节。基于以上分析，再综合考量石某强奸不满 14 周岁未成年人的从重处罚情节，以及坦白猥亵儿童的事实、未采用胁迫、诱骗手段、认罪认罚、积极赔偿、取得被害人法定代理人的谅解等从轻处罚情节，判决如下：

一、维持广西壮族自治区柳州市柳江区人民法院（2023）桂 0206 刑初 162

号刑事判决第二项；

二、撤销广西壮族自治区柳州市柳江区人民法院（2023）桂0206刑初162号刑事判决第一项；

三、上诉人（原审被告人）石某犯强奸罪，判处有期徒刑六年；犯猥亵儿童罪，判处有期徒刑一年六个月，决定执行有期徒刑七年。

【法官后语】

本案的争议焦点在于对“侵入”与“进入”的界定、“住所”与“住宅”的认定问题及“侵入住宅实施奸淫”“进入未成年人住所实施强奸、猥亵犯罪”的法律适用问题。

一、“进入未成年人住所”相关法律沿革

要确定本案中石某是否构成加重情节，首先要了解“进入未成年人住所”这一行为在现行法律中如何定性。

2013年10月23日原《最高人民法院、最高人民检察院、公安部、司法部关于依法惩治性侵害未成年人犯罪的意见》（已失效）（以下简称2013年意见）第二十五条第二项规定，进入未成年人住所、学生集体宿舍实施强奸、猥亵犯罪的，要依法从严惩处。

2023年5月24日《最高人民法院、最高人民检察院关于办理强奸、猥亵未成年人刑事案件适用法律若干问题的解释》（以下简称2023年解释）第一条第一款第三项规定，侵入住宅或者学生集体宿舍实施奸淫的，应当适用较重的从重处罚幅度。

2023年5月24日《最高人民法院、最高人民检察院、公安部、司法部关于办理性侵害未成年人刑事案件的意见》（以下简称2023年意见）第四十条规定，本意见自2023年6月1日起施行。本意见施行后，《最高人民法院、最高人民检察院、公安部、司法部关于依法惩治性侵害未成年人犯罪的意见》同时废止。

二、“住所”与“住宅”的认定

本案中第二个关键点是“住所”与“住宅”的认定。关于刑法上所称“住所”“住宅”的认定，可以参考抢劫罪里关于“入户抢劫”中“户”的认定。根据2000年11月22日《最高人民法院关于审理抢劫案件具体应用法律若干问题的解释》第一条第一款规定，《中华人民共和国刑法》第二百六十三条第一项规定的“入户抢劫”，是指为实施抢劫行为而进入他人生活的与外界相对隔离的住所……进行抢劫的行为。2005年6月8日《最高人民法院关于审理抢劫、抢夺刑事案件适用法律若干问题的意见》则作了更为清晰的界定，“户”在这里是指住所，其特征表现为供他人家庭生活和与外界相对隔离两个方面，前者是功能特征，后者为场所特征。

三、“侵入”与“进入”的界定问题

2013年意见和2023年解释分别提到了“进入”和“侵入”两个概念，如何区分这两个概念也是本案关键点之一。

在刑法相关法条中没有对“侵入”与“进入”进行明确定义，但根据《现代汉语词典》① 的定义，“进入”是指进到某个范围或某个时期里；“侵入”是指用武力强行进入，二者的区别在于“侵入”强调以武力或以武力相胁迫而进入，“进入”则较为中性化，不包含武力、暴力成分。

四、石某进入被害人住所的情节认定问题

综合考虑以上几个关键点，本案可作如下分析。

首先，确定评价石某行为的法律适用。根据“进入未成年人住所”相关法律沿革，2013年意见已经被2023年意见废止，且从法条内容上看，2023年解释更有利于被告人，因此，评价石某行为应当适用2023年解释。

其次，确定强奸发生的地点是否“住宅”。在本案中，作为未成年人的罗某某与父母共同居住的房屋，是其唯一居住地，同时符合供他人家庭生活和与外界相对隔离两个方面特征，毫无疑问符合刑法上“住宅”的范畴。

最后，确定石某的行为是否属于“侵入”。在本案中，石某是经被害人指引、同意进入被害人住所，并在被害人的帮助下离开，其过程中并未采取暴力、胁迫或其他手段强行进入，或者经要求退出而无理由拒不退出，所以石某的行

① 中国社会科学院语言研究所词典编辑室：《现代汉语词典》，商务印书馆2016年版。

为不属于“侵入”他人住宅，而更偏向于中性的“进入”住宅。

因此，石某的行为不属于2023年解释中的“侵入住宅实施奸淫”，依法不应作为石某奸淫幼女从重处罚情节。再综合考量石某坦白猥亵儿童的事实、未采用胁迫、诱骗手段、认罪认罚、积极赔偿、取得被害人法定代理人的谅解等从轻处罚情节，故二审法院对原判进行了改判。

编写人：广西壮族自治区柳州市中级人民法院　张邓志

22

家庭成员性侵未成年人要如何把握无直接证据“零口供”的审查认定

——赖某某强奸、强制猥亵、猥亵儿童案

【案件基本信息】

1. 裁判书字号

广西壮族自治区龙州县人民法院（2023）桂1423刑初219号刑事判决书

2. 案由：强奸罪、强制猥亵罪、猥亵儿童罪

【基本案情】

一、强奸事实

1. 2023年春节前一天，被告人赖某某将被害人熊某甲（被侵害时年满十四周岁未满十五周岁）拖进熊某甲房间内，以被子盖头、按倒在床上的方式强行与熊某甲发生性关系，导致熊某甲阴道出血。

2. 2023年春节后一天，被告人赖某某与熊某甲一起从位于某市的房子楼阁中搬玉米下楼时，赖某某将熊某甲困在楼梯转角处，将熊某甲抱起并按在楼梯转角的门板上，强行与熊某甲发生性关系。

3. 2023年农历二月初六，被告人赖某某从某市驾车搭载熊某甲回老家，两人途经某市时在某宾馆办理入住并在同一间房内休息。赖某某于当晚胁迫熊某甲与其发生性关系，次日凌晨赖某某再次胁迫熊某甲与其发生性关系。

4. 2023年3月底一天，被告人赖某某在某工地宿舍内，强行脱掉熊某甲的衣物并将熊某甲压在床上发生性关系。

二、强制猥亵事实

2023年春节过后，被告人赖某某与胡某某、熊某甲一起搭乘胡某1驾驶的车辆从某市返回老家途中，赖某某在熊某甲言语表示拒绝、拍打手臂表示抗拒后仍将手伸进熊某甲的衣服继续抚摸熊某甲的胸部、阴道等隐私部位。

三、猥亵儿童事实

2023年2月，被告人赖某某驾驶车辆搭载熊某乙、熊某甲前往朋友家吃饭途中，赖某某在车上对坐在副驾驶室的熊某乙（被侵害时十三周岁）实施抚摸胸部、左侧腰的猥亵行为。

【案件焦点】

被告人拒不认罪，如何准确把握“零口供”的证据审查。

【法院裁判要旨】

广西壮族自治区龙州县人民法院经审理认为：被告人赖某某违背妇女意志，胁迫未成年女性多次发生性关系，其行为已触犯《中华人民共和国刑法》第二百三十六条第一款的规定，构成强奸罪。赖某某违背他人意愿强制猥亵未成年女性，猥亵幼女，其行为已触犯《中华人民共和国刑法》第二百三十七条第一款、第三款的规定，构成强制猥亵罪、猥亵儿童罪。综上，判决：

一、被告人赖某某犯强奸罪，判处有期徒刑六年六个月；

二、犯强制猥亵罪，判处有期徒刑二年二个月；

三、犯猥亵儿童罪，判处有期徒刑二年六个月，总和刑期十一年二个月，决定执行有期徒刑十一年。

案件宣判后，判决已生效。

【法官后语】

本案是一起较为典型的发生在家庭成员关系中熟人性侵未成年人的案件，就性侵案件的性质而言，通常是“一对一”的作案形态，以及犯罪对象的特殊性质，本案中，被告人与被害人系叔侄关系，未成年人基于对身份的敬畏和忌惮，长期遭受性侵而不敢反抗、揭发，案发后没有及时报案，时过境迁使得证据的收集提取存在一定的困难。

一、对于性侵害未成年人的犯罪案件，无直接证据的“零口供”案件审查要点

现实中，遭受性侵的被害人基于担心隐私泄露、家庭压力、社会舆论等方面考虑而选择隐忍、不敢揭发，在性侵案件无直接证据锁定被告人犯罪的情况下，被告人往往也心存侥幸对自己的犯罪行为作无罪辩解，拒绝作有罪供述或企图蒙混过关。根据《中华人民共和国刑事诉讼法》第五十五条的规定，没有被告人供述，证据确实、充分的，可以认定被告人有罪和处以刑罚。因此，要严格把握性侵犯罪被告人“零口供”案件的审查，要点在于审查在案证据的“三性”，即客观性、关联性、合法性，在此基础上再着重审查发破案经过是否客观、自然，客观性证据的指向是否明确、单一，被告人的供述或无罪辩解是否合理，同时“零口供”案件还要重点审查被害人的陈述、证人证言是否客观真实，是否存在无法排除的矛盾和合理怀疑，在此基础上结合全案其他证据，综合认定犯罪事实。本案中，由被害未成年人的母亲发现异样后报案，案发侦破过程客观、自然，各被害人的陈述始终都指认被告人对其实施奸淫、猥亵行为，但无直接目击证人的证言，被告人始终作无罪辩解。故，对于全案的其他证据认定就要寻找关联，排除合理怀疑，形成内心确信。

二、对于无直接证据证实被告人实施性侵害未成年人的，着重审查并运用间接证据从而构建证据体系

第一，建立间接证据之间的连结点。间接证据所包含的信息量并不像直接证据能够反映事实的直接内容，只能证明案件事实的某一环节或片段，具有零散性。因此，审查间接证据能否相互印证，逐一排查被害人的陈述、证人证言

是否客观真实，是否存在无法排除的矛盾和合理怀疑，或者根据在案证据与案件的主要事实是否有直接或间接关系等。要在间接证据的运用上遵循多项证据印证规则，即利用多个间接证据相互作用，逻辑推演，建立证据之间的连结点，消除证据之间的矛盾，使证据相互印证进而形成一个完整的体系，才能保障单个间接证据之间的真实性、关联性，从而达到定罪的要求。本案中，首先系由被害人母亲报案发生，其次从母亲向被害人、被告人的求证，被害人父亲陈述撞见被告人与被害人二人行为的异常，炒菜阿姨陈述见到二人行为异常及被害人向其求助，向同胞姐妹陈述其遭遇，向男朋友陈述等证据，寻找相同点，建立连结点，凸显被害人的陈述更具有关联性、真实性。

第二，形成完整的定罪证据链条。对于被告人“零口供”案件，需要在审查单个间接证据具备证明能力的基础上，通过比对不同证据所含信息的内容同一或指向同一，将单一间接证据连接起来，形成相互支撑、协调一致的证明体系。如果间接证据之间不相符合或是相互脱节，就应当通过进一步补充调查，查证属实后才确定它们的证明力。本案中，被告人虽然不认罪，但被告人的供述与其他相关证据之间存在诸多矛盾和不合理之处，故被告人供述的证明力度小，存在虚假陈述之嫌疑。故，只有对所有应予证明的案件事实和情节都有真实关联的间接证据予以证明，并且间接证据之间形成环环相扣的闭合证明链条后才可以定案。

第三，合理运用事实推定排除合理怀疑，得出唯一肯定结论。在相关间接证据查证属实、相互印证，形成完整证据链条之后，运用逻辑推理和经验法则进行事实推定，将在案间接证据串联起来回溯构建案件事实，得出唯一肯定的结论。本案中，通过被害人所作的对被告人实施性侵过程的陈述来看，描述细节清楚，对遭受性侵的时间、地点、行为、当时的心理反应、对被告人身体较为隐私部位的描述，以及被害人事后的处置态度均符合未成年人年龄阶段的认知特征，同时结合其他证人的证言表明被告人平时对被害人的态度、不同寻常的拉扯动作，还有微信聊天记录隐藏的隐晦字句，医院诊断记录证明被害人处女膜存在陈旧性撕裂痕迹等，均能间接证实被害人遭受性侵的事实，且被告人与未成年被害人系叔侄关系，存在诬告捏造自毁清白、名誉的可能性较小，也推断出被害人陈述的客观性、合理性。故，在面对被告人"零口供"且无直接证据证明案件主要事实的情况下，必然要求以事实推定的方式认定案件事实，但是事实推定是建立在盖然性的基础上，因此，为确保推理的严密性和结论的准确性，推理的每一环节必须符合逻辑和经验法则。

综上，人民法院在审理涉未成年人性侵犯罪案件中，对于"零供述"案件始终坚持通过证据的严格审查，并充分运用间接证据形成连结点，构建证据体系，依法从严惩处，充分保障被害未成年人的合法权益。

编写人：广西壮族自治区龙州县人民法院　黄子晏

23

网络猥亵儿童行为的准确认定

——党某强奸、猥亵儿童案

【案件基本信息】

1. 裁判书字号

北京市东城区人民法院（2023）京0101刑初626号刑事判决书

2. 案由：强奸罪、猥亵儿童罪

【基本案情】

2023年8月，被告人党某与被害人王某（女，时年十三周岁）通过"S"软件结识。同年8月27日9时至14时许，被告人党某将王某带至某酒店，在明知王某未满十四周岁的情况下，两次与其发生性关系，并拍摄两段视频。同年8月27日至29日，党某通过微信向王某发送其男性生殖器照片、视频，诱导王某自慰，向王某索要两段自慰视频供其观看，并将该视频发送给部分微信好友。同年9月4日，被告人党某被民警抓获到案。涉案物品已扣押在案。

【案件焦点】

被告人党某通过微信向王某发送其男性生殖器照片、视频，诱导王某自慰，向王某索要两段自慰视频供其观看的行为，是否构成猥亵儿童罪。

【法院裁判要旨】

北京市东城区人民法院经审理认为：被告人党某与不满十四周岁的幼女发生性关系，其行为已构成强奸罪，为满足自己的性刺激，对不满十四周岁的儿童实施猥亵，其行为已构成猥亵儿童罪，依法应予数罪并罚。北京市东城区人民检察院指控的事实清楚，证据确实、充分，指控罪名成立。根据法律规定，被告人党某奸淫不满十四周岁的幼女，应从重处罚；对未成年人实施猥亵犯罪，亦应从严惩处；鉴于被告人党某到案后能如实供述，自愿认罪认罚，依法予以从轻处罚。据此判决：

一、被告人党某犯强奸罪，判处有期徒刑五年；犯猥亵儿童罪，判处有期徒刑一年；决定执行有期徒刑五年八个月；

二、在案扣押的作案工具手机一部，依法予以没收。

案件宣判后，判决已生效。

【法官后语】

在案件的办理中，关于被告人党某通过微信向王某发送其男性生殖器照片、视频，诱导王某自慰，向王某索要两段自慰视频供其观看的行为，是否构成猥亵儿童罪存在不同意见。一种意见认为，该行为符合《最高人民法院、最高人民检察院关于办理强奸、猥亵未成年人刑事案件适用法律若干问题的解释》（以下简称《强奸、猥亵未成年人刑事案件解释》）第九条，属于诱骗未成年人通过网络视频聊天或者发送视频、照片等方式，暴露身体隐私部位或者实施淫秽行为，因而构成猥亵儿童罪。另一种意见认为，行为人实施的行为是通过网络向未成年人发送其男性生殖器照片、视频，诱导、索要王某自慰视频，此类行为与传统猥亵行为中行为人直接支配儿童的身体并不同，如拍摄裸照、裸聊等直接涉及儿童身体的暴露或触摸的猥亵行为，行为人未直接对被害人施加具有性意义的“身体影响”，儿童自行拍摄照片、视频后发送给行为人的举动没有对其身体产生影响，因而该行为不宜认定为猥亵儿童行为。

猥亵儿童罪的法律规范主要调整成年人利用优势地位对儿童进行网络性侵害的情形，其法益关注的是儿童的身体隐私和尊严，判断的核心在于行为是否使儿童感知到了性体验和性刺激，是否对儿童的性心理领域产生了影响。据此，猥亵儿童行为可以分为接触性猥亵和非接触性猥亵，接触性猥亵是指行为人通过行为直接侵犯儿童身体的性私密领域，可以称之为“触觉猥亵”；非接触性猥亵是指行为人未直接接触儿童，而通过指示和支配其自我触摸以完成对自身性私密领域的侵害，从而实现猥亵儿童罪的间接正犯，可称之为“视觉猥亵”。而网络空间传播信息的便利性、快速性和广泛性为“视觉猥亵”提供了空间，成为网络猥亵儿童的主要方式之一。

具体而言，在网络猥亵儿童行为的具体判断中，其判断核心在于：其一，是否使儿童“暴露身体隐私部分”，在判断中需“综合观察暴露某个身体部位是否违反贴身禁忌和性禁忌，进而不当侵害了儿童的性私密领域”。其核心在于是否违反“贴身禁忌和性禁忌”，需综合行为人、儿童的情况及行为的具体情况予以综合认定。其二，对是否属于“淫秽行为”的判断主要考察行为是否达到侵害儿童身体隐私，进而侵害儿童的尊严和心理健康的程度。如行为人仅向儿童发送淫秽照片、视频等色情物品的，因儿童只是作为接收者的角色，并未使儿童“暴露身体隐私部分”，且未达到侵害儿童身体隐私和尊严的程度，不宜认定为猥亵行为。其三，《强奸、猥亵未成年人刑事案件解释》第九条规定，胁迫、诱骗未成年人通过网络视频聊天或者发送视频、照片等方式，暴露身体隐私部位或者实施淫秽行为，以强制猥亵罪或者猥亵儿童罪定罪处罚。该行为要求被告人采取胁迫、诱骗手段，未成年人在此胁迫、诱骗之下通过网络视频聊天或者发送被害人的视频、照片，只有被害人的隐私部位和淫秽行为通过视频和照片被暴露，才侵犯到被害人的性耻辱感。此外，即使被告人诱骗被害人发送隐私部位照片、裸照、淫秽行为视频等，行为构成强制猥亵，但其危害程度与现实中典型的抠摸、亲吻、搂抱等方式直接接触儿童身体及隐私部位的猥亵行为相比，在量刑时是否应予以区分。

本案中，被告人党某的猥亵行为可以分为三个部分：其一，通过微信向王某发送其男性生殖器照片、视频，如上所述，该行为不足以认定为猥亵行为；其二，被告人党某诱导王某自慰，向王某索要两段自慰视频供其观看，自慰视频明显违反“贴身禁忌和性禁忌”，进而不当侵害了儿童的性私密领域；其三，被告人党某将该视频发送给部分微信好友，极大地侵害儿童身体隐私和尊严，侵害了猥亵儿童罪的保护法益，符合《强奸、猥亵未成年人刑事案件解释》第九条的规定，应当认定为猥亵儿童罪。

编写人：北京市第四中级人民法院　江珞伊

北京市东城区人民法院　石魏

24

通过网络视频“猥亵儿童多次”的具体认定

——王某某猥亵儿童案

【案件基本信息】

1. 裁判书字号

北京市东城区人民法院（2023）京 0101 刑初 336 号刑事判决书

2. 案由：猥亵儿童罪

【基本案情】

被告人王某某于 2022 年 12 月至 2023 年 1 月，通过某手机 APP 与被害人程某（女，时年十三周岁）相识。王某某在明知被害人程某不满十四周岁的情况下，仍通过微信聊天、语音、发送淫秽图片、文字等方式，诱导程某自慰，并诱骗程某向其发送裸露被害人阴部的照片，以此满足个人性欲。具体事实如下。

第一次：2022年1月10日上午，通过视频聊天诱使程某自慰，视频时画面未暴露程某的隐私部位，程某用文字进行回应；第二次：2023年1月10日下午，通过文字聊天诱使程某对胸部行使淫秽行为；第三次：2023年1月11日，通过文字聊天诱使程某自慰；第四次：2023年1月18日，通过文字聊天诱使程某拍摄了一张裸露阴部的照片发给王某某，然后开启视频，但视频时视频未暴露程某的隐私部位；第五次：2023年1月26日，通过文字聊天诱使程某自慰。

【案件焦点】

"多次"通过网络视频、文字形式诱使被害人自慰等，若未暴露被害人身体隐私部位等，可否构成猥亵儿童罪，并认定为"猥亵儿童多次"。

【法院裁判要旨】

北京市东城区人民法院经审理认为：被告人王某某为满足自己的性刺激，对不满十四周岁的儿童实施猥亵，其行为已构成猥亵儿童罪。被告人王某某对未成年人实施猥亵犯罪，依法应当从严惩处；鉴于被告人王某某到案后，如实供述所犯罪行，对其依法予以从轻处罚。据此，法院依照《中华人民共和国刑法》第二百三十七条第三款、第六十七条第三款、第六十四条以及《最高人民法院、最高人民检察院关于办理强奸、猥亵未成年人刑事案件适用法律若干问题的解释》第九条、第十一条之规定，判决如下：

一、被告人王某某犯猥亵儿童罪，判处有期徒刑二年；

二、在案扣押的作案工具手机一部，予以没收。

案件宣判后，判决已生效。

【法官后语】

一、通过网络视频、文字形式诱使被害人自慰等，若未暴露被害人身体隐私部位等，不构成猥亵儿童罪。

2020年《中华人民共和国刑法修正案（十一）》对猥亵儿童罪进行修改，除对猥亵儿童罪设置了独立的法定刑外，还设置了四种法定刑升格情形。随后，2023年6月1日起施行的《最高人民法院、最高人民检察院关于办理强奸、猥亵未成年人刑事案件适用法律若干问题的解释》（以下简称《猥亵未成年人司法解释》）第九条明确了通过网络猥亵儿童的行为模式。《中华人民共和国刑法》及相关司法解释的不断完善、细化，目的即在于最大化地保护儿童的性权益，回应社会对儿童保护的诉求。但对猥亵儿童行为的惩治，亦需严格恪守证据法定原则、罚当其罪、不枉不纵，尤其是在信息网络空间实施的非接触式猥亵行为，亦需在“全面保护儿童”的指引下，结合实施猥亵的具体方式，被害人人数、次数，对被害人身心影响程度，被告人有无性侵害犯罪前科劣迹等因素综合评判。

结合司法实践，笔者认为，通过网络视频、文字形式诱使被害人自慰等，若未暴露被害人身体隐私部位等，不构成猥亵儿童罪。被告人采取胁迫、诱骗手段，未成年人在此胁迫、诱骗之下通过网络视频聊天或者发送被害人的视频、照片，只有被害人的隐私部位和淫秽行为通过视频和照片被暴露，才侵犯到被害人的性耻辱感，才满足《猥亵未成年人司法解释》第九条的成立条件。此外，即使被告人诱骗被害人发送隐私部位照片、裸照、淫秽行为视频等，行为属于猥亵行为，但其危害程度与现实中典型的抠摸、亲吻、搂抱等方式直接接触儿童身体及隐私部位的猥亵行为相比，在量刑时亦应予以区分。

本案中，被告人王某某通过网络视频诱使被害人自慰，但视频聊天时未出现被害人的隐私部位及面部，且系通过发送语音和文字的方式实施的诱导行为，从行为方式上看，并不属于司法解释所规定的“通过网络视频聊天实施淫秽行为”的情形；另外，被告人王某某通过发送语音引诱被害人自慰，也不符合司法解释的相关规定。语音、文字等方式不同于拍摄裸照、淫秽视频以及视频裸聊，裸聊可以看见对方的私密部位，呈现的是直观的画面；发送语音或文字不会暴露被害人的私密部位，也没有直观地实施淫秽行为的画面，对被害人身心健康和人格尊严的侵害程度尚未达到刑法规制的程度，如果将语音、文字型的猥亵行为入罪有扩大犯罪范畴之嫌。因此，上述行为不宜认定为猥亵儿童罪中的具体猥亵行为。

二、通过网络“多次”猥亵儿童的具体阐释

网络猥亵儿童案件中，对“猥亵儿童多次”加重条款的适用，应避免形式化理解、机械简单套用，更不能将轻微猥亵行为直接入罪，并援引“多次”的加重条款，从而对被告人升格处罚。

现实中的猥亵儿童行为，以面对面交流、身体接触等方式直接侵犯儿童的身心健康，使儿童的正常成长受到性接触的危害。网络具有间接性、匿名性等特点，认定网络空间的猥亵行为，应当基于网络媒介特点，对有关条文进行合理解释，以使入罪的网络猥亵儿童行为危害性与现实中的猥亵儿童行为危害性基本相当。本案中，被告人与被害人之间有过5次联系行为，是否每次联系行为均构成猥亵儿童罪，从而适用“猥亵儿童多次”的加重条款，是本案的焦点，结合上文论述内容，我们认为，被告人的行为虽可构成猥亵儿童罪，但不满足“多次”猥亵儿童的条件，具体理由如下。

其一，从文义解释的角度出发，《猥亵未成年人司法解释》第九条规定的网络猥亵未成年人行为构成犯罪，应当具备两个条件：(1) 手段方面，网络猥亵必须通过视频聊天、发送视频、图片等方式进行。此类行为手段的特点是通过视觉可见的方式，一定程度上打破网络的间接性屏障，使被告人和被害人的接触更接近现实行为。文字聊天、语音聊天等方式不在此范围内。(2) 结果方面，未成年人需要有暴露身体隐私部位或者实施淫秽行为。未成年人在前述的视频聊天、发送视频、照片中暴露了身体隐私部位或者实施淫秽行为，此时未成年人暴露身体隐私部位或实施淫秽行为处于网络空间，具有随时被传播、被暴露的高度风险，从而导致网络猥亵行为的社会危害性发生质变。综合网络猥亵未成年人构成犯罪的手段及结果要件，若行为人通过网络实施的视频聊天或者发送视频、照片等方式，没有导致儿童暴露身体隐私部位或实施淫秽行为，则不成立猥亵儿童罪。

其二，从当然解释的角度出发，根据《中华人民共和国治安管理处罚法》第四十四条之规定，在公共场所故意裸露身体，情节恶劣的，构成行政违法行为。在网络上单向地向特定对象（包括儿童）发送隐私部位照片、淫秽文字等的行为，社会危害性与在公共场所裸露身体危害相当甚至更低，不足以进入刑法规制的范围。因此仅单向地向儿童发送淫秽图片、视频的行为，不构成猥亵儿童罪。

其三，从目的解释的角度出发，设置猥亵儿童罪，是为了保护儿童的身心健康，防止儿童在正常成长过程中受到性接触的不良影响。现实中的猥亵行为的危害性更为直观，网络空间的猥亵行为较为间接，但其危害性在于：儿童隐私部位、淫秽行为在网络上一经上传，就处于被暴露的危险状态之下。这种被暴露的危险以及被暴露后的影响，对儿童造成的伤害更加持久，故其危害性与现实空间实施的猥亵行为的危害性具有相当性。但行为人在网络空间通过文字聊天的方式来满足自己的性刺激，该行为并未将儿童的隐私部位、淫秽行为暴露在网络空间，故不属于《猥亵未成年人司法解释》第九条的行为规制范畴。

综上，准确认定本案，既要对被告人的单次行为是否达到网络猥亵犯罪标准进行具体分析，也要准确界定“多次”的加重处罚条款。本案被告人通过网络视频、语音、文字等形式诱使被害人自慰等，鉴于被害人在此行为过程中，并未暴露其身份、面貌甚至声音的具体行为，故不宜认定为猥亵儿童罪之猥亵行为。综合考虑到本案的行为方式、危害后果，结合立法精神、司法解释以及文义解释等，本案被告人实施的5次行为中，有4次不满足猥亵儿童罪的行为认定，无法适用“猥亵儿童多次”的加重条款，故应在五年以下有期徒刑幅度内判处刑罚。

编写人：北京市东城区人民法院　石魏

25

侵犯儿童非性器官敏感部位的行为应认定为猥亵

——许某某猥亵儿童案

【案件基本信息】

1. 裁判书字号

江苏省南通市中级人民法院（2023）苏0682刑终76号刑事裁定书

2. 案由：猥亵儿童罪

【基本案情】

被告人许某某系某小学三年级数学任课老师，其于2020年下半年至2022年6月，在教室讲台附近，利用分发数学试卷、给学生讲解错题的时机，采用手摸、捏、拍大腿、臀部，搂、摸腰部，摸阴部、背部、锁骨等方式，对沈某某、张某甲、环某某、曹某某、夏某某、储某某、张某乙、蔡某甲、洪某某、张某丙、张某丁、林某（女，时年均九周岁）、高某某（女，时年八周岁）13名被害人实施猥亵共计16次。

案发后，被告人辩称其与被害人之间是师生关系，肢体上的接触是基于常年习惯形成的教育学生做出的不当惩戒动作，主观上无追求性刺激的故意，且大部分肢体接触的并非敏感隐私部位，亦未实施抠摸等行为，情节显著轻微，其不构成犯罪。

【案件焦点】

1. 许某某隔衣实施的摸、捏、拍大腿、臀部，搂、摸腰部，摸背部、锁骨等间接接触非性器官敏感部位的行为，属于老师对学生不当惩戒的一般违法行为还是猥亵犯罪行为；2. 本案量刑时能否适用加重处罚条款。

【法院裁判要旨】

江苏省如皋市人民法院经审理认为：本案被告人对被害人有摸阴部、臀部、大腿根部等身体敏感部位的行为，对于站得离其较远的被害人，还通过搂腰、臀部等方式使被害人靠近其，再进一步实施猥亵行为，可见其主观上有追求性刺激的故意，基于该犯意下摸腰部、背部、锁骨的行为均应评价为猥亵行为。结合多名女童被猥亵后从讲台回到座位哭泣并传递书写对许某某作出猥亵行为负面评价的纸条，多名被害女童的家长向公安机关反映在案发前听孩子诉说被数学老师拍屁股、不肯穿裙子上学等异常情况，综合考虑本案中许某某利用教师这一负有特殊职责人员的身份，在较长的一段时间内于教室这一公共场所当众且多次地针对多人进行猥亵，造成涉案女童性厌恶与性羞耻的损害结果，不属于情节显著轻微，宜以猥亵儿童罪论处，并适用“在公共场所当众猥亵儿童，情节恶劣”这一加重处罚情节，提档量刑。

江苏省如皋市人民法院依照《中华人民共和国刑法》第二百三十七条第三款、第三十七条之一、第六十四条，《中华人民共和国未成年人保护法》第六十二条之规定，作出如下判决：

一、被告人许某某犯猥亵儿童罪，判处有期徒刑八年；

二、禁止被告人许某某从事密切接触未成年人的工作；

三、扣押在案的手机一部（暂存于江苏省如皋市公安局），由该局发还被告人许某某。

一审宣判后，许某某提出上诉。江苏省南通市中级人民法院裁定：

驳回上诉，维持原判。

【法官后语】

本案的争议焦点在于许某某隔衣实施的摸、捏、拍大腿、臀部、腰部、背部、锁骨等间接接触非性器官敏感部位的行为应如何定性以及本案量刑时能否适用加重处罚条款，提档至有期徒刑五年以上。

一、间接接触儿童非性器官敏感部位的行为应认定为猥亵行为

猥亵的行为方式包含亲肤的直接身体接触、相隔衣物的间接身体接触以及隔空的无身体接触三类情形，三类情形的法益侵犯程度依次递减。判断是否具有满足他人性欲与性刺激的属性，可从社会一般人的角度，即相关行为在普通成人的性观念看来，是否具有刺激、兴奋或满足性欲的性质。同时，如果结合其他证据，能够确证行为人的行为导致被害人产生性羞耻与性厌恶，实际造成了其身心健康受损的后果，则可进一步地说明相关行为构成猥亵犯罪行为。

本案中，许某某隔衣接触的部位包括阴部、臀部、大腿、腰部、背部、锁骨。阴部属性器官，具有最强的性象征意义，只要不加遮掩，单凭注视就足以引发他人性欲，许某某对夏某某摸阴部一次，属典型的猥亵行为；臀部、大腿属性敏感部位，具有较强的性象征意义，通过接触能够引起性欲望、性刺激，因此对该部位加以侵犯的行为亦应纳入猥亵范畴；腰部、背部、锁骨则属性争议部位，不具有明显的性象征意义，但在现实生活中多加以遮掩，通常也不会与他人发生接触，是否能够作为猥亵犯罪的侵犯对象，则需要结合其他要素加以综合评估。考虑到许某某主观上有猥亵儿童的故意，腰部、背部、锁骨均是在猥亵过程中接触，应当与接触性器官、性敏感部位作为整体评价，均应认定为猥亵行为。此外，结合本案中多名女童被猥亵后从讲台回到座位上哭泣，自主发起并传递书写对许某某作出猥亵行为负面评价的纸条等异常情况，可知许某某的行为使被害人感到羞耻、难以接受，侵犯了未成年人的性羞耻心，已经给被害人造成了严重的身心伤害，进一步确证了许某某行为的“猥亵”属性。

二、间接接触儿童非性器官敏感部位行为量刑时应结合具体情节综合考量

《中华人民共和国刑法》第二百三十七条第三款明确了猥亵儿童罪四大加重处罚类型，即（1）猥亵儿童多人或者多次的；（2）聚众猥亵儿童的，或者在公共场所当众猥亵儿童，情节恶劣的；（3）造成儿童伤害或者其他严重后果的；（4）猥亵手段恶劣或者有其他恶劣情节的。对于行为人以间接方式侵犯被害人敏感部位，相较于亲肤的直接接触，在违法与有责程度上明显更低，若一律不加区分，直接以猥亵儿童多人、多次，或在公共场所当众猥亵儿童而认定

情节恶劣，在有期徒刑五年以上进行量刑，则有违罪责刑法定原则。因此，应综合考量行为人的身份、手段、次数、实行场所、受害人人数、持续时间、所造成的后果等情节加以综合判定。

本案中，在身份和手段上，许某某身为教师，对被害人负有照护职责，却滥用基于该身份所形成接触儿童便利以及被害人无条件的信赖与服从，为实施猥亵行为提供便利，严重侵犯了被害人的性权利与对教师的信赖和尊重情感。其打着从事正常教育教学活动的幌子，以被害人分数不理想、做题错误为由，通过拍、捏身体敏感部位等作为“惩罚”，对被害儿童形成了一定的强制力。结合被害人被猥亵后的表现，能够判断其行为显著违背了被害人的性意志，可评价为采取了强制手段。

在次数、受害人数量、持续时间上，许某某在长达一年半的时间里猥亵13名女学生共计16次，甚至曾在同一天先后猥亵8名女生，且受害女生年龄均集中在八周岁至九周岁，属于“猥亵儿童多人或者多次”。

在实行场所上，许某某在教室课堂进行猥亵，其他多数同学均在场，且有同学证言证明看到许某某对被害人施以猥亵，其行为已构成“在公共场所当众猥亵儿童”。这一公然猥亵行为不仅客观上导致被害人因被其他同学注视，导致性私密情感被严重侵犯，且主观上体现了其无所顾忌，甚至追求被发现、围观之刺激感的严重恶性，是对公序良俗的蔑视、挑战以及对被害人的侮辱，属于“情节恶劣”型“在公共场所当众猥亵儿童”。

综上，被告人许某某在主体身份、手段、次数、实行场所、被害人数量、持续时间等方面均存在从重处罚情节，因此综合评定，应对其以猥亵儿童罪论处，并适用加重处罚条款。

编写人：江苏省如皋市人民法院　李燕杰　方楠

（七）非法拘禁罪

26

非法拘禁罪的入罪标准应结合剥夺自由的程度、持续的时间综合考虑

——郝某某、胡某某非法拘禁案

【案件基本信息】

1. 裁判书字号

新疆维吾尔自治区哈密市伊州区人民法院（2023）新2201刑初86号刑事判决书

2. 案由：非法拘禁罪

【基本案情】

郝某某与杨某某之间存在债权债务关系，因杨某某无力偿还，郝某某多次对杨某某实施殴打、辱骂，并以不还钱就要恶意伤害杨某某家属威胁杨某某。2022年7月23日，郝某某强迫杨某某一同从乌鲁木齐驾车来到哈密，同行人员还有胡某某等人。7月24日凌晨1时许，郝某某、胡某某与杨某某到哈密后入住某酒店×房间，7月25日至29日入住某宾馆×房间。杨某某与胡某某同住，或三人同住。郝某某、胡某某利用杨某某惧怕其家人受到郝某某、胡某某伤害而不敢离开的恐惧心理，非法剥夺他人人身自由。其间，郝某某以索要债务为由多次对杨某某实施殴打，后在胡某某的提议下，又对杨某某实施侮辱、虐待行为。

【案件焦点】

1. 郝某某、胡某某的行为如何定性；2. 郝某某、胡某某应如何量刑。

【法院裁判要旨】

新疆维吾尔自治区哈密市伊州区人民法院经审理认为：被告人郝某某、胡某某为索取债务，采用言语威胁、殴打、侮辱、虐待的方式致使杨某某产生恐惧心理，从而达到将杨某某限制在特定场所的目的，非法剥夺了杨某某的人身自由。郝某某、胡某某的行为触犯了刑法，构成非法拘禁罪。郝某某、胡某某系共同犯罪，郝某某起主要作用，系主犯，应按照其参与的犯罪处罚；胡某某起辅助作用，系从犯，对其从轻处罚。胡某某归案后如实供述犯罪事实，自愿接受处罚，赔偿杨某某医药费，取得杨某某谅解，对其从轻处罚。综合郝某某、胡某某的犯罪情节、手段、主观恶性、所起作用、认罪悔罪态度等，判决如下：

一、被告人郝某某犯非法拘禁罪，判处有期徒刑二年六个月；

二、被告人胡某某犯非法拘禁罪，判处有期徒刑六个月，缓刑一年；

三、随案移送的涉案物品，铅笔 1 支、中性笔 1 支、火腿肠 2 个、矿泉水瓶 2 个，依法予以没收。

案件宣判后，判决已生效。

【法官后语】

本案中，公诉机关认为被告人郝某某、胡某某以暴力、胁迫手段，强制猥亵他人，应当以强制猥亵罪追究其刑事责任。法院认为，强制猥亵罪应当以满足性刺激为目的，本案中，郝某某、胡某某实施的行为是为了索要债务，并不是满足自身性刺激，不符合强制猥亵罪的构成要件。

关于郝某某、胡某某的行为是否构成犯罪，构成何种犯罪，经审查全案证据后认为两名被告人构成非法拘禁罪。非法拘禁罪侵犯的法益是人的身体活动自由。本案中，被害人杨某某在客观上有逃跑的条件，但受到被告人郝某某威胁，不敢离开特定场所，人身活动自由受到侵害。但本案两名被告人是否构成非法拘禁罪还要考虑是否达到剥夺自由的程度、非法拘禁的持续时间。

非法剥夺他人人身自由可以概括为两类：一类是物理控制，控制被害人的身体移动，使其丧失从一定场所离开的自由；另一类是心理控制，如利用他人恐惧心理使其丧失行动自由。本案郝某某对杨某某的身份信息、家庭地址、老家住址、人际交往等都十分清楚，其用杨某某的家人进行威胁，使得杨某某不敢离开，属于利用被害人恐惧心理使其丧失人身自由。另外，还要考虑被害人是否被限制在特定场所，郝某某辩解其没有限制杨某某必须待在宾馆，其间其和胡某某外出，杨某某独自在宾馆，杨某某想离开随时可以离开。虽然杨某某客观上具有逃跑的条件，但因为郝某某的威胁而不敢逃跑，虽然二被告人外出，但被害人仍然待在宾馆房间内不敢离开，属于在心理控制的支配下被限制在宾馆房间内，也属于被剥夺人身自由，不能取决于被害人客观上能否逃跑。综合以上两点，本案两名被告人达到了非法剥夺他人人身自由的程度。

关于非法拘禁持续的时间。可以参照的依据是《最高人民检察院关于渎职侵权犯罪案件立案标准的规定》，以及《最高人民法院、最高人民检察院、公安部、司法部关于办理实施“软暴力”的刑事案件若干问题的意见》。根据上述规定，国家机关工作人员利用职权实施非法拘禁罪的时间要求为 24 小时以上，黑恶势力利用软暴力实施非法拘禁罪的时间要求为 12 小时以上，普通人实施非法拘禁罪时间参照以上执行。但时间上并不是绝对的。此外，《最高人民检察院关于渎职侵权犯罪案件立案标准的规定》中规定的其他五种情形中，虽然没有具体的时间规定，但并非说明没有持续时间的要求，只不过构成非法拘禁罪的时间可以较短；至于要持续多长时间，还未有全面的、具有可操作性的规定，只能在司法实践中根据具体情节加以把握。本案证据不能明确地反映出被害人杨某某被非法拘禁持续的时间。《最高人民检察院关于渎职侵权犯罪案件立案标准的规定》中规定的其他五种情形中的第二种，即“非法剥夺他人人身自由，并使用械具或者捆绑等恶劣手段，或者实施殴打、侮辱、虐待行为的”，本案中，两名被告人对被害人杨某某非法拘禁的时间虽然不明确，但是持续的时间并不短，且其间不断对被害人实施殴打、侮辱、虐待等行为，综合二被告人的危害程度，法院认为二被告人的行为构成非法拘禁罪。

编写人：新疆维吾尔自治区哈密市伊州区人民法院　赵梦

（八）绑架罪

27

绑架罪与非法拘禁罪、敲诈勒索罪、抢劫罪的区别

——许某某等绑架案

【案件基本信息】

1. 裁判书字号

湖北省汉江中级人民法院（2024）鄂96刑终84号刑事裁定书

2. 案由：绑架罪

【基本案情】

2021年4月3日20时许，蔡某某、熊某及彭某先后来到被告人许某某位于某鱼池边平房中进行“炸金花”赌博，三人约好由蔡某某上场赌牌，熊某、彭某在一旁看牌，输赢的情况由三人按比例共同分成。同日23时许，参与赌博的许某某称蔡某某在大腿间藏牌“出老千”，随即质问蔡某某，并打了蔡某某几个耳光，屋内人员将蔡某某按住，并对其拳打脚踢。熊某见状，向屋外的车子跑去，屋内的被告人周某、毕某等人追赶熊某，其间，有人持匕首将熊某右眉骨刺伤，随后，熊某及其在屋外小轿车内等候的儿子熊小某被周某、毕某等人一并控制住后押回平房。同日23时50分，周某和毕某先后联系被告人赶赴现场。

被害人熊某、熊小某、蔡某某被控制在平房后，被告人许某某指使现场人员殴打三人，并逼迫三人脱光衣服，将蔡某某身上的2万多元现金放在麻将桌

上。随后，许某某要求熊某、蔡某某、彭某共同赔偿 40 万元的损失，并要求彭某将损失收回后一并交给自己。被告人毕某和胡某、王某再次对熊某、蔡某某拳打脚踢，并逼迫二人打电话筹钱。同月 4 日 0 点 49 分，熊某向彭某的微信收款码扫码转账 1.3 万元，之后熊某给自己的妻子乐某打电话筹款，彭某在电话中告知乐某，因蔡某某赌博作弊，熊某被人打得头破血流，要其尽快筹集 10 万元钱，周某在熊某打电话筹钱的过程持木棍将熊某的左前臂打伤。同日 1 时许，乐某分两次转给熊某微信账户 6 万元。同日 1 时 15 分，熊某将乐某转给自己微信账户的 3 万元扫码转账给彭某，熊某将另外 3 万元转账给彭某时操作错误，王某夺过熊某手机自行操作，仍转账不成，王某持木棍对熊某进行殴打。同日 1 时 57 分，乐某直接向彭某微信账户转账 2 万元。

在熊某被逼迫筹钱期间，被告人毕某、王某等人同时逼迫蔡某某打电话筹款 10 万元，蔡某某先后电话联系其父亲、妻子王某，被告人许某某等人在电话中称："蔡某某打牌作弊，若弄不到钱，就将蔡某某弄死。"蔡某某在电话中被周某等人打得喊救命。随后，王某向蔡某某微信转账 2 万元，同月 4 日 0 时 49 分至 1 时 17 分，蔡某某分别向彭某微信转账 1 万元、5 千元、1 万元、1 万元。2021 年 4 月 4 日 2 时许，被告人许某某见熊某、蔡某某无法再筹集到钱款，遂指使被告人周某、毕某在平房中逼迫熊某、蔡某某拍摄自己系受彭某指使赌博作弊的视频。同日 3 时 11 分，王某打电话报警。同日 3 时许，熊某、蔡某某、熊小某三人被放行，随后，许某某等五人坐车离开现场。同日 3 时 22 分，熊某打电话报警。经法医鉴定，熊某的损伤程度为轻伤二级。

【案件焦点】

对五被告人的行为应如何定性。

【法院裁判要旨】

湖北省仙桃市人民法院经审理认为：被告人许某某、周某、毕某、胡某、王某以勒索财物为目的绑架他人，其行为均已构成绑架罪。本案系共同犯罪，被告人许某某、周某、毕某在共同犯罪过程中起主要作用，是主犯，应按照其所参与的全部犯罪处罚；被告人胡某、王某在共同犯罪过程中起次要作用，是从犯，依法减轻处罚。被告人胡某被判处有期徒刑以上刑罚之罪，刑罚执行完毕后在五年内再犯应当判处有期徒刑以上刑罚之罪，系累犯，依法从重处罚。被告人毕某在判决宣告以后，刑罚执行完毕以前，发现其在判决宣告以前还有其他罪没有判决，应当对新发现的罪作出判决，把前后两个判决所判处的刑罚实行数罪并罚。被告人王某在本案宣判前表示自愿认罪，可以从轻处罚。被告人许某某赔偿被害人熊某的经济损失，被害人熊某对被告人许某某、周某、毕某、胡某、王某表示谅解，对五被告人均可酌情从轻处罚。综上，湖北省仙桃市人民法院判决：

一、许某某犯绑架罪，判处有期徒刑十年，并处罚金人民币 3 万元；

二、周某犯绑架罪，判处有期徒刑十年，并处罚金人民币 3 万元；

三、毕某犯绑架罪，判处有期徒刑十年，并处罚金人民币 3 万元，与原犯诈骗罪，判处有期徒刑三年三个月，并处罚金人民币 1 万元，数罪并罚，决定执行有期徒刑十二年，并处罚金人民币 4 万元；

四、胡某犯绑架罪，判处有期徒刑六年，并处罚金人民币 18000 元；

五、王某犯绑架罪，判处有期徒刑五年，并处罚金人民币 1 万元。

一审宣判后，许某某、周某、毕某、胡某提出上诉。

湖北省汉江中级人民法院经审理认为：上诉人许某某、周某、毕某、胡某，原审被告人王某以勒索财物为目的绑架他人，其行为均已构成绑架罪。原审判决认定事实清楚，证据确实、充分，定罪准确，量刑适当，审判程序合法。裁定：

驳回上诉，维持原判。

【法官后语】

本案应该如何定性具体分析如下。

一、绑架罪与非法拘禁罪的区别

首先，主观目的不同。绑架是以勒索钱财为目的，属于事出无因；非法拘禁更多事出有因。其次，侵犯客体不同。绑架罪侵犯的是被害人的人身自由和财产权利；非法拘禁罪侵犯的是被害人的人身自由。最后，侵害方式不同。绑架罪采用的是暴力、胁迫等会对被害人造成较大人身危害的方式；非法拘禁罪采用的是扣押、拘留被害人，在此过程中可能会有捆绑、推搡、殴打行为，限制人身自由，没有威胁被害人生命安全的现实可能性。

本案被告人与被害人在赌博时发生冲突，被告人怀疑被害人在赌博时作弊，当场对被害人实施殴打、恐吓，要求被害人共同赔偿40万元，当场从被害人身上搜出现金，后又通过电话向二名被害人的家属索要钱财，以伤害或者杀害被害人威胁其亲属。上诉人许某某辩称本案属于“索债型”非法拘禁罪，根据《最高人民法院关于对为索取法律不予保护的债务非法拘禁他人行为如何定罪问题的解释》规定，行为人为索取高利贷、赌债等法律不予保护的债务，非法扣押、拘禁他人的，依照《中华人民共和国刑法》第二百三十八条的规定定罪处罚。此种情形适用非法拘禁罪的前提条件是实际存在赌债等法律不予保护的债务，而本案没有证据证实被告人与被害人之间存在赌债，不适用上述规定。首先，被告人仅仅是主观上怀疑被害人作弊，无证据证实存在赌债的情况下索要40万元，属于事出无因，非法占有被害人财产的故意明显；其次，被告人客观上实施了暴力殴打、逼迫家属转账等行为，已经突破了仅仅限制被害人人身自由的范围。被告人的行为不宜以非法拘禁罪定罪处罚。

二、绑架罪与敲诈勒索罪的区别

首先，实现勒索钱财的对象不同。绑架罪是通过劫持被绑架人，控制被绑架人的人身自由，然后以杀害被绑架人为内容或者以付钱才能恢复被绑架人自由为条件，向被绑架人的亲友或者其他第三人发出勒索命令，其钱财是从被绑架人的亲友或者第三人处取得；敲诈勒索罪是对被勒索人本人实施威胁、要挟，使其内心形成惧怕，迫使其不得不给付钱财。其次，实现勒索钱财的方式不同。敲诈行为一般是纯粹的图财，没有绑架行为，既没有直接威胁到公民的人身安全，也没有直接造成被害人人身伤亡的现实危险，更多是因为被威胁，被害人内心形成一种恐慌；绑架行为则直接威胁到被害人的人身安全，有些会造成被害人的人身伤亡，因而敲诈勒索罪属于侵犯财产罪的一种，绑架罪属于侵犯公民人身权利的一种。最后，实现勒索钱财的时间不同。绑架罪是通过被绑架人可能受到人身伤害的现实可能性及紧迫性的情况下，亲友或者其他第三人急迫地给付钱财，具有时间上的紧迫性；敲诈勒索罪与绑架罪相比缺少时间上的急迫性，其通过威胁、要挟，不限定时间，被勒索人也无法预知何时遭受迫害，其存续的时间长久。

本案被告人将被害人关押在赌博案发现场的平房内，对其进行暴力殴打，对其人身安全形成现实迫害性。被告人不仅案发当场从被害人身上搜出现金，而且逼迫被害人家属转账，恐吓被害人家属，造成被害人家属内心恐慌。被告人的行为不仅威胁到被害人本人，还波及被害人的家属，其行为不符合敲诈勒索罪的犯罪构成要件。

三、绑架罪与抢劫罪的区别

首先，主观目的不同，抢劫行为人多数为了钱财，绑架行为人可能是为了钱财，也可能为了打击报复、泄愤等目的实施绑架。其次，抢劫财物来源不同，抢劫所得是被害人随身携带的财物，绑架行为如果是为了钱财，行为人多数是向被害人的家属或者其他第三人发出威胁，是被害人的家属或者第三人交付钱财后换得被害人的人身安全。最后，抢劫行为一般在短时间内的某一地点实施抢劫，事发持续时间较短，绑架行为多存在持续较长时间的情形。本案被告人怀疑被害人赌博时作弊，出于泄愤、打击报复将被害人关押在赌博现场的平房内，持续数小时之久，不仅仅向被害人索要钱财，而且逼迫被害人家属转账。被告人的行为不符合抢劫罪的犯罪构成要件。

编写人：湖北省仙桃市人民法院　任静会

（九）侮辱、诽谤罪

28

利用网络平台侮辱、诽谤他人情节严重的应予刑事处罚

——白某侮辱、诽谤案

【案件基本信息】

1. 裁判书字号

重庆市秀山土家族苗族自治县人民法院（2023）渝0241刑初26号刑事判决书

2. 案由：侮辱罪、诽谤罪

【基本案情】

2022年7月18日15时10分，被告人白某通过其A社交平台账号和B社交平台视频号发布了同一条视频。视频中，白某称受到一个“人渣”的恶意诽谤和污蔑，视频中有这个“人渣”就是某宠物医院的老板杨某等内容。视频中，白某称杨某在刑警队当辅警期间，从警犬基地盗窃狗粮进行贩卖，并因偷东西被抓获而被开除。另，白某称杨某囚禁别人实施强奸，强奸的事情发生的时间是在杨某妻子怀孕期间。

白某将该视频发布后，又转发至某动物医院B社交平台群、某宠物店B社交平台群、某遛狗群等。截至2022年8月3日，该视频在A社交平台被点击117次，被浏览1.5万次，被转发77次，在其B社交平台视频号被浏览478次，被点赞2次，被转发2次，累计两个平台已经被浏览15478次，被点赞119次，

被转发 79 次。

自诉人杨某以被告人白某犯侮辱罪、诽谤罪，向人民法院提起自诉。2022 年 7 月 21 日，公安机关出具证明载明，杨某自 2018 年 1 月 8 日入职某刑事侦查大队从事辅警工作，因个人原因于 2019 年 8 月 5 日自愿离职。杨某在庭审中认可在 2019 年因涉嫌强奸被刑事拘留过十五日，后该案因证据不足未移送审查起诉。白某当庭供述对于视频中说杨某盗窃狗粮被开除的事情是自己推定，无相关证据。

【案件焦点】

白某的行为是否构成侮辱罪、诽谤罪。

【法院裁判要旨】

重庆市秀山土家族苗族自治县人民法院经审理认为：侮辱罪是指以暴力或者其他方法公然侮辱他人，情节严重的行为。被告人白某不能冷静处理与自诉人之间的偶发矛盾，采取网上谩骂，粗俗诋毁的方式，公然对自诉人进行人格侮辱，且将内容发送的对象多数为熟知人群。该行为直接造成网络浏览人次达上万次，情节严重，其行为已构成侮辱罪。白某在网络上夸大事实，散布自诉人囚禁、强奸他人等内容，在无证据的情况下，凭自己推测，散布自诉人盗取狗粮，被警队开除的事实，并在网络传播，造成网络浏览人次达上万次，情节严重，其行为已构成诽谤罪。白某一人犯数罪，应当数罪并罚。白某如实供述自己的罪行，可以从轻处罚。据此，判决如下：

被告人白某犯侮辱罪，判处拘役三个月；犯诽谤罪，判处拘役四个月。数罪并罚，决定执行拘役六个月，缓刑十个月。

案件宣判后，判决已生效。

【法官后语】

侮辱罪、诽谤罪以自诉为原则，以公诉为例外。对于自诉案件立案阶段的审查及实体审理阶段情节严重的认定，对于保护公民的人格权至关重要。

一、侮辱、诽谤自诉案件如何审查立案

根据《中华人民共和国刑法》第二百四十六条的规定，被害人或者其法定代理人、近亲属可以直接向人民法院起诉，要求追究被告人侮辱、诽谤罪的刑事责任，即提起自诉。人民法院受理自诉案件必须符合《最高人民法院关于适用〈中华人民共和国刑事诉讼法〉的解释》第三百一十六条的规定，同时对自诉案件，第三百二十条规定了不予受理的九种情形，其中第二款第二项“缺乏罪证的”情形是将自诉案件拒之门外的主要情形。依照法律规定，人民法院对自诉人提出的自诉应当进行全面审查，既包括审查自诉材料是否符合形式要求，也包括审查犯罪事实是否清楚，证据是否足够。但是，立案阶段的审查并非对案件进行实体审查，更不应判断被告人是否构成犯罪。自诉案件立案阶段重在审查证据有无关联性，只要证据和被指控的人和事有关联，没有明显的伪造或违法即可。至于证据最终是否客观真实、证据采集手段是否合法、证明力大小等问题则要经过庭审质证以及法院认定才能解决。立案审查阶段被告人发布视频中陈述的事实是否属于“捏造”不应由自诉人承担举证责任。

二、利用信息网络公然侮辱他人如何确定“情节严重”

虽然利用信息网络公然侮辱他人如何确定“情节严重”并无司法解释具体规定的情形，但利用信息网络侮辱他人构成侮辱罪应当满足以下两个条件。

首先，需在“公然”的条件下实施了侮辱的行为。公然，是指当众或者利用网络信息足以使不特定的多数人能够知晓侮辱的信息。若侮辱的行为仅是点对点的二人之间，如通过B社交平台聊天、视频通话、电话通话等，不存在不特定的第三人知晓该侮辱行为的，不构成刑事犯罪，可认为是民事侵权行为，由《中华人民共和国民法典》予以调整。

其次，需达到“情节严重”的构罪标准。公然侮辱他人“情节严重”的标准虽无相关司法解释规定，但可参照《最高人民法院、最高人民检察院关于办理利用信息网络实施诽谤等刑事案件适用法律若干问题的解释》第二条的规定，利用信息网络诽谤他人，具有下列情形之一的，应当认定为《中华人民共和国刑法》第二百四十六条第一款规定的“情节严重”：“同一诽谤信息实际被点击、浏览次数达到五千次以上，或者被转发次数达到五百次以上的”的标准予以执行。本案中，被告人发布的视频中既有侮辱他人的内容，也有诽谤他人的内容，浏览人次均达上万次，可以认定利用信息网络公然侮辱他人“情节严重”，构成侮辱罪。

编写人：重庆市秀山土家族苗族自治县人民法院　陶军霖　贾战雨

29

利用互联网络实施侮辱行为的司法认定

——杨某某侮辱案

【案件基本信息】

1. 裁判书字号

重庆市江北区人民法院（2023）渝0105刑初1368号刑事判决书

2. 案由：侮辱罪

【基本案情】

被告人杨某某与被害人张某曾系男女朋友关系，后二人分手。2023年5月31日11时许，被告人杨某某因恋情矛盾而产生了报复被害人张某的想法。随后，杨某某通过其电子邮箱将张某与其在恋爱期间拍摄的秘密视频等隐私视频、照片投稿至境外网站，并在该网站散布损害张某名誉的谣言，曝光张某身份，以及张某使用的社交平台联系方式等个人信息，造成上述内容被境内外多个网站转载，大量网站浏览者因此骚扰张某，贬损张某的人格。2023年5月31日19时许，张某在其家中被骚扰后随即向公安机关报警。经公安机关远程勘验，显示仅在2023年6月1日至14日已有5万余人（次）在某网站上浏览了上述相关内容。案发后，张某被某医院初步诊断为患有抑郁症。2023年6月7日，被告人杨某某经公安机关电话通知后到案，到案后其如实供述了相应罪行。

【案件焦点】

1. 基于泄愤、报复动机而利用互联网络传播“涉性话题”案件性质认定；2. 侮辱罪中“情节严重”的认定；3. 侮辱罪中“是否严重危害社会秩序”的判断。

【法院裁判要旨】

重庆市江北区人民法院经审理认为：被告人杨某某公然侮辱他人，情节严重，且严重危害社会秩序，其行为已构成侮辱罪。被告人发布的相关信息在网络上大范围传播，造成被害人正常生活被干扰，严重破坏网络秩序，社会影响恶劣，其相应侮辱行为已达到了严重危害社会秩序的程度。鉴于被告人杨某某有自首情节，依法对其予以从轻处罚。据此，以侮辱罪，判处杨某某有期徒刑一年二个月。

【法官后语】

为了最大限度地修复社会关系，保护当事人隐私，法律将该类案件规定为原则上告诉才处理，除非“严重危害社会秩序和国家利益”。随着社会的发展，在办理侮辱罪案件中发现了一些新的问题，如基于泄愤、报复动机而利用互联网络传播“涉性话题”案件性质认定；侮辱罪中“情节严重”的认定；侮辱罪中“是否严重危害社会秩序”的判断等，理论界与实务界存在较大争议。前述问题，在本案中得到了集中体现。

一、基于泄愤、报复动机而利用互联网络传播“涉性话题”案件性质认定

侮辱罪本质上是侵犯他人人格尊严和名誉权，导致他人在社会生活中难以立足。从主客观相统一的角度来看，行为人主观上应具有贬损他人人格的意图，客观上实施了相应的贬损他人人格尊严导致他人名誉严重受损的行为。强制侮辱罪和强制猥亵罪之间是选择性罪名，从“猥亵”行为的语义而言，意思为“作下流的动作”，从刑法意义上，是指性交以外的淫秽性的下流行为，行为人

主观上应带有寻求刺激、满足性欲的动机即系意图猥亵他人；而此处的强制侮辱罪与强制猥亵罪系选择性罪名，共存于同一法律条文中，在动机上应具有类似性，如果仅仅是出于泄愤、报复动机实施外观上系强制侮辱妇女的行为，由于缺乏主观要件，则不能认定为强制侮辱罪，而应认定为贬损他人人格的侮辱罪。对于基于泄愤、报复动机在互联网络中发布他人隐私视频的行为，且情节严重的，从主客观相统一的角度，应认定为侮辱罪而非强制侮辱罪。

二、侮辱罪中“情节严重”的认定

在认定相应网络侮辱行为时，可以从相应行为方式手段的恶劣程度、相应信息的浏览量、转发次数进行综合判断。对于在互联网络领域发布他人隐私信息，并在短期内引发大量网民浏览、转发和恶意评论，且相应信息被其他网站转载，影响范围进一步扩大，且相应视频难以被及时删除的，应认定为网络侮辱行为中“情节严重”的情形。

三、侮辱罪中“是否严重危害社会秩序”的判断

按照《中华人民共和国刑法》第二百四十六条的规定，犯侮辱罪的，告诉的才处理，但是严重危害社会秩序和国家利益的除外。对于基于泄愤、报复动机在互联网络中发布他人隐私视频的行为，一般来说并不涉及危害国家利益，究竟是否为严重危害社会秩序的情形，则需要综合行为方式、影响范围等进行判断。对于在境外网站上发布他人隐私视频的行为，往往被害人难以及时发现，且传播范围可能会更广，负面影响持续时间较长，从互联网络监管角度看，难以及时对相应隐私视频进行删除，消除负面影响的难度较大。由于互联网络的相对开放性，相应隐私视频可能会被其他网站转载，并可能通过微博、抖音等自媒体渠道在境外网站上大范围传播。因此，此类行为具有严重的社会危害性，相应的网络暴力行为严重扰乱了正常的网络秩序。尤其是在行为人为了泄愤、报复而公布了被害人的详细隐私信息，以及被害人的相应自媒体账户信息等情况下，往往会引起后续连锁反应，导致被害人“社会性死亡”，无法在互联网络空间中正常生存发展；相应色情信息，低俗内容充斥于网络空间，不利于互联网络空间环境的净化。而相应负面信息内容由陌生的网络群体向被害人身边

的熟人群体扩散，更加剧了对被害人名誉的负面影响。因此，对于在互联网络空间大范围传播，且持续性影响短期内难以消除，严重扰乱网络空间秩序的行为，应认定为严重危害社会秩序，按照公诉案件进行处理。此举，一方面，有利于充分保障被害人的合法权利；另一方面，有利于维护社会公共秩序的稳定。结合本案事实情节，被告人杨某某为泄愤、报复，通过在境外网站上发布他人隐私视频，并详细公布被害人身份信息、自媒体账号信息等内容，短期内引发大量网民浏览并引起多个境内外网站转载，相应负面信息短期内难以消除，且通过境外网站向境内蔓延，导致被害人身边朋友知晓；相应利用互联网络发布信息的公然侮辱行为，属于“情节严重”，且严重破坏网络秩序，社会影响恶劣，其相应侮辱行为已达到了严重危害社会秩序的程度。

编写人：重庆市江北区人民法院　王国平

（十）侵犯公民个人信息罪

30

猜试他人证券交易账户密码并买卖股票行为构成侵犯公民个人信息罪、故意毁坏财物罪，应数罪并罚

——张某等侵犯公民个人信息、故意毁坏财物案

【案件基本信息】

1. 裁判书字号

浙江省杭州市临平区人民法院（2021）浙0110刑初88号刑事判决书

2. 案由：侵犯公民个人信息罪、故意毁坏财物罪

【基本案情】

2020 年 3 月，被告人张某、李某、黄甲、黄乙从周某处购买“某游戏”APP 账号、密码用于发帖推广股票，后被告人张某发现用某游戏密码可以登录某游戏账号绑定的部分证券交易账户，且账户中有一定量的资金或股票。四人经商议后决定大量购买“某游戏”账号、密码，并用证券交易账户内的资金帮他人拉抬股价进而从中获利，后四人从周某处购得 2000 余组“某游戏”等账号、密码，猜试出其中 186 个某游戏账号绑定的 200 个证券交易账户的密码并登录。

2020 年 4 月 1 日至 2 日，被告人张某、李某、黄甲、黄乙明知可能会给证券交易账户所有人造成经济损失，仍在按照他人的要求，先清仓部分证券交易账户内原有的股票或基金，再用账户内约 1400 万元资金买卖“某制药”股票，造成被害人的证券交易账户内资金实际损失共计人民币 80 余万元，被告人张某、李某、黄甲、黄乙从中获得“好处费”共计人民币 53.7 万元。

【案件焦点】

1. 被告人张某等人猜试他人证券交易账户密码行为的定性；2. 被告人张某等人登录他人证券账号并买卖股票行为的定性；3. 被告人张某等人的行为构成一罪还是二罪。

【法院裁判要旨】

浙江省杭州市临平区人民法院经审理认为：对于被告人张某、李某、黄甲、黄乙从他人处购买某游戏账号、密码后通过猜试的方式获取的证券交易账户、密码的行为，不属于计算机信息系统中存储、处理或者传输的数据，不宜认定为非法获取计算机信息系统数据，应认定为侵犯公民个人信息。对于被告人张某、李某、黄甲、黄乙登录他人的证券交易账户并买卖股票，没有对数据或应用程序进行删除、修改、增加的操作，不宜认定为破坏计算机信息系统；造成他人经济损失，应当认定为故意毁坏财物。被告人张某、李某、黄甲、黄乙非法获取他人具有财产属性的个人信息的行为和侵犯的法益具有独立性，构成侵犯公民个人信息罪，后续使用该个人信息实施其他犯罪行为，构成数罪的，应当依法予以并罚。据此，判决如下：

一、被告人张某犯故意毁坏财物罪，判处有期徒刑四年六个月；犯侵犯公民个人信息罪，判处有期徒刑十个月，并处罚金人民币 1 万元，二罪并罚，决定执行有期徒刑五年，并处罚金人民币 1 万元；

二、被告人李某犯故意毁坏财物罪，判处有期徒刑四年；犯侵犯公民个人信息罪，判处有期徒刑十个月，并处罚金人民币 1 万元，二罪并罚，决定执行有期徒刑四年六个月，并处罚金人民币 1 万元；

三、被告人黄甲犯故意毁坏财物罪，判处有期徒刑四年；犯侵犯公民个人信息罪，判处有期徒刑十个月，并处罚金人民币 1 万元，二罪并罚，决定执行有期徒刑四年六个月，并处罚金人民币 1 万元；

四、被告人黄乙犯故意毁坏财物罪，判处有期徒刑三年六个月；犯侵犯公民个人信息罪，判处有期徒刑八个月，并处罚金人民币 1 万元，二罪并罚，决定执行有期徒刑四年，并处罚金人民币 1 万元。

案件宣判后，判决已生效。

【法官后语】

本案的处理重点在于猜试他人证券交易账户密码并买卖股票行为的定性。

关于猜试行为的定性。数据是信息的表现形式和载体，而信息是数据的内涵，两者并不排他。被告人张某等人通过猜试得出的这些证券交易账户、密码，本身具有财产属性，属于公民个人信息中的财产信息。但数据本身的性质及获取数据的方式，才是给猜试行为定性的关键。只有在违反国家规定，侵入计算机信息系统或者采用其他技术手段，获取计算机信息系统中存储、处理或者传输的公民个人信息，才能同时符合侵犯公民个人信息罪和非法获取计算机信息系统罪两罪的构成要件，属于想象竞合，应从一重处。具体到本案中，被告人张某等人登录买来的某游戏账号后，再用某游戏账号的密码手动试登录绑定的证券交易账户，并手动记录可以成功登录的证券交易账户和密码，这与采用技术手段破坏系统防护进入计算机信息系统或冒名擅自进入计算机信息系统后并获取计算机信息系统中存储、处理或者传输的数据的行为有本质区别。这些证券交易账户、密码不是计算机信息系统中存储、处理或者传输的数据，而是被告人张某等人猜试出的进入计算机信息系统的“钥匙”。因此，被告人张某等人的行为不宜认定为非法获取计算机信息系统数据罪，而应认定为侵犯公民个人信息罪。

关于买卖股票的行为，本案中，被告人张某等人买卖股票时输入的是股票数量，是带有明显财产属性的信息，不属于计算机信息系统中存储、处理或者传输的数据，且买卖股票的行为属于对财物的处置行为，没有对数据或应用程序进行删除、修改、增加的操作。被告人张某等人冒用他人证券交易账户买卖股票的结果，与合法使用人登录证券交易账户后买卖股票的结果一样，都导致财产价值发生变化，但并未破坏计算机系统或导致证券交易系统不能正常运行，某游戏公司后台、券商后台依旧可以正常监控有关证券交易账户，且被害人可以通过修改密码的方式取回被告人张某等人冒用的证券交易账户。故，被告人张某等人的行为不构成破坏计算机信息系统罪。

《中华人民共和国刑法》第九十二条第四项明确规定，股份、股票、债券等无形财产属于刑法意义上的财物。故意毁坏公私财物既包括对有形物的毁灭或损坏，也包括对无形物价值的贬损。因此，股票等无形财产、财产权利凭证可以成为故意毁坏财物罪的犯罪对象。被告人张某等人为了帮助他人拉抬股价进而从中获利而去猜试证券交易账户密码，主观上明知自己非法买卖股票可能会给他人带来经济损失，但仍放任不管，客观上被告人张某等人买卖上家指定的股票，给他人造成了数额巨大的财产损失，其行为符合故意毁坏财物罪的主客观要件，应当以故意毁坏财物罪定罪处罚。

关于罪数的问题，被告人张某等人通过猜试的方式获取他人的证券交易账户密码200组，证券交易账户密码属于具有财产属性的个人信息，50组以上即构成侵犯公民个人信息罪。被告人张某等人还利用其中30余个证券交易账户中约1400万元资金买卖股票并给被害人造成经济损失80余万元，被告人张某等人买卖股票的行为应认定为故意毁坏财物罪。被告人张某等人侵犯公民个人信息的手段行为不应被目的行为吸收，二罪并罚更能实现罪责刑相适应。

编写人：浙江省杭州市临平区人民法院　汪浩

31

为合法经营而非法获取公民个人信息认定“获利”时需扣除成本

——信息技术服务公司等侵犯公民个人信息案

【案件基本信息】

1. 裁判书字号

浙江省丽水市云和县人民法院（2023）浙1125刑初107号刑事附带民事判决书

2. 案由：侵犯公民个人信息罪

【基本案情】

2020年11月，被告单位信息技术服务公司中标房型信息采集和审核业务外包采购项目。同年12月，信息技术服务公司与天津某旅游有限责任公司（以下简称天津某公司）签订服务外包合作框架协议。2021年1月，天津某公司与信息技术服务公司、北京某科技有限公司（以下简称北京某公司）签订补充协议，由北京某公司取代天津某公司成为原协议一方，继续履行原协议，即由信息技术服务公司采集同行业某应用软件网的房型实价信息，北京某公司支付相应费用。

2020年12月，信息技术服务公司将承接的上述项目交由其子公司某公司负责完成。2021年5月，时任信息技术服务公司总经理、某公司法定代表人暨被告人刘某某，作为被告单位信息技术服务公司的实际负责人，在明知购买某应用软件账号涉及侵犯他人个人信息的情况下，仍安排公司统一采购账号用于房型信息采集。其间，信息技术服务公司、某公司因房型信息采集项目获利人民币248.8万余元。

【案件焦点】

本案的关键在于被告单位信息技术服务公司获利数额的认定，是否要扣除购买账号成本。

【法院裁判要旨】

浙江省丽水市云和县人民法院经审理认为：被告单位信息技术服务公司为合法经营活动而非法购买公民个人信息，利用非法购买的公民个人信息获利人民币248.8万余元，情节严重；被告人刘某某是信息技术服务公司的直接负责的主管人员，被告人王某、龙某、刘某是其他直接责任人员，均情节严重。被告人尹某违反国家有关规定，伙同他人出售公民个人信息，违法所得85.6万余元，情节特别严重。被告单位、各被告人的行为构成侵犯公民个人信息罪，系共同犯罪。案发后，刘某某自动投案并如实供述自己及同案犯的罪行，王某、龙某、刘某在归案后均如实供述自己及同案犯的罪行，信息技术服务公司、刘某某、王某、龙某、刘某均系自首，可以从轻处罚。尹某在归案后如实供述自己及同案犯的犯罪事实，可以从轻处罚。刘某某、王某、龙某、刘某自愿认罪认罚，可以依法从宽处理。综合刘某某、王某、龙某、刘某的犯罪情节、认罪态度及悔罪表现，可以适用缓刑。综上，法院依照《中华人民共和国刑法》第二百五十三条之一第一款、第三款、第四款、第二十五条第一款、第六十七条第一款、第三款、第七十二条第一款、第三款、第五十二条、第六十四条，《中华人民共和国民法典》第一千零三十四条、第一千一百六十七条、第一千一百六十八条、第一千一百八十二条，《中华人民共和国刑事诉讼法》第十五条之规定，作出如下判决：

一、被告人尹某犯侵犯公民个人信息罪，判处有期徒刑三年，并处罚金人民币494000元；

二、被告单位信息技术服务公司犯侵犯公民个人信息罪，判处罚金人民币5000000元；

三、被告人刘某某犯侵犯公民个人信息罪，判处有期徒刑十个月，缓刑一年二个月，并处罚金人民币50000元；

四、被告人龙某犯侵犯公民个人信息罪，判处有期徒刑八个月，缓刑一年，并处罚金人民币10000元；

五、被告人王某犯侵犯公民个人信息罪，判处有期徒刑七个月，缓刑一年，并处罚金人民币20000元；

六、被告人刘某犯侵犯公民个人信息罪，判处有期徒刑六个月，缓刑一年，并处罚金人民币10000元；

七、被告单位信息技术服务公司的违法所得人民币2488000元、被告人尹某的违法所得人民币541000元予以追缴，上缴国库；

八、扣押在案的手机、笔记本电脑、台式主机、记事本予以没收，被告单位信息技术服务公司被冻结账户内资金、被告人尹某的暂扣款，在退缴违法所得后抵缴罚金；

九、被告单位信息技术服务公司、附带民事公益诉讼被告湖南某互联网科技有限公司共同支付侵害公共利益的赔偿款人民币2488000元；

十、被告人尹某、附带民事公益诉讼被告谢某共同支付侵害公共利益的赔偿款人民币491000元；

十一、被告单位信息技术服务公司、附带民事公益诉讼被告湖南某互联网科技有限公司、被告人尹某、附带民事公益诉讼被告谢某于本判决生效后十日内就侵犯公民个人信息的行为在国家级媒体公开赔礼道歉（赔礼道歉内容须经本院审查确认），逾期不履行的，本院将在国家级以上媒体刊登判决书的主要内容，所需费用由信息技术服务公司、湖南某互联网科技有限公司、尹某、谢某承担；

十二、驳回附带民事公益诉讼起诉人的其他诉讼请求。

案件宣判后，判决已生效。

【法官后语】

本案中，关于获利金额应不应当扣除购买账号成本的问题，在审理过程中存在两种不同意见。

第一种意见认为，被告单位信息技术服务公司的获利金额不应当扣除购买账号的成本，主要原因为被告单位信息技术服务公司倒卖公民个人信息的行为本身就是违法犯罪行为，其倒卖所得收入即为违法所得。

第二种意见认为，被告单位信息技术服务公司的获利金额应当扣除购买账号的成本，被告单位信息技术服务公司的行为应适用《最高人民法院、最高人民检察院关于办理侵犯公民个人信息刑事案件适用法律若干问题的解释》（以下简称《解释》）第六条第一款第一项的规定定罪，该项表述为“获利”，与《解释》第五条中“违法所得”的表述不同。实践中，“获利”与“违法所得”在侵犯公民个人信息罪中属于两个不同概念，合法经营的“获利”应考虑扣除成本。

针对本案，笔者更倾向于同意第二种意见，认为第二种意见更合理。主要基于对“合法经营”的界定与“获利”的认定与计算两个方面阐述。

一、关于“合法经营”的内涵界定与规范分析

侵犯公民个人信息罪状描述中的“为合法经营”属于量刑情节，系作为刑罚裁量时应予考虑的事实因素。在如今大力提倡法治助力优化营商环境的时代背景下，“为合法经营”属于正当的、值得宽宥的动机，行为人的可谴责性、可责难性应低于基于违法犯罪目的而实施的收集及出售公民个人信息行为。若过度限缩“合法经营”的范围既与该条款设立之初衷相矛盾，也与宽严相济的刑事政策、刑法谦抑性的特征相背离。另外，经营行为属于民事行为，而民事领域遵循“法不禁止即自由”的原则，过度限缩“合法经营”的范围则可能出现法域冲突现象，背离了“法秩序统一性”原理。综上，笔者认为，对于“合法经营”在刑法意义上的认定，只要不属于刑法中的“非法经营”行为，就属于“合法经营”。同时，“合法经营”应以不违反国家规定且不严重扰乱社会秩序为前提。

具体到本案中，在被告单位信息技术服务公司与项目甲方签订的原始合同中未包含结算购买某应用软件账号费用的相关条款，在后续补充协议中约定对额外账号、手机卡维护的成本实时结算。在其他同案犯的笔录中能看出之所以签订该补充协议，是当时甲方额外增加了使用某应用软件黄金账号采集信息的

要求。由此可见，本案出售的不是公民个人信息，而是与公民个人信息无关的房型实价信息，不属于刑法中的“非法经营”行为，不违反国家规定且未造成严重扰乱社会秩序的后果，故应认定“为合法经营”，应适用《解释》第六条第一款第一项的规定定罪。

二、“获利”的刑法认定与计算方式

在民事侵权领域，为给予权利人周全的保护，兼顾“利益填平原则”与“任何人不得从其违法行为中获利原则”，依据“侵权获利”的认定及赔偿计算路径已有明确规定。以商标侵权纠纷为例，《中华人民共和国商标法》第六十三条规定，权利人可以选择实际损失、侵权获利、许可费倍数或者法定赔偿方式；《最高人民法院关于审理商标民事纠纷案件适用法律若干问题的解释》第十四条规定，侵权所获得的利益，可以根据侵权商品销售量与该商品单位利润乘积计算；如果该单位利润无法查明的，按照注册商标商品的单位利润计算。

在侵犯公民个人信息罪中对于“获利”的计算和理解，一方面基于“法秩序统一性”原理，要吸收民事领域中“任何人不得从其违法行为中获利原则”；另一方面基于“刑法的谦抑性与独立性”原则，对于获利的认定既要坚守罪刑法定，又要实质性判断。《解释》第五条以“违法所得”数额入罪，《解释》第六条以“获利”数额入罪，应当注意到违法所得与获利金额是两个不同的概念。前者基于购买、收购公民个人信息本身的非法性考虑，后者基于正常的生产经营活动的合法性考虑，该类情形发生具有普遍性且社会危害性较小，因此，《解释》第六条对侵犯公民个人罪的入罪获利数额为“利用非法购买、收受的公民个人信息获利五万元以上的”，与第五条第一款第七项规定的“违法所得五千元以上的”显著区别，同时参考非法经营罪的入罪数额标准，规定为五万元。在适用《解释》第六条时应当缩小打击面和体现宽严相济的刑事政策，在认定为合法经营活动购买信息而获利的数额时应从严把握，应当扣除相应的购买成本。

具体到本案中，被告单位信息技术服务公司系为合法经营活动而非法购买公民个人信息，案涉项目作为该公司的合法经营项目。另外，在案的原始合同中未约定需采购某应用软件账号、结算采购费用；在项目实施过程中产生采购某应用软件账号的需求后，经协商由项目乙方采购并垫付费用，事后由项目甲方统一结算，可见采购账号的结算款并非被告单位信息技术服务公司预期通过该项目获得的收益，犯罪成本321.7万元的支出最终是甲方卡商的获利，故对应的金额不应由其承担退赃责任。综上，根据罪刑法定和“任何人不得从其违法行为中获利”原则，对于被告单位信息技术服务公司代为垫付的购买账号成本应予以扣减。

编写人：浙江省丽水市云和县人民法院　颜尤龙

32

根据账户查询的交易明细之信息类型和数量的认定

——郭某某等侵犯公民个人信息案

【案件基本信息】

1. 裁判书字号

河南省安阳市殷都区人民法院（2024）豫0505刑初11号刑事判决书

2. 案由：侵犯公民个人信息罪

【基本案情】

2023年7月初，被告人郭某某伙同龙某（另案处理）通过某APP等接单查询网上逃犯信息，并通过被告人郭某乙介绍与被告人郭某甲联系，郭某甲利用辅警身份，伙同辅警李某某违规使用民警数字证书查询在逃人员信息约30条交给郭某某，出售在逃人员信息获利后按比例将分成给郭某乙并转交给郭某甲。自2023年7月中旬以来，郭某某、郭某甲、郭某乙等人商议后，郭某某通过龙某等人接单后交由郭某甲查询，郭某甲违规使用民警数字证书通过公安内网涉赌资金查询平台查询银行账户和支付宝账户交易明细，并将查询的 14048 条交易明细信息微信发给郭某某，郭某某将查询到的 12087 条信息转交龙某出售牟利，将邹某（另案处理）介绍、担保查询的 1961 条信息出售牟利。郭某某非法获利 8000 元，郭某甲非法获利 15000 元，郭某乙非法获利 6000 元。案发后，被告人郭某某、郭某甲、郭某乙的亲属均代为向公安机关退缴违法所得。

【案件焦点】

1. 银行卡或支付宝账户交易明细是否属于公民个人信息；2. 案涉公民个人信息数量计算标准及本案是否属于“情节特别严重”情形。

【法院裁判要旨】

河南省安阳市殷都区人民法院经审理认为：被告人郭某某、郭某甲、郭某乙违反国家有关规定，向他人出售公民个人信息，情节特别严重，其行为均已构成侵犯公民个人信息罪，且系共同犯罪，公诉机关指控的罪名成立。被告人郭某某、郭某乙均如实供述犯罪事实，依法均可以从轻处罚。被告人郭某甲经电话通知后到案并如实供述其犯罪事实，构成自首，并协助公安机关抓获同案犯，构成立功，依法可从轻处罚。被告人郭某乙在共同犯罪中起次要、辅助作用，系从犯，依法应当从轻处罚。被告人均自愿签署认罪认罚具结书，承认指控的犯罪事实，亲属均代其退缴各自违法所得，均可以酌情从轻处罚。综合被告人郭某某、郭某甲、郭某乙犯罪的事实、性质、情节和对于社会的危害程度等，法院依照《中华人民共和国刑法》第二百五十三条之一、第二十五条第一款、第六十一条、第二十七条、第六十七条第一款和第三款、第六十八条、第五十二条、第五十三条、第六十四条，《中华人民共和国刑事诉讼法》第十五条之规定，判决如下：

一、被告人郭某某犯侵犯公民个人信息罪，判处有期徒刑三年九个月，并处罚金人民币 16000 元；

二、被告人郭某甲犯侵犯公民个人信息罪，判处有期徒刑三年六个月，并处罚金人民币 3 万元；

三、被告人郭某乙犯侵犯公民个人信息罪，判处有期徒刑三年三个月，并处罚金人民币 12000 元；

四、郭某某已退缴违法所得 8000 元、郭某甲已退缴违法所得 15000 元、郭某乙已退缴违法所得 6000 元，共计 29000 元予以追缴，上缴国库；

五、扣押在案的郭某甲智能手机两部及优盘一个、郭某某和郭某乙手机各一部，均由扣押机关予以没收，上缴国库。

案件宣判后，判决已生效。

【法官后语】

在侵犯公民个人信息案件中，对于涉案信息是否属于刑法所保护的法益即是否属于刑法意义上的公民个人信息及信息之性质类型的认定、信息数量的计算标准等尤为关键，直接影响行为人的行为是否构成犯罪以及是否属于刑法所规定的“情节严重”或者“情节特别严重”等，进而直接影响行为性质之罪与非罪的认定和法定量刑幅度的确定。司法实践中，需要依照现行法律和司法解释规定，根据立法目的，坚持罪责刑相适应的基本原则，结合案件具体情况综合分析认定。

一、银行卡或支付宝账户交易明细是否属于公民个人信息及其信息性质类型的认定

《最高人民法院、最高人民检察院关于办理侵犯公民个人信息刑事案件适用法律若干问题的解释》（以下简称两高《解释》）第一条规定：“刑法第二百五十三条之一规定的‘公民个人信息’，是指以电子或者其他方式记录的能够单独或者与其他信息结合识别特定自然人身份或者反映特定自然人活动情况的各种信息，包括姓名、身份证件号码、通信通讯联系方式、住址、账号密码、财产状况、行踪轨迹等。”司法实践中，通常认为姓名、性别、民族、年龄、职业、职务、学历、婚姻状况、专业职称、密码、血型、指纹、病历、电子邮件等均属于公民个人信息的范畴。本案中，涉及的银行或支付宝账户，依法属于侵犯公民个人信息罪中公民个人信息的范畴。

首先，银行或支付宝账户交易流水属于公民个人信息。银行账户具有特定

性，公民在银行或其他金融机构开设账户，需提供身份证明、预留手机号码，且需要身份验证。银行账户与特定人员关联，银行账户信息足以反映出特定人员的资金、交易等活动情况，依法属于公民个人信息，事关公民个人财产安全，故国家对公民个人账户信息严格保密制度，任何个人或组织非有法定事由、履行法定程序不得获取。支付宝账户交易实际系通过该账户所绑定的银行账户进行，支付宝账户实质亦属于银行账户的范畴。

其次，银行账户交易明细因其信息内容的特性可以认定属于“敏感信息”。银行账户交易流水不仅显示公民个人财产状况，还可显示公民的资金来源及流向、交易对手信息、一定时期的资金状况等，尤其是在电子支付高度普及的社会形势下，账户交易明细还可反映出交易商家、个人购物倾向等，通过对账户交易信息的汇总分析，可以反映出账户持有人的购物喜好、经常光临的商家等特定信息。因此，银行账户交易流水可以认定为两高《解释》第五条第一款第四项中的“其他可能影响人身、财产安全的公民个人信息”。

二、案涉公民个人信息数量计算标准及本案是否属于“情节特别严重”情形

案涉公民个人信息数量的计算标准决定公民个人信息数量的认定，决定被告人的行为是否属于两高《解释》第五条第二款规定的“情节特别严重”情形，进而直接影响法定量刑幅度的确定即影响对罪轻与罪重的认定。综合分析，本案涉案公民个人信息数量应以行为人查询并下载持有的每个账户的全部交易明细累计计算，属于两高《解释》规定的“情节特别严重”的情形。

首先，案涉银行或支付宝账户每条交易明细均有具体指向、特定金额甚至不同的交易对象，反映不同的内容和信息，因此构成独立个体信息。案涉银行账户交易信息是与公民财产密切相关的活动信息，交易明细反映特定公民的交易对象、消费喜好等。在案证据足以证实，本案中行为人是根据“客户”提供的账户查询各个账户一定时段内的交易流水，而每条交易流水均有具体指向、特定金额和交易对象，即交易流水实际上具有特定性，反映了交易双方的信息，包含不同的主体、内容，交易流水的每条信息均是独立个体信息，即这些流水

最终都能指向具体的个人，每条信息都能与特定公民个人进行对应，每条交易明细实质具有个体特定性。因此，本案中行为人根据银行或支付宝账号查询的交易流水，在计算涉案公民个人信息数量时，应以每个账户的全部交易明细累计计算而非以账户数量计算行为人侵犯的公民个人信息数量。

其次，案涉交易信息属于两高《解释》第五条第一款第三项规定的敏感信息，行为人查询、下载、掌握的交易明细越多，对账户户主的个人情况了解也越多、越深入，不仅严重危害公民个人信息安全，而且常常与诈骗等犯罪存在关联，社会危害性日渐突出。司法实践中，该类信息所指向的深层内容往往能够让犯罪分子借助互联网和大数据分析等，直接实施精准诈骗等犯罪活动。出于对打击侵犯公民个人信息犯罪的考虑，如果按照银行或支付宝账户为统计单位，则在实践中很难达到两高《解释》第五条第一款第四项的500条的入罪标准，容易导致放纵犯罪。对于银行或支付宝账户交易明细这类直接威胁到公民人身、财产安全的信息，如果不对犯罪行为进行严厉打击，罪犯得不到相应的惩治和震慑，不利于实现严厉打击此类行为、保护公民个人信息的立法目的。

综上所述，在侵犯公民个人信息案件中，信息性质类型的界定、信息数量计算标准的确定及法定从重处罚情节的认定等问题直接关系到对行为人的定罪量刑，司法实践中，对公民个人信息相关要素的理解不能仅依靠形式上的列举，更重要的是对公民个人信息本质特征的实质性审查和把握，同时要结合行为的社会危害性和刑事可罚性等，依照现行法律和司法解释规定，根据立法目的，对相关信息的性质类型、数量计算及量刑情节等进行综合分析和判断。

编写人：河南省安阳市中级人民法院　付文华

河南省安阳市殷都区人民法院　王忠文　郑雅倩

二、侵犯财产罪

（一）抢劫罪

33

以非法占有为目的，当场实施暴力、胁迫等足以压制对方反抗的手段而强取他人财物，构成抢劫罪而非敲诈勒索罪或寻衅滋事罪

——彭某某、陈某某抢劫案

【案件基本信息】

1. 裁判书字号

广西壮族自治区北海市中级人民法院（2023）桂 05 刑终 145 号刑事裁定书

2. 案由：抢劫罪

【基本案情】

2016 年 10 月 28 日晚上，贾某某（已判刑）及被告人彭某某、陈某某经商谋后在北海市海城区某小区某栋某号房即廖某某、郑某某等人所居住的出租屋内，由贾某某持刀威胁廖某某、郑某某等人，被告人陈某某在旁帮忙，共同从廖某某、郑某某处劫走 10 余张传销新人的申购卡（某银行卡），并以威胁的方

法获知银行卡密码。随即在上述出租屋内，贾某某将上述银行卡交给被告人彭某某去取钱。彭某某遂去银行 ATM（自动柜员机）机中取钱共计 21 万元。当晚，贾某某及彭某某、陈某某遂携款及银行卡逃离北海。后，贾某某继续将上述银行卡取现，贾某某及彭某某、陈某某从上述银行卡中共“取出”56 万元。贾某某分得 15 万元，陈某某分得 1.6 万元，且彭某某、陈某某等人的生活开支均由贾某某负责。

2022 年 9 月 20 日 9 时 10 分许，被网上追逃的彭某某被公安人员抓获归案。同年 10 月 31 日 21 时 40 分许，被网上追逃的陈某某被公安人员抓获归案。

归案后，陈某某如实供述自己罪行。

【案件焦点】

彭某某、陈某某的行为构成抢劫罪还是敲诈勒索罪、寻衅滋事罪。

【法院裁判要旨】

广西壮族自治区北海市海城区人民法院经审理认为：被告人彭某某、陈某某伙同同案人以非法占有为目的，入户持刀使用胁迫方法，当场劫取他人财物，数额巨大，其行为均已构成抢劫罪。据此，以抢劫罪分别判处被告人彭某某有期徒刑九年，剥夺政治权利二年，并处罚金 2 万元，判处被告人陈某某有期徒刑八年，剥夺政治权利二年，并处罚金 2 万元，责令被告人陈某某退出犯罪所得 16000 元，依法予以没收，上缴国库。

一审宣判后，彭某某、陈某某提出上诉。

广西壮族自治区北海市中级人民法院经审理认为：彭某某、陈某某伙同同案人以非法占有为目的，入户持刀使用胁迫方法，当场劫取他人财物，数额巨大，构成抢劫罪而非敲诈勒索罪、寻衅滋事罪。共同抢劫犯罪活动中，彭某某、陈某某均起次要作用，均是从犯，依法应当从轻、减轻处罚或者免除处罚。陈某某虽不具有自首情节，但是如实供述自己罪行，依法可以从轻处罚。原判根据彭某某、陈某某犯罪的事实、性质和对社会的危害程度，在充分考虑陈某某所具有的坦白法定从轻处罚情节，在法定刑幅度内以犯抢劫罪分别判处彭某某有期徒刑九年、剥夺政治权利二年、并处罚金2万元，判处陈某某有期徒刑八年，剥夺政治权利二年、并处罚金2万元，量刑并无不当。原判认定苏某辉的犯罪事实清楚，证据确实、充分，适用法律正确，定罪准确，量刑适当，审判程序合法，应予维持。法院依照《中华人民共和国刑事诉讼法》第二百三十六条第一款第一项、第二百四十四条之规定，裁定如下：

驳回上诉，维持原判。

【法官后语】

本案的争议焦点在于彭某某、陈某某的行为构成抢劫罪还是敲诈勒索罪、寻衅滋事罪。

一、敲诈勒索罪与抢劫罪的区分

敲诈勒索罪与抢劫罪在客观方面区别在于：一是抢劫罪的暴力、胁迫足以压制被害人反抗，使被害人不能反抗、不敢反抗或者无法反抗；敲诈勒索罪的威胁行为也表现为一定的暴力胁迫或精神强制，但属于不足以压制被害人反抗的轻微暴力，被害人对是否交付财物，仍有选择的意志自由。二是抢劫罪的威胁具有当场即时使用暴力的现实可能性；敲诈勒索的威胁，具有一定的时间性和空间性。三是抢劫罪必须是当场取得财物；敲诈勒索罪既可当场取得财物，但更多是在实施威胁、要挟之后的一定的期限内取得。

本案中，在案证据一致证实：当晚，彭某某、陈某某与贾某某共同商议向廖某某等人索要传销款项。陈某某和“小勇”先行持刀上到该房查看情况，并曾持刀卡出来查看情况的朱某荣的脖子，彭某某先是在楼下望风，后与从外面回来的黄某新一起上到上述房间，其间贾某某、彭某某、陈某某对房间内的廖某某等人的人身、通信自由进行限制，贾某某、彭某某共同要求廖某某等人交出内有传销申购款的银行卡共计十余张和提供相应密码，由彭某某拿上述银行卡到ATM机取现。彭某某、陈某某与同案人贾某某先后两次持刀上到案涉房间对朱某某、廖某某等人人身进行恐吓、威胁，并限制廖某某等人人身、通信自由，具有当场即时使用暴力的现实可能性，达到足以压制廖某某等人反抗程度，当场违背廖某某等人意志取得案涉银行卡的现实控制权，故彭某某、陈某某的行为构成抢劫罪而非敲诈勒索罪。

二、寻衅滋事罪与抢劫罪的区分

寻衅滋事罪中的强拿硬要行为与抢劫罪的区别在于：一是前者行为人主观上还具有逞强好胜和通过强拿硬要来填补其精神空虚等目的，后者行为人一般只具有非法占有他人财物的目的；二是前者行为人客观上一般不以严重侵犯他人人身权利的方法强拿硬要财物，后者行为人则以暴力、胁迫等方式作为劫取他人财物的手段。另，抢劫罪中的劫取财物行为往往也包含了非法剥夺他人人身自由的非法拘禁行为，但非法拘禁行为仅是抢劫他人财物的手段行为，劫取财物才是最终目的，仅以非法拘禁罪评价整体行为并不充分且有违罪责相适应原则，故对于包含非法拘禁行为的抢劫行为应认定为抢劫罪。

具体到本案中，彭某某、陈某某事前商谋向廖某某等人索要传销款项，行动过程中持刀胁迫、非法拘禁廖某某等人，亦是为取得传销款项的目的服务，而不具有逞强好胜和通过强拿硬要来填补其精神空虚等主观目的。虽然彭某某、陈某某亦均为传销人员，曾缴纳传销申购款给传销组织，案涉银行卡内款项为传销申购款即违法款项，廖某某等人的占有为非法占有，但应由工商行政管理部门等国家机关通过法定程序处理，且彭某某、陈某某以及同案人均明知案涉银行卡内存款为传销组织当月所收取的其他传销人员申购款，对于劫取财物金额无范围限制，足见主观上具有非法占有的目的。故，彭某某、陈某某的行为符合《中华人民共和国刑法》第二百六十三条关于抢劫罪的构成要件，构成抢劫罪而非寻衅滋事罪。

综上分析，彭某某、陈某某以非法占有为目的，伙同同案人当场实施暴力、胁迫等足以压制对方反抗的手段而强取他人财物，构成抢劫罪而非敲诈勒索罪或寻衅滋事罪。

编写人：广西壮族自治区北海市海城区人民法院　李新敏

34

入户盗窃转化为抢劫罪时，不必然转化为入户抢劫

——何某某抢劫案

【案件基本信息】

1. 裁判书字号

广西壮族自治区百色市中级人民法院（2023）桂10刑终30号刑事判决书

2. 案由：抢劫罪

【基本案情】

1. 2022年4月22日晚上，何某某与同伙黄某为盗窃来到某小区75号，何某某随身携带匕首进入四楼房间实施盗窃，其同伙在门前望风。当晚，何某某窃取了现金1500元、一条黄金项链及黄金戒指、铂金戒指各一枚。何某某将盗窃所得的现金挥霍一空，盗窃所得的黄金项链、黄金戒指、铂金戒指已丢弃。另查明，案发后，黄某及其家人主动赔偿被害人梁某各项损失共计8000元，取得梁某谅解。

2. 2022年7月18日早上，何某某（在取保候审期间）携带匕首出门，想在晚上用匕首抢劫出行的女子。当天9时许，何某某来到某小区，想随便挑选一家民房实施入户盗窃，何某某发现该小区门牌106号民房是一栋三层建筑楼房，该房一楼是租客停车场，二楼、三楼均已出租，何某某决定要盗窃三楼租房。紧挨着106号民房的108号民房是自建的两层楼房，从108号民房楼顶可爬到106号民房的三楼房间。于是，何某某从106号房停车场后面翻墙爬到108号房二楼房顶后，再爬到106号房三楼租房内，因被群众发现就在房间里面躲着，几分钟后，何某某从106号民房房间出来，又从106号民房三楼阳台爬到

相邻的103号民房三楼一出租房内，将房门反锁后钻到床底下。警察接警后包围了现场，发现何某某在床底下手握匕首反抗，民警数次警告放下匕首主动出来归案，何某某拒绝，民警使用催泪喷雾剂，何某某才从床底下出来，但还是拒绝民警缴械的警告，当场持匕首朝着前来抓捕的民警挥舞抗拒抓捕，最终被多名民警合力制服并扣押了匕首。另查明，2020年7月22日何某某因犯盗窃罪被广西壮族自治区靖西市人民法院判处有期徒刑一年五个月，并处罚金人民币1万元。

【案件焦点】

转化抢劫中被告人入户的目的及暴力程度如何判定，以区分被告人行为是否发生转化，构成抢劫罪。

【法院裁判要旨】

广西壮族自治区靖西市人民法院经审理认为：上诉人何某某入户窃取他人财物，其行为已构成盗窃罪。何某某入户盗窃，为抗拒抓捕而当场使用暴力相威胁，其行为已构成抢劫罪。何某某犯二罪，依法数罪并罚。在盗窃罪共同犯罪中，何某某起主要作用，是主犯，依法应按其所参与的全部犯罪处罚。何某某因故意犯罪被判处有期徒刑，刑罚执行完毕以后，在五年以内再犯应当判处有期徒刑以上刑罚之罪，是累犯，依法应当从重处罚。何某某到案后如实供述自己的罪行，是坦白，依法可以从轻处罚。何某某未劫取财物，又未造成他人人身伤害后果，属抢劫未遂，依法可以比照既遂犯从轻或者减轻处罚。何某某实施暴力抗拒抓捕的行为发生在入户盗窃户的户外，不能认定为“入户抢劫”。

广西壮族自治区靖西市人民法院依照《中华人民共和国刑法》第二百六十三条，第二百六十九条，第二十五条第一款，第二十六条第一款、第四款，第六十五条，第六十七条第三款，第六十九第一款、第三款，第五十二条，第五十三条，第六十四条，以及《最高人民法院关于审理抢劫案件具体应用法律若干问题的解释》第一条之规定，判决如下：

被告人何某某犯抢劫罪，判处有期徒刑十年，并处罚金1万元；犯盗窃罪，判处有期徒刑一年，并处罚金5000元；总和刑期十一年，并处罚金15000元，决定执行有期徒刑十年八个月，并处罚金15000元。

一审宣判后，何某某提出上诉。

广西壮族自治区百色市中级人民法院依照《中华人民共和国刑事诉讼法》第二百条第二项、第二百三十六条第一款第二项，《最高人民法院关于适用〈中华人民共和国刑事诉讼法〉的解释》第二百九十五条第一款第三项之规定，判决如下：

一、撤销靖西市人民法院（2022）桂1081刑初423号刑事判决；

二、上诉人何某某犯抢劫罪，判处有期徒刑四年六个月，并处罚金人民币1万元；犯盗窃罪，判处有期徒刑一年，并处罚金人民币5000元；总和刑期五年六个月，并处罚金人民币15000元，决定执行有期徒刑五年二个月，并处罚金人民币15000元；

三、扣押在案的作案工具匕首，予以没收。

【法官后语】

一、入户盗窃被发现逃到相邻房内使用暴力相威胁抗拒抓捕，未在盗窃的现场或刚离开现场即被发现并抓捕，未盗窃既遂，也转化为抢劫罪

（一）转化型抢劫前的基础行为不需要构成犯罪

《中华人民共和国刑法》第二百六十九条规定，犯盗窃、诈骗、抢夺罪，为窝藏赃物、抗拒抓捕或者毁灭罪证而当场使用暴力或者以暴力相威胁的，依照《中华人民共和国刑法》第二百六十三条的规定，以抢劫罪定罪处罚。从法条内容来看，转化型抢劫的基础主观要件是“为窝藏赃物、抗拒抓捕或者毁灭罪证”，这种情形既可以发生在犯罪既遂后，也可以发生在犯罪实施过程中。如果严格要求转化前的基础行为构成犯罪，则可能出现仅因盗窃等行为的数额未达到构罪标准，而放纵使用较强暴力抗拒抓捕、威胁或造成严重危害后果行为，导致难以适当追责的情形。

从转化的抢劫罪的罪质看，《中华人民共和国刑法》第二百六十九条规定的转化型抢劫与第二百六十三条规定的抢劫罪，虽然获取财物与实施暴力的前

后顺序不同，但两者均以抢劫罪定罪处罚，即刑法对两种行为的否定性评价是一致的，二者的罪质是相同的。抢劫罪的构成要件中没有数额方面的要求，对转化型抢劫也不应该有类似要求，即不应对转化前的盗窃、诈骗和抢夺行为提出数额方面的要求，否则有违公平性原则。

（二）转化型抢劫前的犯罪行为不需要达到既遂标准

《最高人民法院关于审理抢劫刑事案件适用法律若干问题的指导意见》规定，根据《中华人民共和国刑法》第二百六十九条的规定，“犯盗窃、诈骗、抢夺罪，为窝藏赃物、抗拒抓捕或者毁灭罪证而当场使用暴力或者以暴力相威胁的”，依照抢劫罪定罪处罚。根据法条表述，“犯盗窃、诈骗、抢夺罪”并未要求基础罪达到既遂条件，盗窃、诈骗、抢夺罪属于行为犯，而不是结果犯，主要是指行为人已经着手实施盗窃、诈骗、抢夺的行为，因此转化型抢劫前的行为不要求一定达到犯罪既遂标准。此外，根据《最高人民法院关于审理抢劫、抢夺刑事案件适用法律若干问题的意见》第五条“入户或在公共交通工具上盗窃、诈骗、抢夺后在户外或交通工具外实施上述行为的”的但书情节，表明入户盗窃转化型抢劫并不要求达到一定犯罪数额，入户盗窃情节与盗窃“数额较大”情节属于并列关系。本案中，虽然何某某盗窃未取得财物，但具有入户情节，且实施抗拒抓捕而当场使用暴力相威胁行为的情形，则构成抢劫罪。

（三）转化型抢劫的当场性具有连续性、紧密性

“当场使用暴力或者以暴力相威胁”是转化型抢劫罪的手段行为，其中“当场”不能仅理解成“在犯罪现场”，是否属于“当场”的判断应当结合时间、空间和犯罪事实等因素进行综合考量。理论界对“当场性”持三种不同观点，第一种观点认为，“当场”是指实施盗窃、诈骗、抢夺行为的现场；第二种观点认为，“当场”是指窝藏赃物、抗拒抓捕、毁灭罪证有关的地方；第三种观点认为，“当场”是指实施盗窃、诈骗、抢夺的现场，或者刚一逃离现场即被人发现或追捕的过程。司法实践中，多采纳第三种观点，即使用暴力、胁迫与盗窃、诈骗、抢夺行为具有时间与空间上的紧密性，“当场性”不能完全脱离先行行为实施的时空场所，割裂与先行行为的紧密联系，应当从时空的连

续性、前后行为的关联性和抗拒抓捕事态的连续性三个维度考量。因此，在盗窃行为转化型抢劫中，“当场性”应包含：第一，在盗窃行为的现场当时对他人实施暴力或者胁迫行为；第二，在行为人刚离开盗窃现场时被人发现而对他人实施暴力或者胁迫行为；第三，行为人实施盗窃行为后，离开现场的时间短暂而被警察、被害人等发现而实施抓捕或追捕；第四，行为人实施盗窃行为，当场被人发现因而被追捕，在追捕的整个过程都符合“当场性”。

本案中，虽然何某某不是在盗窃的现场以及刚离开现场即被发现并抓捕，而是在盗窃的现场被群众发现便逃到相邻房内躲藏后，民警才到场抓捕，但是何某某从入户盗窃、被群众发现、逃跑躲藏到被公安民警抓获一连贯行为在时间上具有连贯性，在空间上具有紧密性。虽然群众发现何某某实施入户盗窃行为后没有进行追捕，而是报警。但从何某某入户盗窃的现场看，其并不具有迅速逃离现场的可能性，且逃跑行为也在群众的监控之中，民警亦迅速出警抓捕，何某某持匕首朝民警挥舞抗拒抓捕，故何某某的行为符合“当场”的特点，应当认定何某某是当场使用暴力相威胁抗拒抓捕，转化为抢劫罪。

（四）使用暴力或以暴力相威胁具有主动性、强制性和攻击性

转化型抢劫属于典型的转化犯，抢劫罪在罪质与罪责上更重，不仅侵犯财产权，同时侵犯了人身安全权，趋重性是转化犯的本质特征，即转化后的行为性质与惩罚力度均要重于基础行为，因行为人主客观方面均发生了变化，使整个行为脱离了原行为，符合新行为的罪质，故以新罪名定罪处罚。因此，转化型抢劫的“暴力”程度必须达到主动性、强制性和攻击性，致使被害人或追捕者不能反抗、不敢反抗的程度。通常认为，被告人使用凶器、以凶器相胁迫或者该行为造成反抗者、追捕者轻伤以上后果，则可以认定为“暴力”。如果被告人只是为了窝藏赃物、抗拒抓捕或者毁灭罪证，采用摆脱、逃跑或者推搡等较轻微行为，对反抗者或者抓捕者没有伤害意图，又没有造成轻伤以上后果，则不能认定为“暴力”。此外，值得注意的是，被告人在实施逃跑、抗拒抓捕等过程中，造成了不对其进行抓捕、阻碍行为的第三人受伤的，因行为对象非关联性，故不能认定为使用暴力或以暴力相威胁。本案中，被告人使用匕首向

前来抓捕的公安民警挥舞，以达到抗拒抓捕的目的，其本质上对抓捕者的人身安全造成紧迫的、现实的威胁，因此可以认定为使用暴力。

二、入户盗窃转化为抢劫罪时，不必然转化为“入户抢劫”

普通的抢劫罪与入户实施抢劫行为直接的刑罚后果具有明显差异性，“入户抢劫”是抢劫罪的升格条件，是抢劫罪法定八个加重处罚情节之一，法定量刑幅度是十年以上有期徒刑、无期徒刑或死刑，是严厉的惩罚，因此在认定入户抢劫行为时，应秉持谨慎、谦抑态度。

（一）“入户抢劫”中“户”的功能特征、场所特征

《最高人民法院关于审理抢劫、抢夺刑事案件适用法律若干问题的意见》第一条明确“户”的范围，“户”是指住所，其功能特征表现为供他人家庭生活，其场所特征为与外界相对隔离。但是，一般而言集体宿舍、旅店宾馆、临时搭建工棚等不应认定为“户”，因其缺乏住所的功能特征，其居住群体的集体性、住所的不固定性、时间上的临时性，对特定被害对象的人身安全、财产、住宅安全没有构成紧迫的、严重的危害，所以不认定为“户”。但是，上述住所赋予家庭生活功能后，就具备“户”的两个必要特征，如长期租住在旅店宾馆固定房间，供家庭成员共同生活，具备稳定性、长期性、私密性，可以认定为“户”。本案中，被害人租住在他人房屋，但具备“户”所具备的功能、场所特征。

（二）“入户抢劫”的目的具有非法性

“入户”目的一定具备非法性，即实施抢劫、盗窃等犯罪目的，不具备非法目的，进入他人住宅后，临时起意实施抢劫、盗窃行为，不应当认定为具有非法目的的入户行为，不成立入户抢劫罪。“户”对一般公民而言属于最安全的地方，具有隐私性、私密性，“入户抢劫”不仅严重侵犯公民的财产权、住宅安全受保障权，且在相对私密空间实施抢劫等犯罪行为，被害人往往无法呼救，被告人的暴力行为对被害人人身安全造成严重的侵犯，与发生在户外的一般抢劫相比，被害人的身心会受到更为严重的惊吓或者伤害。所以入户的目的必须是非法性，入户的目的是合法性，就不完全具备上述程度的危害后果。

（三）暴力或者暴力胁迫行为必须发生在户内

根据上述法律规定，“入户抢劫”的行为条件必须是暴力或者暴力胁迫行为发生在户内，如果暴力或者暴力胁迫行为发生在户外，则不能认定为“入户抢劫”。认定“入户抢劫”，不仅要求抢劫行为和使用暴力相威胁行为发生在户内，还应当要求抢劫行为和使用暴力相威胁行为在同一个户内，否则涉嫌扩大解释。本案中，何某某入户盗窃的地点是106号民房，实施暴力抗拒抓捕行为的地点是103号民房，入户盗窃的户与抗拒抓捕的户不是同一户，对于106号民房来说，103号民房不属于其户内，而属于其户外，何某某实施暴力抗拒抓捕的行为发生在入户盗窃户的户外，不能认定为“入户抢劫”。

三、未劫取财物，又未造成他人人身伤害后果，属抢劫未遂

根据抢劫罪的法律规定，抢劫罪的构成要件中没有数额方面的要求，即没有要求劫取一定数额的钱财才构成抢劫罪，但抢劫罪是行为犯，在犯罪形态上具有既未遂的区别。抢劫罪侵犯的客体是财产权利和人身权利，具备劫取财物或者造成他人轻伤以上后果两者之一的，均属抢劫既遂。抢劫罪的八种加重处罚情节中，有“抢劫致人重伤、死亡”的结果加重情节，该情节以结果的发生作为认定标准，故该情节没有既未遂的问题。而剩余的七种加重处罚情节则应当区分既未遂，既未劫取财物，又未造成他人人身伤害，应当认定抢劫未遂。本案中，何某某未劫取财物，又未造成他人人身伤害后果，故属抢劫未遂。

编写人：广西壮族自治区百色市中级人民法院　黄丽研　黄媛郡

35

暴力胁迫他人签订“结算合同”的行为定性

——王某某等抢劫案

【案件基本信息】

1. 裁判书字号

河南省安阳市中级人民法院（2023）豫05刑终123号刑事裁定书

2. 案由：抢劫罪

【基本案情】

2012年4月，被害人申某某从被告人王某某手中承包某小区六号楼木工工程，因工程款结算问题，2012年6月11日晚上，王某某纠集人员持械在某村对申某某进行殴打。次日上午，王某某又伙同被告人付某某、陈某，驾车将申某某拉到某饭店内，其间一直以伤害申某某人身安全的言语对申某某进行威胁、恐吓，逼迫申某某在具有“申某某代表全体工人工资全部结清（余款15万元）以后对某小区工地承包人王某某没有任何纠纷”内容的合同上签字，王某某、付某某在该合同上签字见证，后才将申某某拉回。申某某回到河南省安阳市汤阴县后报警。

原告申某某以建设工程合同纠纷为由向河南省林州市人民法院起诉，要求被告王某某等人支付剩余工程款329542元，庭审中王某某以逼迫申某某签订的“合同”为依据，辩称工程款已和申某某结清。

【案件焦点】

行为人通过威胁恐吓手段逼迫他人签订“结算合同”，以达到消灭债务的目的，该行为如何定性。

【法院裁判要旨】

河南省林州市人民法院经审理认为：被告人王某某、付某某、陈某以胁迫方法抢劫公私财物，致使他人的财产性利益遭受灭失，数额巨大，林州市人民检察院指控三被告人犯抢劫罪罪名成立，应予依法惩处。王某某、付某某在共同犯罪中起主要作用，均系主犯。陈某在共同犯罪中起次要或者辅助作用，系从犯，依法可减轻处罚。王某某认罪认罚，依法可从宽处理。鉴于王某某、陈某系初犯，无前科，可酌情从轻处罚。虽然王某某、付某某、陈某的抢劫行为致使被害人的合法债权消除，但是被害人已通过民事诉讼法律途径取得救助，并已被法院判决给付，三被告人不用再行退赔。河南省林州市人民法院判决如下：

一、被告人王某某犯抢劫罪，判处有期徒刑十年，并处罚金人民币 5 万元；

二、被告人付某某犯抢劫罪，判处有期徒刑十年六个月，并处罚金人民币 55000 元；

三、被告人陈某犯抢劫罪，判处有期徒刑六年，并处罚金人民币 3 万元。

一审宣判后，付某某、陈某提出上诉。

河南省安阳市中级人民法院经审理认为：抢劫罪的侵害对象既包括财物，也包括财产性利益，本案中，王某某等人在未给付被害人工人工资的情况下，以威胁方法逼迫被害人签署收到 15 万元工资的结清工资合同，该合同应视为一种财产权益，符合抢劫罪的对象条件。王某某、付某某、陈某于案发当天驾车将被害人申某某拉到某饭店内，其间用言语威胁、恐吓被害人，让其不再讨要工程款，并强迫其在结清工资款项的合同上签字，导致被害人财产性利益受到侵害，因此王某某、付某某、陈某等人主观上存在非法占有被害人财物的目的，客观上以胁迫方法逼迫被害人签署结清工资的虚假合同，构成抢劫罪的共同犯罪。河南省安阳市中级人民法院依照《中华人民共和国刑事诉讼法》第二百三十六条第一款第一项之规定，作出如下裁定：

驳回上诉，维持原判。

【法官后语】

强迫他人签订合同消灭债务的行为侵犯了他人财产权和人身权，已经超出了民法调整和保护的范围，需要发挥刑法保护法益、惩罚犯罪的规制功能。本案中，被告人王某某等人暴力威胁被害人签订“结算合同”以消灭债务，对于作为合同内容的财产性利益是否能够成为财产型犯罪的对象，该行为是否具有刑事违法性，被害人的财产性权益是否受到了实际侵害及既未遂的认定等问题，法官在裁判过程需要慎重考量。

一、作为合同内容的财产性利益属于刑法保护的法益范畴

《中华人民共和国刑法》第二百六十三条将抢劫罪的犯罪对象规定为“公私财物”。随着社会交易形式、财产形态日渐多样化，作为财产犯罪的对象，“财物”应当包括财产性利益。财产性利益是财物之外的有经济价值的利益，包括积极财产的增加和消极财产的减少。取得财产性利益的方式包括债务的免除、利益的暂时取得、让他人承担债务和免除自身债务等几种形式。《最高人民法院、最高人民检察院关于办理贪污贿赂刑事案件适用法律若干问题的解释》中明确规定，贿赂犯罪中的“财物”，包括货币、物品和财产性利益。财产性利益包括可以折算为货币的物质利益如房屋装修、债务免除等，以及需要支付货币的其他利益如会员服务、旅游等。

因此，本案王某某等暴力胁迫被害人签订“结算合同”，本质上免除了自己的债务，侵犯了被害人的财产性利益，应当纳入刑法保护范畴。

二、暴力胁迫他人签订“结算合同”属于刑法意义上的危害行为

通常来说，抢劫罪的危害行为是作为的，即以积极的举动，实施刑法禁止的行为。本案中，王某某等3人持械对被害人进行殴打，次日又将被害人控制在饭店内，以伤害申某某人身安全等言语对被害人进行威胁的行为，显然已使被害人处于不能或者不敢反抗的状态，符合“当场使用暴力、胁迫”的特征，属于作为。危害行为还有另一种形式，即不作为，指的是不实施其依法有义务实施的行为。具体到本案中，王某某等3人暴力胁迫被害人签订“结算合同”，实际上是为了不履行给付工程款的义务。

综上，暴力胁迫他人签订“结算合同”，是一种作为与不作为结合的危害行为，在审理该类案件时，应当运用“穿透式”思维，准确把握当事人的真实意思，合理界定是否属于抢劫罪的危害行为。

三、被害人财产性权益“当场”受到实际侵害构成抢劫既遂

通说认为，抢劫罪侵犯的是复杂客体，既侵犯财产权利又侵犯人身权利，具备劫取财物或者造成他人轻伤以上后果两者之一的，均属抢劫既遂；既未劫取财物，又未造成他人人身伤害后果的，属抢劫未遂。

本案中，相关证据表明王某某等3人暴力胁迫被害人签订“结算合同”，并未造成被害人轻伤以上后果，那么认定其是否构成既遂的标准主要在于王某某等人是否劫取到了财物，即被害人的财物是否发生了转移占有。

笔者认为，抢劫是一种具有“当场性”的财产性犯罪，犯罪人的行为是否实际侵害了被害人的财产性权益也应当具有“当场性”。本案中，受王某某等3人的暴力胁迫，被害人在其事先拟定好的合同上签字，“当场”处分了自己的财产性权益，被告人的强制行为与被害人的处分行为之间具有因果关系。即使该“结算合同”是一种可撤销的合同，在被害人提请撤销之前，在抢劫行为发生的“当场”，该“结算合同”都具有法律效力。可以说，王某某在抢劫行为的“当场”已经实际取得了被害人的财产性利益，被害人财产性权益“当场”受到实际侵害。因此，应当认定为犯罪既遂。

编写人：河南省安阳市中级人民法院　邢霞　秦程程　申江波

36

被告人前一阶段的有罪供述被作为非法证据排除后，后续的“重复供述”并不必然排除

——范某某抢劫案

【案件基本信息】

1. 裁判书字号

广东省高级人民法院（2023）粤刑终653号刑事附带民事裁定书

2. 案由：抢劫罪

【基本案情】

2015年8月8日，被告人范某某预谋抢劫搭客摩托车司机，遂携带一把水果刀，在某广场附近租乘了被害人李某某的摩托车。当日0时43分，范某某乘坐李某某驾驶的摩托车途经东莞市东深路龙溪桥头段，指引李某某驶入某村附近一路段，持刀捅刺李某某数刀，劫取李某某的摩托车逃离现场。经鉴定，李某某符合生前被他人使用锐器（类单刃尖刀）刺戳左季肋部、右胸部、右上腹部致左肺破伤、下腔静脉破裂及肝脏破裂，大出血而死亡。2020年1月6日，范某某被抓获归案。

【案件焦点】

1. 被告人提出非法证据排除申请，不能排除存在以刑讯逼供等非法方法收集证据情形的，对有关证据如何排除；2. 对于被告人在侦查阶段所作的多次有罪供述，前一阶段的有罪供述被作为非法证据排除后，后续的“重复供述”是否必然排除。

【法院裁判要旨】

广东省惠州市中级人民法院经审理认为：被告人范某某无视国法，采用暴力手段非法劫取他人财物，致一人死亡，其行为已构成抢劫罪。被告人范某某曾因犯抢劫罪被判处有期徒刑，刑罚执行完毕后五年内再犯应当判处有期徒刑以上刑罚之罪，是累犯，依法应当从重处罚。本案中，被告人范某某抢劫致被害人死亡，犯罪后果极其严重；作案后长期潜逃，潜逃期间又故意犯罪，其主观恶性及人身危险性均较大，本应依法严惩。但考虑到本案的证据问题，根据“少杀慎杀”的刑事政策，对其判处死刑，可以不必立即执行。被告人范某某除承担刑事责任外，还应对因其犯罪行为给原告人造成的经济损失承担民事赔偿责任，但应按照法律规定确定赔偿范围和数额。本院根据《中华人民共和国刑法》第二百六十三条第五项、第四十八条、第五十七条、第五十九条、第六十五条，《中华人民共和国刑事诉讼法》第一百零一条，《最高人民法院关于适用〈中华人民共和国刑事诉讼法〉的解释》第一百七十五条、第一百九十二条之规定，判决：

一、被告人范某某犯抢劫罪，判处死刑，缓期二年执行，剥夺政治权利终身，并处没收个人全部财产；

二、被告人范某某在本判决发生法律效力之日起三十日内，一次性赔偿附带民事诉讼原告人人民币 75935 元。

一审宣判后，范某某提出上诉。

广东省高级人民法院经审理认为：原审判决事实不清，证据不足，裁定撤销原判，发回重审。

广东省惠州市中级人民法院经重审认为：被告人范某某采用暴力手段非法劫取他人财物，致一人死亡，其行为已构成抢劫罪。被告人范某某是累犯，依法应当从重处罚。被告人范某某抢劫致被害人死亡，犯罪后果极其严重；作案后长期潜逃，潜逃期间又故意犯罪，其主观恶性及人身危险性均较大，本应依法严惩。但考虑到本案的证据问题，根据“少杀慎杀”的刑事政策，对其判处死刑，可以不必立即执行。被告人范某某除承担刑事责任外，还应对因其犯罪行为给原告人造成的经济损失承担民事赔偿责任。据此，判决：

一、被告人范某某犯抢劫罪，判处死刑，缓期二年执行，剥夺政治权利终身，并处没收个人全部财产；

二、被告人范某某在本判决发生法律效力之日起三十日内，一次性赔偿附带民事诉讼原告人人民币 75935 元。

案件宣判后，范某某提出上诉。

广东省高级人民法院经审理认为：原审判决认定事实清楚，证据确实、充分，定罪准确，适用法律正确。据此，裁定：

驳回上诉，维持原判。

【法官后语】

本案被告人范某某提出其在侦查阶段受到侦查人员的刑讯逼供，从而对其所作的有罪供述及辨认、指认笔录提出非法证据排除的申请。本案的焦点问题是对被告人的有罪供述及辨认、指认笔录等证据收集的合法性调查。

一、不能排除存在以刑讯逼供等非法方法收集证据情形的，对有关证据应当予以排除

《中华人民共和国刑事诉讼法》第五十六规定："采用刑讯逼供等非法方法收集的犯罪嫌疑人、被告人供述和采用暴力、威胁等非法方法收集的证人证言、被害人陈述，应当予以排除……"从上述规定可以看出，刑事诉讼法明确规定对采用刑讯逼供等非法手段收集的犯罪嫌疑人、被告人供述应当予以排除。在法庭审理过程中，审判人员认为可能存在以非法方法收集证据情形的，应当对证据收集的合法性进行法庭调查。如果不能排除存在以刑讯逼供等非法方法收集证据合理怀疑的，应当将该证据依法予以排除。

本案审理过程中，广东省惠州市中级人民法院依法启动了非法证据排除程序，并根据《中华人民共和国刑事诉讼法》第五十九条的规定，通知参与讯问被告人的四名侦查人员出庭说明情况，侦查机关、公诉机关亦对相关取证行为的合法性作了说明。经过法庭调查，法院认为侦查机关两次将被告人押解出看守所的合法性存疑，相应的讯问、辨认、指认笔录均不采信为本案的定案证据。

具体而言。

1. 对于被告人范某某提出其于2020年1月13日、20日被公安机关从看守所提押出所，采取刑讯逼供的方式获取其有罪供述及指认现场笔录，请求对供述、指认、辨认笔录予以排除。侦查人员作出情况说明证实2020年1月13日将范某某提解出看守所目的是让其指认作案现场，1月20日将范某某提解出看守所目的是进一步确认被害人摩托车的去向，侦查人员也出庭作证称没有刑讯逼供的情况。但是此前侦查机关在1月7日已安排范某某指认现场，侦查机关于1月13日将范某某押解出看守所，于1月14日0时4分至1时46分在惠州市仲恺高新技术产业开发区分局办案中心对范某某进行讯问，并形成讯问笔录，明显违反了《中华人民共和国刑事诉讼法》第一百一十八条第二款“犯罪嫌疑人被送交看守所羁押以后，侦查人员对其进行讯问，应当在看守所内进行”的规定，依法应排除此次讯问笔录，不能作为本案的证据使用。因此，现有材料无法排除侦查机关两次将范某某押解出看守所目的合法性的怀疑，侦查机关出具情况说明及侦查人员出庭说明情况的理由不能合理解释，侦查机关两次提解被告人出所行为的合法性存疑，对此期间所形成的讯问、辨认、指认笔录，均应当以非法方法收集的证据予以排除。

2. 侦查机关于2020年1月14日15时20分将范某某还押回看守所，当日15时42分至16时16分在看守所进行讯问，并形成范某某的第二份有罪供述；1月20日20时20分将范某某还押回看守所，当日20时41分至21时16分在看守所进行讯问，并形成范某某的第三份有罪供述。如前所述，侦查机关两次押解范某某出所的合法性存疑，而第二份、第三份有罪供述是范某某还押回所后第一时间所作，范某某在讯问过程中精神状态不佳，侦查机关收集这两份有罪供述的合法性存疑，不能排除这两次有罪供述存在以非法方法收集的情况，应当予以排除，不能作为定案的证据使用。

二、被告人在侦查阶段的“重复供述”并不因之前供述的非法取证而必然排除

对于被告人在侦查阶段所作的多次有罪供述，如果前一阶段的有罪供述被

作为非法证据排除后，被告人在侦查阶段后续作出的重复有罪供述是否一并排除，理论界和实务界均存在不同观点。我们认为，应结合案情具体分析，区别对待，综合考虑前一阶段非法取证手段的性质和严重程度、取证主体的改变情况、特定的讯问环境等因素，综合衡量被告人的重复供述是否自愿，是否可以排除被告人供述存在被威胁的情形，从而决定是否排除重复供述。

具体到本案而言，范某某的第四份有罪供述是侦查人员在看守所进行讯问，并形成讯问笔录。首先，讯问地点符合《中华人民共和国刑事诉讼法》的规定，相比侦查机关的办案场所而言，犯罪嫌疑人、被告人在看守所羁押期间，一般不会被侦查机关刑讯逼供和以威胁、引诱、欺骗等其他非法方法收集证据，其主观意志是自由的。其次，侦查人员在全程录音录像情况下讯问被告人，同步录音录像资料能反映讯问过程。本案讯问录像显示，在讯问过程中侦查人员将《认罪认罚从宽告知书》给被告人阅读，范某某回答问题逻辑清楚，神态自然，并没有疲惫、恐惧等精神状态不佳的情况，是自愿供述。最后，被告人的有罪供述情节详细，真实性高。在第四份有罪供述中，范某某对其抢劫作案细节作了详细供述，讯问结束后阅读了讯问笔录并签名确认。因此，该份讯问笔录程序合法，被告人的供述是依法取得，应当作为定案的证据使用。

综上，法院经过法庭调查，对被告人范某某被提解出看守所所作的辨认、指认笔录以及前三次有罪供述，认定为以非法方法收集的证据予以排除，而对于在看守所的第四次有罪供述予以采信。综合分析在案证据，能够形成完整的证据链条，足以认定被告人范某某抢劫并致人死亡的犯罪事实。

编写人：广东省高级人民法院　李慧群

37

涉虚拟货币犯罪案件的数额认定与财产处置

——张某某等抢劫案

【案件基本信息】

1. 裁判书字号

福建省漳州市中级人民法院（2023）闽06刑终302号刑事判决书

2. 案由：抢劫罪

【基本案情】

2022年5月25日14时许，陈某、周某某等人到某茶室与被告人张某某商谈交易某虚拟货币，张某某同意以“人民币30余万元”的价格向陈某“兑换”5万余个某虚拟货币。其间，张某某以外出取钱为由，和被告人陈某甲、陈某乙离开茶室。张某某向陈某甲、陈某乙提议骗取或盗取对方某虚拟货币，如若不成即逼问出对方密码将某虚拟货币转走，陈某甲、陈某乙同意。后，张某某等人携带现金返回茶室，要求陈某到车上交易，陈某同意。上车后，张某某以“验币”为由，让陈某下载安装“某钱包”的交易软件，并让陈某先行转入少量某虚拟货币。张某某电话联系被告人陈某丙一同参与。车辆在绥安镇华美达酒店一带兜圈以确保未被跟踪，后在张某某的指使下往绥安镇罗山村方向行驶。途中，张某某用闽南语授意陈某丙等人抢走陈某的手机。张某某再次以“验币”为由让陈某向其某虚拟货币钱包转入少量某虚拟货币，意图借机窃取钱包密码未果。陈某甲将车开到某村某水库附近的山林后，张某某再次要求陈某“转币、验币”，陈某拿出手机操作时被陈某丙抢走手机并交给张某某，陈某丙、陈某乙一同在车后排座控制住陈某，又从车上取出塑料扎带捆绑住陈某的双手。后，张某某在车上威胁、逼迫陈某说出手机某虚拟货币钱包账号及密码，并将陈某手机某虚拟货币钱包账户内的53008个某虚拟货币强行转到自己手机的某虚拟货币钱包账户内。后，张某某指使陈某甲开车将陈某载回某酒店门口下车。张某某将抢得的部分某虚拟货币（45871个）用于参与网络赌博等其他违法犯罪活动。

【案件焦点】

1. 涉虚拟货币犯罪数额的认定；2. 案涉虚拟货币的财产处置。

【法院裁判要旨】

福建省漳浦县人民法院经审理认为：被告人张某某、陈某甲、陈某乙、陈某丙以非法占有为目的，结伙采用暴力、胁迫的方法强行转走他人53008个虚拟货币（以其商定的交易价格折合为人民币30万元至35万元之间，每个虚拟货币折合人民币5.66元至6.6元之间），数额巨大，其行为均已构成抢劫罪，属共同犯罪。被告人陈某乙明知他人利用信息网络实施犯罪，仍为其提供支付结算帮助，情节严重，其行为还构成帮助信息网络犯罪活动罪，属共同犯罪，应当与其所犯抢劫罪数罪并罚。判决：

一、被告人张某某犯抢劫罪，判处有期徒刑十二年六个月，并处罚金人民币6万元；

二、被告人陈某乙犯抢劫罪，判处有期徒刑六年，并处罚金人民币2万元；犯帮助信息网络犯罪活动罪，判处有期徒刑六个月，并处罚金人民币2000元。合并决定执行有期徒刑六年四个月，并处罚金人民币22000元；

三、被告人陈某甲犯抢劫罪，判处有期徒刑四年八个月，并处罚金人民币2万元；

四、被告人陈某丙犯抢劫罪，判处有期徒刑四年二个月，并处罚金人民币2万元；

五、继续追缴被告人陈某乙的违法所得赃款人民币2000元；

六、继续追缴被告人张某某违法所得的45871个某虚拟货币折合人民币

259629.86元（就低按每个虚拟货币人民币5.66元计算）。

一审宣判后，张某某、陈某甲、陈某乙、陈某丙提出上诉。

福建省漳州市中级人民法院经审理认为：某虚拟货币是常见的虚拟货币之一，具有交换价值和经济属性，是一种虚拟商品，具有财产属性，可以成为抢劫罪的犯罪对象。本案中，张某某等人非法获取陈某某虚拟货币的账号和密码，并强行转走某虚拟货币的根本目的是转移陈某对某虚拟货币的占有，并获取某虚拟货币带来的财产利益，其侵害的是陈某个人的财产权益。张某某等人采取暴力、胁迫手段强行转走他人某虚拟货币的行为符合抢劫罪的犯罪构成。因本案45871个某虚拟货币已被张某某挥霍，张某某应按双方约定的交易价值退赔陈某。判决：

一、维持福建省漳浦县人民法院（2022）闽0623刑初662号刑事判决第一、二、三、四、五项；

二、撤销福建省漳浦县人民法院（2022）闽0623刑初662号刑事判决第六项；

三、责令上诉人张某某退赔被害人陈某人民币259629.86元。

【法官后语】

司法实践中，针对虚拟货币案件犯罪数额的认定主要有几种处理方式：一是以被害人购买虚拟货币的价格认定被害人财产损失的数额，进而认定犯罪数额；二是以被告人的获利数额认定，即按照行为人销售虚拟货币的价格认定犯罪数额；三是参考犯罪行为发生之时域外交易平台虚拟货币的平均交易价格认定虚拟货币的价值；四是行为人与被害人在交易中对虚拟货币的价格达成一致意见，按照约定的价格认定犯罪数额。以上四种认定涉虚拟货币案件犯罪数额的方式各有利弊。以被害人取得虚拟货币支付的成本或对价来认定被害人遭受的损失，进而确定虚拟货币的价值，符合财产犯罪数额计算的基本原则，也可以避开虚拟货币受供求关系及人为炒作等因素影响，价格出现剧烈的波动，呈现较大幅度增值或贬值变化的情况。但实践中，虚拟货币不像存款可以通过银行等金融机构查询历史交易金额，公安机关对被害人持有的虚拟货币的“溯源”存在障碍，也就是说如果被害人无法提交购买虚拟货币的交易凭证，就无法通过被害人购买虚拟货币的价格即被害人财产实际损失数额认定犯罪数额。笔者认为，行为人与被害人在交易中对虚拟货币达成一致意见，参考犯罪行为实施当日市场交易价排除引诱价格虚高可能，可以双方约定的交易价格认定犯罪数额。

本案中，在案证据无法认定被告人将某虚拟货币转出后销赃获利的金额，被告人与被害人商定以人民币30余万元的价格购买5万余个某虚拟货币，交易过程中，被告人合伙采用暴力、胁迫手段强行获取被害人某虚拟货币的账号和密码，并强行转走某虚拟货币。可见被告人主观上抢劫的对象是与5万余个某虚拟货币等值的30余万元人民币。而同一时期当地某虚拟货币的市场交易价与本案双方约定的价值基本一致，可以排除被告人以某虚拟货币交易作为引诱实施抢劫行为，交易价格虚高的可能。被告人对虚拟货币的价值数额是认可的，故根据双方商定的交易价格确定虚拟货币的价值，并据此认定犯罪数额具有正当性和合理性。

因个案中，并非非法获取虚拟货币的行为都发生在交易中，行为人与被害人未必都能对虚拟货币的价格达成一致意见，因此，应根据个案具体情况采用适当犯罪数额认定的处理方式。

对于涉案虚拟货币的处置，实践中存在不同观点：第一种观点认为，虚拟货币客观上具有价值，犯罪行为对被害人造成了财产损失，现行法律法规未明确禁止个人持有虚拟货币，从保护个人合法财产的角度看，对查扣在案的虚拟货币应返还持有人，对已被转移无法追回的，应责令被告人予以退赔；第二种观点认为，现行政策法规禁止经营性交易虚拟货币，且实践中，虚拟货币被大量用于洗钱等违法犯罪活动，从社会公共利益的角度看，应没收涉案虚拟货币。第三种观点认为，对涉案虚拟货币的处置不可一律没收或者发还被害人，应根据案件实际情况处置，按照最低证明标准，不足以证明持有人系非法获取的，应予以返还或折价退赔，对于确属非法持有的，应予以没收，上缴国库。笔者认为，在案证据不足以证明持有人（被害人）的虚拟货币系来源非法，对查扣在案的虚拟货币应返还被害人，对已被转移无法追回的，应责令被告人参考案件犯罪数额认定方法，确定退赔的虚拟货币的价值。

本案中，被害人的某虚拟货币来源于“挖矿”获取，在案证据尚不足以证明被害人持有的某虚拟货币系通过非法途径取得，被告人到案后电子钱包中剩余 7148 个某虚拟货币，公安机关将剩余的某虚拟货币发还转入被害人的钱包，其他的某虚拟货币已被被告人转移无法追回。原审判决继续追缴被告人违法所得的 45871 个某虚拟货币折合人民币 259629.86 元，该判项存在两个方面的问题：一是将虚拟货币直接折合人民币存在政策上的风险；二是未予以明确追缴的款项后续处置方式。对此，笔者认为，对涉案虚拟货币的财产处置的前提是在案证据不足以证明被害人虚拟货币的来源非法，对于尚未转移的虚拟货币，应当责令返还被害人；对于已经转移无法追回的，按照双方约定的交易价格退赔被害人。

编写人：福建省漳州市中级人民法院　陈燕　吴顺和　林杜明

38

抢劫“不转移占有的财物”构成转化型抢劫时如何认定既遂、未遂

——陈某某抢劫案

【案件基本信息】

1. 裁判书字号

云南省昆明市中级人民法院（2023）云 01 刑终 780 号刑事裁定书

2. 案由：抢劫罪

【基本案情】

2023 年 6 月 1 日 19 时，被告人陈某某在某寄售行，以要周转资金为由，并以自己的两部手机和一辆电动车作为质押，向被害人邹某借款 3000 元，承诺当日 21 时归还钱款并付 150 元利息。陈某某在寄售行停留期间将 3000 元借款在其手机上进行操作用于网络赌博，其输光钱款后趁邹某不备，携带用于质押的手机并骑电动车欲离开。邹某发现后追出并将陈某某抱住，陈某某骑车将邹某拖行数米后摔倒，致邹某多处擦伤。陈某某被现场群众控制后被民警当场查获。经鉴定，邹某的伤情为轻微伤。经价格认定，陈某某的手机以及电动车价值共计人民币 3600 元。案发后陈某某家属已赔偿被害人损失并取得被害人谅解。

【案件焦点】

抢劫“不转移占有的财物”构成转化型抢劫时如何认定既遂、未遂。

【法院裁判要旨】

云南省昆明市盘龙区人民法院经审理认为：被告人陈某某在实施盗窃过程中，为抗拒抓捕当场使用暴力，致一人轻微伤，其行为已构成抢劫罪。陈某某在犯罪过程中因意志以外的原因而未劫取到财物，也未造成他人轻伤以上严重后果，属犯罪未遂，依法可以比照既遂犯减轻处罚。陈某某家属代其赔偿被害人损失并取得被害人书面谅解，对陈某某可酌情从轻处罚。云南省昆明市盘龙区人民法院依照《中华人民共和国刑法》第二百六十九条、第二百六十三条、第二十三条、第四十五条、第四十七条、第五十二条之规定，作出如下判决：

被告人陈某某犯抢劫罪，判处有期徒刑二年，并处罚金人民币 2000 元。

一审宣判后，陈某某提出上诉。云南省昆明市盘龙区人民检察院抗诉及云南省昆明市人民检察院支持抗诉认为：案发当天，陈某某向被害人邹某借款 3000 元，口头将手机及电动车抵给某寄售行，陈某某承诺持手机操作不离开寄售行，电动车已停放在店门口，被害人事实上已控制占有质押物。陈某某输光借款 3000 元后，趁被害人不备，带着手机骑电动车离开寄售行，排除了被害人对质押物的占有，使得被害人丧失债权，陈某某已经当场取得财物，构成盗窃罪既遂。陈某某明知被害人抱住其腰部，为摆脱被害人骑行数米，对被害人实施暴力，电动车倒地致被害人轻微伤，先前的盗窃行为转化为抢劫，且既遂。陈某某的上诉理由及其辩护人发表辩护意见认为，陈某某离开寄售行时借款期限尚未届满，被害人不会因陈某某离开而遭受财产损失，陈某某拿走的只是自己所有且占有的财产，不构成犯罪。

云南省昆明市中级人民法院经审理认为：根据《中华人民共和国刑法》第二十三条规定，已经着手实行犯罪，由于犯罪分子意志以外的原因而未得逞的，是犯罪未遂。陈某某的行为在转化为抢劫过程中，因意志以外的原因，既未实际取得财物，也未致人轻伤以上伤害，系抢劫未遂，可以比照既遂犯减轻处罚。原判认定事实清楚，定罪及适用法律正确。审判程序合法。据此，本院依照《中华人民共和国刑事诉讼法》第二百三十六条第一款第一项之规定，经本院审判委员会讨论决定，裁定如下：

驳回抗诉、上诉，维持原判。

【法官后语】

一直以来，转化型抢劫是否存在既、未遂状态并无定论。根据《最高人民法院关于审理抢劫、抢夺刑事案件适用法律若干问题的意见》（以下简称《两抢意见》）第十条关于抢劫罪既遂、未遂的规定，抢劫罪侵犯的是复杂客体，既侵犯财产权利又侵犯人身权利，具备劫取财物或者造成他人轻伤以上后果两者之一的，均属抢劫既遂；既未劫取财物，又未造成他人人身伤害后果的，属抢劫未遂。但也有看法认为，《两抢意见》第十条只能适用于一般抢劫犯罪的既未遂，不能适用于转化型抢劫。转化型抢劫是一种独立的犯罪形态，只要发生转化即既遂，不存在未遂状态，不能因为量刑的考虑就牵强地认为转化型抢劫存在未遂形态而从轻、减轻处罚。具体到本案中。

一、如何看待陈某某未经权利人同意带走已抵押财物这一行为

认同转化型抢劫存在既未遂形态的，关于如何界定既未遂的标准也有分歧。"前行为和结果综合说"认为，如果转化前的盗窃、诈骗、抢夺行为系既遂，转化后的抢劫也既遂，一旦既遂，不能回转，行为人被实际控制后财物即使被

追回，也属于事后追赃，不影响既遂的成立。前行为虽未遂，但转化过程中使用暴力致使被害人轻伤以上后果，或最终劫得财物的，属于犯罪既遂。一审公诉机关认为，陈某某在离开寄售行门口时已取得财物、控制财物，排除了被害人对质押物的占有，盗窃既遂后为抗拒抓捕当场实施暴力，转化为抢劫，且既遂。

实际上，关于陈某某前行为是否形成了财物的非法转移，传统的所有权说、占有说等在本案均不适用，按照陈某某与被害人邹某的事前约定，并不转移手机的占有，且电动车尚在店外停放，很难说案发时被害人邹某已经失去对手机和电动车的控制，陈某某已经对涉案财物形成了新的控制关系，应当从陈某某的整体行为、寄售行的地理环境、最终结果来看，财物并未脱离被害人的控制，陈某某违反与被害人邹某的事前约定，秘密将质押的手机带出店外，被发现后骑电动车将抱住自己的被害人拖行数米后摔倒，被闻讯赶来的群众现场控制，该事实有被害人的陈述、陈某某的供述、证人证言、伤情鉴定证明，足以认定，故陈某某的行为属于犯盗窃罪，为抗拒抓捕而当场使用暴力，依法应以抢劫罪定罪处罚。

二、转化型抢劫区分犯罪形态应适用一般抢劫罪既、未遂标准

虽有争议，但司法实践主流观点均认为转化型抢劫存在未遂形态。客观来讲，转化型抢劫与普通抢劫的外在区别在于行为人占有财物、实施暴力的先后不同，本质上并无差异。转化型抢劫从前行为到当场实施暴力、胁迫行为的完成需要一定的时空条件，犯罪存在未遂的空间。如果不承认转化型抢劫有未完成形态，普通抢劫犯罪未劫得财物或造成被害人轻伤，可以认定未遂，同样情形，转化型抢劫一旦转化就既遂，不仅造成刑法内部不协调，而且有违罪责刑相适应原则，在司法实践中还难以得到认同。

《中华人民共和国刑法》第二十三条规定，已经着手实行犯罪，由于犯罪分子意志以外的原因而未得逞的，是犯罪未遂。转化型抢劫也是抢劫，不能简单地以盗窃、诈骗、抢夺等前行为的既未遂作为认定转化型抢劫形态的依据，应当根据“犯罪构成要件齐备”的法律规定，严格依照《两抢意见》第十条规

定，判断抢劫行为是否已经对刑法保护的双重客体之一造成实际损害，凡在转化抢劫过程中实际劫得财物，或者造成他人轻伤以上伤害的，均认定为既遂，反之则属未遂。因此，陈某某在转化抢劫过程中，因意志以外的原因，既未实际取得财物，也未致人轻伤以上伤害，系抢劫未遂，可以比照既遂犯减轻处罚。

编写人：云南省昆明市中级人民法院　张金科

（二）盗窃罪

39

行为人曾因盗窃受过刑事处罚，再次盗窃达到数额较大标准的 50%，以盗窃罪定罪后，应认定为累犯

——李某某盗窃案

【案件基本信息】

1. 裁判书字号

广西壮族自治区贺州市中级人民法院（2023）桂 11 刑终 88 号刑事判决书

2. 案由：盗窃罪

【基本案情】

1. 2022 年 12 月 16 日，被告人李某某驾驶一辆二轮摩托车流窜至某村某厂，将被害人林某放在该处的重约 54.17 斤的三块铁板（价值 75.8 元）盗走。

2. 2022 年 12 月 19 日，被告人李某某伙同谢某某（另案处理）驾驶一辆三轮摩托车流窜到某村某厂，将被害人林某放在该处的 2 个抽水泵、1 个煤气罐

以及铝线、陈旧的沙锤零件及沙筛等金属物品搬上三轮车盗走。在离开现场约300米后，被林某等人发现，李某某、谢某某弃车逃跑，后逃跑至某镇附近时，谢某某被村民抓获，李某某逃脱。李某某等人此次盗窃铁制品共计488.3斤（价值683.62元）、铝线18.4斤（价值147.2元）。案发后，公安机关扣押了上述被盗财物，并发还被害人。

【案件焦点】

行为人曾因盗窃受过刑事处罚，再次盗窃达到数额较大标准，以盗窃罪定罪，能否认定为累犯。

【法院裁判要旨】

广西壮族自治区贺州市平桂区人民法院经审理认为：被告人李某某曾因盗窃受过刑事处罚，现又以非法占有为目的，秘密窃取他人财物，所窃取财物数额达到《最高人民法院、最高人民检察院关于办理盗窃刑事案件适用法律若干问题的解释》第一条规定标准的50%，根据该解释第二条第一项之规定，属数额较大，其行为已触犯《中华人民共和国刑法》第二百六十四条之规定，构成盗窃罪。因被告人李某某曾因盗窃受过刑事处罚的情节已作为其犯罪构成予以评价，对此不予重复评价。据此，以盗窃罪，判处被告人李某某有期徒刑六个月，并处罚金人民币2000元；责令退赔被害人林某人民币75.8元。

一审宣判后，广西壮族自治区贺州市平桂区人民检察院提出抗诉，广西壮族自治区贺州市人民检察院支持抗诉。

广西壮族自治区贺州市中级人民法院经审理认为：原审被告人李某某曾因盗窃受过刑事处罚，现又以非法占有为目的，秘密窃取他人财物，属数额较大，其行为已触犯《中华人民共和国刑法》第二百六十四条之规定，构成盗窃罪。《最高人民法院、最高人民检察院关于办理盗窃刑事案件适用法律若干问题的解释》第二条是对盗窃“数额较大”所作的特别规定。根据本条，盗窃数额达到该解释第一条规定标准的50%，并具有相应情形的，即属于法律规定的“数额较大”。即，本条是在法律规定的框架内，对盗窃“数额较大”明确的另一个具体认定标准，故对根据本条已构成盗窃罪的行为人，如同时符合累犯成立条件的，依法从重处罚，并不存在双重评价问题。李某某曾多次因故意犯罪被判处有期徒刑，刑满释放后未满一个月又实施应当判处有期徒刑以上刑罚之罪，依法应认定为累犯。据此，判决如下：

一、维持贺州市平桂区人民法院（2023）桂1103刑初128号判决第二项，即责令被告人李某某退赔被害人林某人民币75.8元；

二、维持贺州市平桂区人民法院（2023）桂1103刑初128号判决第一项的定罪部分和罚金部分，即李某某犯盗窃罪，并处罚金人民币2000元；

三、撤销贺州市平桂区人民法院（2023）桂1103刑初128号判决第一项的量刑部分，即判处有期徒刑六个月；

四、原审被告人李某某犯盗窃罪，判处有期徒刑八个月，并处罚金人民币2000元。

【法官后语】

本案的争议焦点在于行为人曾因盗窃受过刑事处罚，再次盗窃达到数额较大标准，以盗窃罪定罪，能否认定为累犯。

一、李某某的犯罪行为符合累犯的构成要件

《中华人民共和国刑法》第六十五条规定，被判处有期徒刑以上刑罚的犯罪分子，刑罚执行完毕或者赦免以后，在五年以内再犯应当判处有期徒刑以上刑罚之罪的，是累犯，应当从重处罚，但是过失犯罪和不满十八周岁的人犯罪的除外。依此规定，累犯的构成条件有：（1）前罪和后罪都是故意犯罪。累犯构成的主观条件是故意，即构成累犯的前罪与后罪都必须是故意犯罪。只有故意犯罪才能构成累犯，过失犯罪不存在累犯。累犯是一种人身危险性较大的犯罪人类型，将累犯限于故意犯罪能够更好地反映累犯从重制度的性质。（2）前罪、后罪都应当被判处有期徒刑以上刑罚。这里的“被判处有期徒刑以上刑罚”是指已实际上被判处的刑罚。（3）后罪发生在前罪刑罚执行完毕或赦免后五年内。关于后罪发生的时间上限，本条规定是“刑罚执行完毕或者赦免以后”。对于后罪所给予的相对较重的否定性评价和较重的刑罚评定，目的在于对经过一次或者数次刑罚惩治而效果不佳的犯罪分子给予更为严厉的打击，使他们承受足以抵消犯罪之乐的刑罚的痛苦，从而最终得到改造。

就本案而言，李某某构成累犯的特征较为明显。李某某第一次因犯抢劫罪、盗窃罪于2013年4月9日被贺州市八步区人民法院判处有期徒刑三年，2015年6月20日刑满释放。中间经历三次判刑、释放，最近一次因犯盗窃罪于2022年3月3日被广西壮族自治区贺州市平桂区人民法院判处有期徒刑一年一个月，2022年11月19日刑满释放。《最高人民法院、最高人民检察院关于办理盗窃刑事案件适用法律若干问题的解释》第二条规定："盗窃公私财物，具有下列情形之一的，'数额较大'的标准可以按照前条规定标准的百分之五十确定：（一）曾因盗窃受过刑事处罚的……"故认定李某某盗窃数额较大的标准为750元。被告人李某某盗窃财物价值906.2元，已达规定标准的50%。李某某积极主动实施盗窃，盗窃故意明显，最近一次被判处有期徒刑一年一个月，刑罚执行完毕不满一个月再犯应当判处有期徒刑以上刑罚之罪，符合累犯的构成要件，应认定为累犯。

二、认定为累犯符合罪责刑相适应原则

累犯针对的都是主观恶性较重、人身危险性较大的行为人。前后罪被判处或应被判处有期徒刑以上的刑罚，说明其前后犯的罪比较严重。行为人在犯比较严重的罪接受有期徒刑以上的刑罚教育改造后，又犯比较严重的罪，说明其主观恶性和人身危险性较大，因而有必要认定为累犯，从重处罚。

本案中，李某某第一次因犯抢劫罪、盗窃罪于2013年4月9日被贺州市八步区人民法院判处有期徒刑三年，2015年6月20日刑满释放。中间经历三次判刑、释放，最近一次因犯盗窃罪于2022年3月3日被贺州市平桂区人民法院判处有期徒刑一年一个月，2022年11月19日刑满释放。2022年12月16日又再次实施盗窃行为，距离最近一次刑罚执行完毕尚不满一个月。李某某多次盗窃，盗窃次数多，犯罪间隔时间短，被判处刑罚之后仍不见任何悔改，犯罪的主观恶性较重，对此类人员认定为累犯从重处罚符合立法本意，符合罪责刑相适应原则。

三、将执行完毕后的前罪作为后罪的入罪标准予以评价，不存在累犯、再犯等重复评价的情形

李某某曾因盗窃受过刑事处罚，以750元作为认定其盗窃数额较大的标准，同时认定李某某系累犯，予以从重处罚，并不涉及重复评价。李某某在实施本次盗窃行为之前，曾因盗窃受到过5次刑事处罚，5次均被判处有期徒刑，且本次犯罪系在前次有期徒刑刑罚执行完毕后5年以内再犯应当判处有期徒刑以上刑罚之罪，故将李某某上述5次受过刑事处罚情况分别作为认定500元为数额较大和累犯的依据，不存在重复评价情形。《最高人民法院、最高人民检察院关于办理盗窃刑事案件适用法律若干问题的解释》第二条是对盗窃“数额较大”所作的特别规定。根据本条，盗窃数额达到《解释》第一条规定标准的50%，并具有相应情形的，即属于法律规定的“数额较大”。换言之，本条是在法律规定的框架内，对盗窃“数额较大”明确的另一个具体认定标准，故对根据本条已构成盗窃罪的行为人，如同时符合累犯成立条件的，依法从重处罚，并不存在双重从重问题。当然，由于已将累犯作为定罪情节考虑，体现了对累犯从严惩处的立法精神，因此，在具体量刑时，要掌握好从重处罚的幅度，不宜增加过多的刑罚量，但这与累犯的认定并无冲突。

综上，李某某曾因盗窃受过刑事处罚，再次盗窃达到数额较大标准的50%，构成盗窃罪，并属于累犯，从重处罚。

编写人：广西壮族自治区贺州市中级人民法院　欧枝剑

40

采取挂失手段非法占有他人转入本人银行卡的资金，挂失期间尚未取出资金属于盗窃未遂

——方某某等盗窃案

【案件基本信息】

1. 裁判书字号

山东省济南市中级人民法院（2023）鲁01刑终18号刑事判决书

2. 案由：盗窃罪

【基本案情】

2020年9月，被告人方某某与黄某某明知他人利用信息网络实施犯罪活动，基于非法占有的目的，共同商议将方某某名下的银行卡提供给上游违法行为人用于接收违法资金，待资金进入账户后通过挂失银行卡的方式占有卡内资金，被告人黄某甲亦加入该行为。为及时接收进账信息，方某某通过微信绑定了涉案银行卡。后，有被害人卢某某的被诈骗资金35万元汇入方某某的银行卡，其中10万元随即被上游违法行为人转出，黄某某通知黄某甲电话挂失银行卡，卡内尚有25万元未转出，三人在银行临时挂失到期后通过微信转出5万元，并随即办理了正式挂失。挂失期间，黄某某被公安机关抓获，后黄某某带领公安人员将方某某、黄某甲抓获。三被告人归案后对上述犯罪事实供认不讳。

【案件焦点】

为非法占有他人转入本人银行卡的资金而办理银行卡挂失，其间行为人未取出的资金是盗窃既遂还是未遂。

【法院裁判要旨】

山东省济南市市中区人民法院经审理认为：被告人方某某、黄某某、黄某甲以非法占有为目的，事前共谋通过采取挂失银行卡的手段秘密窃取他人财物，数额巨大，三人的行为构成盗窃罪。黄某甲已将方某某的银行卡挂失，卡内资金已由方某某等人实际控制，属于盗窃既遂。山东省济南市市中区人民法院对被告人方某某、黄某甲依照《中华人民共和国刑法》第二百六十四条、第二十五条第一款、第六十七条第三款之规定，对被告人黄某某依照《中华人民共和国刑法》第二百六十四条、第二十五条第一款、第六十七条第三款、第六十八条及《最高人民法院关于处理自首和立功具体应用法律若干问题的解释》第五条之规定，作出如下判决：

被告人方某某犯盗窃罪，判处有期徒刑四年三个月，并处罚金人民币2万元。被告人黄某某犯盗窃罪，判处有期徒刑四年，并处罚金人民币2万元。被告人黄某甲犯盗窃罪，判处有期徒刑三年，并处罚金人民币15000元。

一审宣判后，方某某、黄某某、黄某甲提出上诉。

山东省济南市中级人民法院经审理认为：黄某某、方某某二人事先共谋，在明知他人购卡用于非法活动的情况下，以非法占有他人违法行为所得资金为目的，向他人出售银行卡，在相关款项进入银行卡后，黄某甲明知款项来源，仍听从黄某某指示，与方某某二人实施了挂失银行卡并取现的窃取行为，原审判决认定三人均构成盗窃罪是正确的。三人在钱款转入后，除通过微信转出的5万元外，因银行规定、侦查机关侦查活动等意志以外原因未能对其余资金实际控制，应认定尚未取出的20万元系犯罪未遂，一审法院对此认定不当，应予以纠正。综上，山东省济南市中级人民法院对方某某、黄某甲依照《中华人民共和国刑法》第二百六十四条、第二十五条第一款、第六十七条第三款、第二十三条之规定，对上诉人黄某某依照《中华人民共和国刑法》第二百六十四条、第二十五条第一款、第六十七条第三款、第六十八条、第二十三条及《最高人民法院关于处理自首和立功具体应用法律若干问题的解释》第五条之规定，作出如下判决：

方某某犯盗窃罪，判处有期徒刑三年九个月，并处罚金人民币 19000 元；黄某某犯盗窃罪，判处有期徒刑三年六个月，并处罚金人民币 19000 元；黄某甲犯盗窃罪，判处有期徒刑二年六个月，并处罚金人民币 14000 元。

【法官后语】

盗窃是侵财类案件常见的犯罪手段，此类案件具有高发性，司法实践中亦存在盗窃既遂与未遂的认定难题，在具体把握认定盗窃既未遂的标准上常有分歧与争议。因此，准确界定此类案件的既未遂标准不仅是统一司法裁判尺度的内在要求，更是刑法罪责刑相适应原则的应有之义，同时对被告人的量刑具有重要意义。

关于盗窃罪的既遂标准，刑法理论的通说则采用“控制说”作为认定标准，“控制说”认为，认定盗窃既未遂应以行为人是否实际控制所盗财物为判断标准。行为人已经实际控制、占有被盗财物的为盗窃既遂，未实际控制、占有财物的为盗窃未遂。司法实践中，认定盗窃既未遂的标准在于把握好本罪构成要件的客观方面。盗窃罪的客观构成要件表现为秘密窃取公私财物的行为，“所谓秘密窃取，就是行为人采取不易被财物所有人、保管人或其他人发现的方法，将公私财物非法占有的行为”，据此可以得出当行为人通过秘密窃取的手段实现了非法占有财物的主观目的时，可认定为盗窃既遂。因此，行为人是否已经非法占有他人财物是判断盗窃既遂与未遂的标准。而以盗窃罪犯罪构成要件的客观方面作为判断既未遂的方法与刑法理论的通说“控制说”是一致的。因此，我们可以采取“控制说”来界定盗窃既未遂的标准。

所谓“控制”指的是所有人或其他人对财物进行事实上的管领和支配，财物处于被现实利用的动态控制之中，这种动态控制不是一种法律上的使用资格，而是一种改变权利人对财物原有的支配关系，建立一种新的行为人与财物之间的支配关系，其具体表现为利用者或者财物所有人对财物不受阻碍地进行利用的一种状态。“控制”作为“占有”的一种外部表征，只有具有实现财物所有权的使用、收益处分权能的“控制”才算得上作为盗窃既遂标准的“控制”。此外，在认定盗窃既遂与未遂时，必须根据财物的性质、形状，被害人对财物的占有状态与管理现状，行为人窃取样态等进行综合判断。通过以上分析，我们可以看出判断是否达到“控制”状态的关键在于行为人对财物是否能够不受阻碍地进行动态的管理或利用。

本案中，三被告人在上游违法行为人将款项转入其提供的银行卡后通过挂失手段截留上游违法行为人部分资金，致使上游违法行为人失去对卡内部分资金的现实支配与控制，被告人方某某作为该银行账户的合法持有人，亦排他性地享有向银行主张卡内资金的权利，其即便不向银行主张，其他人（暂不考虑司法机关介入）亦无法改变卡内资金的归属，方某某似乎实现了对卡内资金的控制，但实际上方某某并未控制并占有卡内资金，三被告人的挂失行为并未达到盗窃既遂的结果，属于盗窃未遂。理由如下：其一，挂失行为导致银行向任何人停止支付的法律后果。挂失虽阻断了上游违法行为人对卡内剩余资金的控制，但同时也排除了三被告人对卡内资金的支配，三被告人在银行卡挂失期间无法进行转账、取现等交易活动，无法毫无障碍地对卡内资金进行现实利用，此时被告人方某某享有的只是一种向银行主张卡内资金的权利即债权请求权。其二，方某某虽享有排他性地向银行主张债权的权利，但该请求权并非等同于对卡内资金实现了支配、控制。即便排他性地享有某项民事权利，也不意味着已经达到了全部目的，在未解除正式挂失之前，方某某仅是处于一种享有权利的状态，民事主体为了实现其利益，还需要作出意思表示，即行为人只有具备一定的条件，能够有效地向银行提出主张债权的要求时，即为支配了该笔银行存款，从而认定其是该项存款的控制人。本案中，方某某等人如要对卡内资金实现现实上的支配、控制，还需方某某通过其本人在银行设置的身份验证并被确认为卡内资金履行的对象，才能享有对卡内资金的支配、控制，方某某只有到银行办理解除挂失手续时才算实现了对卡内资金的支配与控制，达到犯罪既遂状态。而本案三被告人在涉案银行卡挂失期间即被公安人员抓获，尚未办理解除挂失手续，未实现对卡内资金的动态管理与支配，因此属于盗窃未遂。

编写人：山东省济南市市中区人民法院　刘艳青

41

出借银行账户后私自转移被害人汇入钱款的构成盗窃罪

——陈某某帮助信息网络犯罪活动、盗窃案

【案件基本信息】

1. 裁判书字号

山东省淄博市中级人民法院（2021）鲁03刑终189号刑事裁定书

2. 案由：帮助信息网络犯罪活动罪、盗窃罪

【基本案情】

2020年9月至2021年2月，被告人陈某某在明知熊某某（在逃）利用信息网络实施犯罪的情况下，仍向其提供自己名下微信支付账号及绑定的某1银行账户、林某名下某2银行账户和某3银行账户，为熊某某提供资金支付结算帮助。截至案发，被告人陈某某提供资金支付结算共计22万元。

2021年1月，山东省淄博市张店区居民郭某被他人利用信息网络诈骗64.3万元，其中44万元转入被告人陈某某某1银行账户内，后熊某某转移该银行账户内的15万元。被告人陈某某在熊某某不知情的情况下，办理该银行账户的挂失及补办手续，后将剩余的29万元转移，用于购买车辆、金饰品、手机等。案发后，被告人陈某某退赔被害人郭某违法所得62876.06元。

【案件焦点】

出借银行账户后私自转移被害人汇入的钱款构成何种犯罪，存在构成掩饰、隐瞒犯罪所得罪或侵占罪、盗窃罪三种不同观点。

【法院裁判要旨】

山东省淄博市张店区人民法院经审理认为：被告人陈某某明知他人利用信息网络实施犯罪，仍为其犯罪提供支付结算帮助，情节严重，其行为构成帮助信息网络犯罪活动罪。被告人陈某某以非法占有为目的，秘密窃取他人财物，数额巨大，其行为构成盗窃罪。被告人陈某某主动退赔部分违法所得，依法酌情从轻处罚。被告人陈某某一人犯二罪，依法应数罪并罚。法院依照《中华人民共和国刑法》第二百八十七条之二第一款，第二百六十四条，第六十九条第一款、第三款，第六十一条，第五十二条，第五十三条第一款，第六十四条之规定，以帮助信息网络犯罪活动罪判处：

一、被告人陈某某有期徒刑一年六个月，并处罚金人民币3000元；

二、以盗窃罪判处有期徒刑四年六个月，并处罚金人民币1万元，并罚决定执行有期徒刑五年六个月，并处罚金人民币13000元；

三、扣押在案的微信及支付宝存款30000元予以追缴，退赔被害人郭某；

四、扣押在案的帝豪牌小型轿车一辆、吊坠一个、手串一个、小米手机一部予以变现后退赔被害人郭某；

五、继续追缴被告人陈某某其余违法所得，退赔被害人郭某。

一审宣判后，陈某某提出上诉。

山东省淄博市中级人民法院经审理认为：原审判决认定事实清楚，定罪准确，量刑适当，审判程序合法，裁定：

驳回上诉，维持原判。

【法官后语】

近年来，部分人为谋取非法利益将自己注册的银行账户或手机卡出借或销售给他人，被犯罪分子用于实施电信诈骗、网络赌博、网络贩毒等网络犯罪，这些犯罪所得的钱款通过买卖的银行卡或绑定的微信、支付宝等账户转走，逃避公安机关侦查打击。明知他人实施信息网络犯罪，仍出借、出售银行账户为他人实施犯罪提供支付结算帮助，依法构成帮助信息网络犯罪活动罪。出借、出售银行账户后又“黑吃黑”，通过挂失、补办、销户等方式将账户内钱款占为己有，更是触犯盗窃罪。

本案中，被告人陈某某将自己的某1银行账户出借给他人使用，后通过挂失、补卡等手段，私自转移被害人汇入的钱款用于个人支出，依法应以盗窃罪定罪处罚。理由分析如下。

第一，被告人陈某某转移私吞钱款的真实目的不是帮助上游犯罪行为人掩饰、隐瞒犯罪所得，不构成掩饰、隐瞒犯罪所得罪。掩饰、隐瞒犯罪所得罪客观上要求行为人实施了窝藏、转移、收购、代为销售等掩饰、隐瞒赃物的行为，其中窝藏、转移行为必须基于本犯（上游犯罪）的意思，即为了本犯的利益帮助掩饰、隐瞒犯罪所得，使司法机关难以发现赃物。本案陈某某转移钱款的真实目的不是掩饰、隐瞒，而是非法占有，其行为不构成掩饰、隐瞒犯罪所得罪，依法应构成侵财犯罪。

第二，被告人陈某某出借银行账户后即丧失对银行账户及账户内钱款的占有和支配，其与实际银行账户持有人之间也不具有委托保管的合意，难以成立侵占罪。刑法意义上的支配关系是指事实上的支配，而非所有权等法律关系。陈某某将银行账户出借给他人后，已经丧失了对银行账户及其内钱款的占有和支配，即涉案钱款的支配权和所有权均不属于陈某某。侵占罪的行为要件“将代为保管的他人财物”非法占为己有，也即“变合法占有为非法所有”。本案中，银行账户名义持有人王某与实际持有人对于款项没有意思联络，明显缺乏委托意思和保管意思要素，况且陈某某对涉案钱款亦不属于合法占有，故不构成侵占罪。

第三，被告人陈某某转移钱款的行为符合盗窃罪的构成特征。首先，盗窃罪中窃取他人占有的财物，是排除他人对财物的支配状态并建立新的支配关系的行为。被害人的钱款汇入陈某某出借的中国银行账户后，应当认为银行账户实际持有人占有该款项，但陈某某通过挂失、补办新卡的方式，重新建立对银行账户内钱款的控制，系排除实际持有人对银行账户内钱款的支配状态后建立新的支配关系。其次，涉案钱款进账后陈某某即具备转移钱款的条件，采取的是一种自以为秘密的方式，通过平和手段非法获取他人财物。最后，陈某某明知银行账户中款项并非自己所有，在上游行为人不知情的情况下私自转移使用钱款，违背上游行为人的意志改变钱款占有，主客观相统一，符合盗窃罪的构成要件。

综上，被告人陈某某出借银行卡帮助上游犯罪提供支付结算，并将被害人汇入的钱款私自转移侵吞，应认定为帮助信息网络犯罪活动罪和盗窃罪，依法实行数罪并罚。

编写人：山东省淄博市中级人民法院　赵磊

42

存款名义人对其名下银行存款占有的判断

——史某某盗窃案

【案件基本信息】

1. 裁判书字号

陕西省咸阳市中级人民法院（2023）陕 04 刑终 242 号刑事裁定书

2. 案由：盗窃罪

【基本案情】

被害人高某某于 2021 年 9 月从其名下银行账户及其他银行账户将 964 万元转账至被告人史某某名下的某银行账户内。高某某为使用该银行卡在银行办理业务的便利，2021 年 9 月 16 日，高某某带史某某一同前往某银行兴平市支行，以史某某的名义重新办理了一张某银行金卡，并将自己的手机号码作为银行预留手机号码。2021 年 10 月 6 日，高某某和史某某共同前往某银行兴平市支行激活尾号为 2606 的金卡并办理转账业务，史某某在银行柜台办理激活金卡业务时，将高某某原预留的手机号码变更为自己的手机号码，并设置了银行卡密码，同时，史某某将其名下尾号为5776的某银行账户内的964万元转入新办理的其名下尾号为2606的某银行卡内。转账成功后，高某某为方便使用并控制卡内资金，持有尾号为2606的某银行金卡，史某某将该卡的密码也告知了高某某。2021年11月6日，高某某将尾号为2606的某银行金卡交给史某某，并告知银行卡密码，让史某某去银行给其银行账户转账200万元，转账完成后，史某某将该银行卡交还高某某；2021年12月14日，高某某持该银行卡在ATM机（自动取款机）取现1000元，并查询卡内余额；2022年1月25日，高某某将该银行卡交给史某某，让史某某给其银行账户（尾号6999）转账140万元用于归还贷款。之后，该银行卡一直由高某某持有，并再未使用过。

2022年2月，被告人史某某因经济拮据，私自将高某某持有使用的尾号为2606某银行卡绑定在自己的微信上。2022年2月28日至6月10日，史某某通过微信充值、扫码支付、刷脸取现等方式，从高某某持有的尾号为2606某银行卡内支出资金848006元。史某某因支取金额太大，遂准备逃跑，6月10日，史某某将高某某持有的该卡在银行挂失，准备补卡后再转走大额资金。6月13日，高某某去银行查询该卡金额时发现卡被挂失，便联系史某某询问情况，史某某见事情败露，随即潜逃。为逃避抓捕，史某某将其逃跑时所开的车辆停放在某购物广场门口，乘坐火车到达郑州，在郑州花费16.5万元购买了一辆大众途岳汽车，并办理了虚假的身份证、行驶证、车牌，将原手机卡扔掉，先后逃往湖北、青海等地。其间，借用其朋友赵某某的某1银行卡存放剩余的资金，最后藏匿于某洗浴中心内，直至被抓获。

【案件焦点】

本案被告人行为是构成盗窃罪还是侵占罪。

【法院裁判要旨】

陕西省兴平市人民法院经审理认为：被告人史某某以非法占有为目的，采取秘密手段窃取他人财物，数额特别巨大，其行为已构成盗窃罪，被告人史某某到案后能如实供述其犯罪事实，当庭认罪，系坦白，可以从轻处罚；其自愿认罪认罚，可以从宽处理；其家属向被害人退赔部分损失，可以酌情从轻处罚。被告人史某某因其犯罪行为给被害人高某某造成的资金损失，应予退赔。遂依照《中华人民共和国刑法》第二百六十四条、第六十七条第三款、第五十二条、第五十三条、第六十四条，《中华人民共和国刑事诉讼法》第十五条之规定，判决：

一、被告人史某某犯盗窃罪，判处有期徒刑十年，并处罚金人民币20000元；

二、责令被告人史某某向被害人高某某退赔被盗财物损失人民币489089.35元。

一审宣判后，史某某提出上诉。

陕西省咸阳市中级人民法院经审理认为：上诉人（原审被告人）史某某以非法占有为目的，秘密窃取他人财物，数额特别巨大，其行为已触犯《中华人民共和国刑法》第二百六十四条的规定，构成盗窃罪，依法应予惩处。原公诉机关指控的犯罪事实及罪名成立，应予以支持。原审被告人史某某到案后能如实供述自己的犯罪事实，有坦白情节，自愿认罪认罚，其家属已向被害人退赔部分经济损失，依法对其从轻处罚。史某某因其犯罪行为给被害人造成的经济损失，应责令其予以退赔。

关于原审被告人史某某及其辩护人所提意见，经查，被害人高某某借用史某某名义办理银行卡存储资金，高某某一直保管该银行卡及密码，并无委托史某某保管、管理、使用该笔资金的意思表示，且按照双方约定，史某某已经自愿交付其对该账户的支配权，被告人史某某不再合法保管、控制该银行卡及卡内资金，史某某在高某某不知情的情况下，通过微信充值、刷脸转账等方式转出卡内资金用于赌博、还债，根据其经济状况并无偿还能力，后因事情败露逃匿外地，足以认定其主观上具有非法占有的目的，客观上实施了秘密窃取他人财物的行为，其行为完全符合盗窃罪的构成要件，因此该上诉意见及辩护人的辩护意见不能成立，不予采纳。

综上，原审判决认定原审被告人史某某犯盗窃罪的事实清楚，证据确实、充分，定罪准确，量刑适当。审判程序合法。陕西省咸阳市中级人民法院依据《中华人民共和国刑事诉讼法》第二百三十六条第一款第一项的规定，裁定：

驳回上诉，维持原判。

【法官后语】

盗窃罪与侵占罪区别的关键在于对占有归属的判断。刑法理论一般认为，刑法中的占有由客观的占有事实与主观的占有意思两个要素组成。然而对于具体情形下占有如何判断，仍然是理论和司法实践中的难题。

一、本案审理中产生两种观点的具体理由

本案审理过程中，第一种观点认为，被告人史某某的行为构成盗窃罪。主要理由如下：被害人高某某借用史某某名义办理银行卡存储资金，高某某一直保管该银行卡及密码，并无委托史某某保管、管理、使用该笔资金的意思表示，且按照双方约定，史某某已经自愿交付其对该账户的支配权，被告人史某某不再合法保管、控制该银行卡及卡内资金，史某某在高某某不知情的情况下，通过微信充值、刷脸转账等方式转出卡内资金用于赌博、还债，根据其经济状况并无偿还能力，后因事情败露逃匿外地，足以认定其主观上具有非法占有的目的，客观上实施了秘密窃取他人财物的行为，史某某以非法占有为目的，秘密窃取他人财物，数额特别巨大，其行为已触犯《中华人民共和国刑法》第二百六十四条的规定，构成盗窃罪。

第二种观点认为，被告人史某某的行为构成侵占罪。理由如下：首先，被害人高某某将964万元转账存入被告人史某某名下银行卡内，虽然高某某为了方便使用并控制卡内资金而持有该银行卡，但银行卡仅仅只是记载存款人信息等能够使存款人实现存取款项、支配存款的物质载体。我国对银行卡实行实名制，规定必须由本人携带身份证才能申领，银行卡内资金交易的权利和义务由持证申领人享有和承担，即银行卡申领人被视为银行卡的全部权利的所有人，其具有支配、使用卡内全部资金、申请挂失及停止银行卡的使用等各项权利。是故，银行卡无论由谁实际持有并使用，银行卡的权利义务都由申领人承受，卡内资金在法律形式上都处于申领人的控制之下，高某某将964万元存入史某某名下银行卡的行为，实际上就银行卡内的资金与史某某形成保管关系。因此，借用人高某某虽持有银行卡并掌握银行卡密码，但其一旦将资金存放到借来的卡内，该资金在法律形式上就处于银行卡申领人史某某的控制之下，史某某对银行卡内资金享有合法持有权。史某某虽未持有并保管银行卡，但可通过绑定微信、刷脸转账、挂失后补卡等方式支配卡内资金，对于该卡内的资金具有控制权。根据法律规定，对于自己实际控制的他人财物一般不能成立盗窃罪，只有财物处于他人实际控制下，才有可能以秘密窃取的手段非法占有他人财物而构成盗窃罪。侵占罪的犯罪对象为行为人代为保管的他人财物，行为人在实施侵占行为之前，已经控制他人财物，其特征是将自己控制的财产非法占为已有。控制是指人对财物的支配、管理状态。侵占罪不仅可能侵占自己直接控制的他人财物，而且可能侵占法律形式上控制的他人财物。就本案而言，虽然该银行卡和密码一直由高某某持有，但银行卡内的资金在法律形式上处于史某某的控制之下，史某某完全可以通过绑定微信、扫码消费、刷脸转账、挂失后补卡的方式实际控制卡内资金，对卡内资金行使支配权、控制权。其次，侵占罪作为不转移财物控制权的犯罪，其犯罪故意产生于实际控制他人财物之后，而盗窃罪是转移财物控制权的犯罪，其犯罪故意只能产生于持有、控制他人财物之前。本案中，史某某支取卡内资金的行为发生于资金转账至其银行卡内之后，且卡内资金从法律形式上处于史某某的控制之下，故其行为不能认定为盗窃，而应认定为侵占。最后，被告人史某某明知存入其名下银行卡内的964万元属于高某某所有，仍然私自支取卡内资金，并在挂失补卡事情败露后，逃匿外地，更换联系方式，以此能够证实史某某具有非法占有他人财物的主观故意和拒绝返还财物的客观行为。

二、关于盗窃罪与侵占罪的主要区别

盗窃罪与侵占罪均属于侵犯财产类犯罪，两罪的犯罪对象都是他人的财物，主观上都具有非法占有他人财物的目的，但两罪又有区别，这主要表现在：（1）犯罪的前提不同。侵占罪的行为人在侵占他人财物之前，必须已实际持有或控制他人财物。实际持有或控制他人财物的方式以刑法规定的方式为限，即代为保管的他人财物、拾得他人的遗忘物和发现他人的埋藏物三种方式。而盗窃罪的行为人在实施盗窃行为前，被盗财物仍处于物主的实际持有或直接控制之下，由于盗窃者的秘密窃取行为才使被盗财物脱离物主的实际持有或控制。(2) 犯罪目的产生的时间不同。侵占行为人的非法占有目的，发生在实际持有或控制他人的财物之后；而盗窃行为人的不法占有目的，发生在秘密窃取他人财物之前。(3) 犯罪客观方面不同。侵占罪的行为，是对自己已实际持有或控制的他人财物，拒不退还或者拒不交出，从而实现非法占有。手段上既可以是秘密的，也可以是公开的。盗窃罪的行为则是对他人持有和控制的公私财物，采取秘密窃取的方法，使其脱离所有人的控制，从而实现非法占有，其手段只能是秘密的。

侵占罪的法定刑明显轻于盗窃罪，主要有以下原因：(1) 就侵占代为保管的他人财物而言，由于财物已经在其占有之下，相对于侵害他人占有的盗窃罪而言，其仅侵害所有权而不侵害占有权，因而违法性较轻。且处于自己可自由支配状态下的财物对行为人会产生极大的诱惑力，对行为人有责性的评价显然会降低。(2) 无论是侵占代为保管的财物还是侵占遗忘物，被害人均具有一定的过错，使得处罚行为人的必要性降低。

三、对于存款名义人，应从实质上判断其占有权利

结合本案，虽然银行卡的名义人是被告人，并且被告人知道银行卡密码，但是否就意味着被害人委托被告人保管并占有银行卡中的存款呢？若认为只要对于存款具有随时取现的处分可能性，就取得了对于存款的占有，而不追问行为人是否具有正当的取款权限、是否对存款拥有实质性支配的权利，若如此，则盗、骗、拾得他人银行卡并知悉密码后取现的，恐怕也只能成立侵占罪，那么将会导致罪责刑之间的失衡。

具体到本案中，被告人虽然是银行卡的名义人，按照银行法上的世界通例，账号、银行卡及存折仅限于本人使用，但这只是银行法的管理规定，丝毫不能改变账号、银行卡及存折可能被名义人以外的人占有使用的事实。换言之，账号中存款的占有及所有权，到底归属于谁，是需要进行实质判断的。本案中，

被害人只是借用其名下银行卡存储资金，且被害人一直持有并保管该银行卡及密码，被告人史某某明知存入其名下银行卡内的964万元属于被害人所有，先前的取款及转账行为印证被害人对卡内存款拥有实质性权利。被告人之所以取得对卡内存款的支配，是因为被告人是银行卡的名义人，其也知悉银行卡密码，其可通过绑定微信、刷脸转账、挂失后补卡等方式支配卡内资金，但即便被告人具有挂失、补办新卡等权限，也丝毫不能改变其对卡内存款不拥有实质性权利的事实。被害人对涉案银行卡一直自己持有，且案发前两次转账（把卡交给被告人让其到银行操作，转账后被告人将卡交还被害人）一次取现，这都表明，卡内存款不属于刑法意义上的脱离占有物。被害人与被告人之间不存在委托保管关系，卡内存款也不属于委托保管物，被害人以被告人名义办理银行卡，并无将卡内存款转移被告人占有的意思表示，被害人自始至终都对卡内存款拥有实质性权利，且缺乏转移占有的意思与事实，被告人是通过秘密的方式，侵占他人对于存款的占有及所有权，从违法性与有责性来看，也值得定盗窃罪，而不是以法定刑要轻得多的侵占罪论处。

编写人：陕西省咸阳市中级人民法院　刘仲屹　樊志强

43

单位主要负责人为谋取单位利益组织实施盗窃行为的定罪量刑

——黄某某盗窃案

【案件基本信息】

1. 裁判书字号

最高人民法院（2023）最高法刑核69718263号刑事裁定书

2. 案由：盗窃罪

【基本案情】

2004年9月，黄某某担任某经济联合社（以下简称联社）的副董事长，2008年6月担任联社党总支部委员会书记，2011年担任联社党总支部委员会书记、董事长，2014年担任联社委员会书记。2006年，在未获得某自来水公司许可的情况下，黄某某安排他人在某外语学院对出路面，将某自来水公司DN600毫米（直径范围）市政供水管擅自开叉驳至DN200毫米水管，向某商务中心供水，并私接一个水表。该水表下设十个分表，分别记录某商务中心各处用水量，联社按用水量向两地用户收取水费，存入联社用水管理中心账户。经审计，自2007年1月至2017年10月，联社因私接自来水管盗用自来水，应向某自来水公司缴纳水费1080341.2元，联社已向某商务中心租户收取水费1369723元。2021年4月，联社向某自来水公司退赔水费1080341.2元。

【案件焦点】

1. 黄某某作为集体经济组织的主要负责人，组织、指使他人盗窃，数额特别巨大，是否构成盗窃罪；2. 本案犯罪行为持续期间有两个司法解释和一个立法解释发布，如何确定适用哪个解释；3. 对黄某某依法应判处十年以上有期徒刑，但本案具有为了单位利益实施盗窃、被盗水费已全部退赔、社会危害程度有所减轻等实际情况，如何量刑。

【法院裁判要旨】

广东省广州市白云区人民法院经审理认为：黄某某盗窃公私财物，数额特别巨大，其行为已构成盗窃罪。据此，以盗窃罪判处黄某某有期徒刑十年，并处罚金1万元。

一审宣判后，黄某某提出上诉。

广东省广州市中级人民法院经审理认为：原审判决认定事实不清，证据不足，审判程序不合法。据此，裁定：

撤销原判，发回重审。

广东省广州市白云区人民法院经重审认为：黄某某盗窃公私财物，数额特别巨大，其行为已构成盗窃罪。黄某某为联社下属生产社私接水表并盗窃自来水，所窃取的自来水并不是供其个人使用而是联社下属的四个生产社使用；其行为未造成供水市场秩序严重混乱，亦未严重影响广大自来水用户的用水安全；联社在案发后全额退赔了盗取的自来水水费，某自来水公司亦出具谅解书。鉴于本案的特殊情况，决定对黄某某在法定刑以下量刑，据此，以盗窃罪判处黄某某有期徒刑三年，并处罚金 1 万元。

黄某某提出上诉。广东省广州市中级人民法院经审理，同意一审法院裁判意见。据此，裁定：

驳回上诉，维持原判，依法报请最高人民法院核准。

广东省高级人民法院经审理，同意一、二审法院裁判意见，同意依法对黄某某在法定刑以下判处刑罚，报最高人民法院核准。

最高人民法院经审理认为：黄某某以非法占有为目的，秘密窃取公私财物，其行为已构成盗窃罪。黄某某作为集体经济组织的主要负责人，组织、指使他人盗窃，数额特别巨大，依法应判处十年以上有期徒刑，鉴于本案实际情况，被盗水费已全部退赔，社会危害程度有所减轻，对黄某某可在法定刑以下判处刑罚。据此，裁定：

核准广东省广州市中级人民法院（2022）粤 01 刑终 460 号维持第一审以盗窃罪在法定刑以下判处黄某某有期徒刑三年，并处罚金 1 万元的刑事裁定。

【法官后语】

本案的争议焦点在于：单位主要负责人为谋取单位利益组织实施盗窃行为的定罪量刑，以及立法解释、司法解释的选择适用问题。

一、单位主要负责人为谋取单位利益组织实施盗窃行为，情节严重的，构成盗窃罪

《中华人民共和国刑法》（以下简称《刑法》）分则并未规定单位构成盗窃罪。对于单位有关人员为谋取单位利益组织实施盗窃行为且情节严重的，如

何定罪问题，相关立法解释和司法解释的沿革情况如下：2013年发布的《最高人民法院、最高人民检察院关于办理盗窃刑事案件适用法律若干问题的解释》第十三条规定，单位组织、指使盗窃，符合《刑法》第二百六十四条及本解释有关规定的，以盗窃罪追究组织者、指使者、直接实施者的刑事责任。2014年通过的《全国人民代表大会常务委员会关于〈中华人民共和国刑法〉第三十条的解释》规定，单位实施刑法规定的危害社会的行为，刑法分则和其他法律未规定追究单位的刑事责任的，对组织、策划、实施该行为的人依法追究刑事责任。依照上述立法解释和司法解释，对于单位有关人员为谋取单位利益组织实施盗窃行为，情节严重的，直接责任人员构成盗窃罪。本案黄某某的犯罪主观动机是为了为联社及下属的四个生产社经济利益，所窃取自来水不是供其个人使用，而是供四个生产社使用，故黄某某所组织、指使他人实施的盗窃行为是单位行为，因《刑法》没有规定单位构成盗窃罪，应对盗窃行为的主要负责人黄某某以盗窃罪定罪处罚。

二、犯罪行为持续期间有司法解释和立法解释发布，应依法确定适用哪个解释

本案盗窃行为从2007年延续至2017年，上述立法解释和司法解释分别于2013年、2014年发布。2001年12月，《最高人民法院、最高人民检察院关于适用刑事司法解释时间效力问题的规定》规定，司法解释自发布或者规定之日起施行，效力适用于法律的施行期间；对于司法解释实施前发生的行为，行为时没有相关司法解释，司法解释施行后尚未处理或者正在处理的案件，依照司法解释的规定办理；行为时已有相关司法解释，依照行为时的司法解释办理，但适用新的司法解释对犯罪嫌疑人、被告人更有利的，适用新的司法解释；对于在司法解释施行前已办结的案件，按照当时的法律和司法解释，认定事实和适用法律没有错误的，不再变动。根据上述规定的精神，司法解释和立法解释内容一致，效力均适用于刑法施行期间，但立法解释效力高于司法解释，故本案应适用上述立法解释。

三、案件存在特殊情况的，依法可在法定刑以下判处刑罚

《刑法》规定了法定减轻处罚情节，第六十三条第二款中还规定，不具有本法规定的减轻处罚情节，但是根据案件的特殊情况，经最高人民法院核准，也可以在法定刑以下判处刑罚。“案件特殊情况”，主要是指案件本身的特殊性，如涉及国防、外交等特殊情况。本案中，黄某某系为了单位利益实施盗窃犯罪，联社所收水费存入联社水费专用账户，被盗水费已全额退赔，被害单位出具谅解书，请求司法机关对相关人员从宽处理，社会危害程度有所减轻。故，应当认定本案符合特殊情况，对黄某某可在法定刑以下判处刑罚。

编写人：广东省高级人民法院　江发西

44

盗窃“铜钱”案件的定罪量刑标准

——叶某某盗窃案

【案件基本信息】

1. 裁判书字号

江西省吉水县人民法院（2023）赣0822刑初18号刑事判决书

2. 案由：盗窃罪

【基本案情】

被告人叶某某因经济困难产生盗窃其亲属财物的念头，2022年6月27日21时许，叶某某流窜至吉水县丁江镇某自然村其姐夫汤某某家隔壁闲置的毛坯房内藏匿。次日7时许，见其姐夫汤某某外出，叶某某便找到放在墙体砖缝内的钥匙从厨房潜入汤某某家中卧室，将一木质箱内存放的5600元现金盗走，后逃离现场。2022年9月，叶某某产生盗窃其母亲陈某某放在其哥哥叶某1家中

保管的社保卡念头。9月的一天上午10时许，趁其哥哥叶某1离开家大门未上锁且无其他人在家时，叶某某溜进叶某1家中卧室，将放在衣柜抽屉内的其母亲的社保卡盗走。其见社保卡旁还放有银圆等物品，便又一并将铜钱十二枚、花钱一枚、银圆二枚、铜镯一件、银镯一件，共计十七件物品盗走，之后，逃离现场，并来到银行取款机将社保卡内4500元取出。经鉴定，铜钱十二枚、花钱一枚为一般文物，价值分别为114元、1500元；银圆二枚为仿制银圆，价值20元；铜镯、银镯价值分别为150元、200元，以上被盗财物价值共计6484元。叶某某被公安机关抓获，到案后如实供述了自己的犯罪事实。次日，公安机关依法扣押叶某某盗窃的铜钱、花钱、仿制银圆、铜镯、手镯共十七件物品及社保卡一张，并已发还被害人。审理期间，被害人汤某某、叶某1表示叶某某是其亲属，愿意对叶某某谅解，并出具了《谅解书》，希望法庭对叶某某从轻处罚。

【案件焦点】

1. 叶某某盗窃的物品中，铜钱十二枚、花钱一枚为一般文物，是依文物等级还是文物价值进行定罪量刑；2. 能否将每五件同级文物折抵为高一级文物一件，本案是否属于情节严重。

【法院裁判要旨】

江西省吉安市吉水县人民法院经审理认为：被告人叶某某以非法占有为目的，采取入户方式秘密窃取他人财物价值12084元，数额较大，构成盗窃罪，依法应受到惩处。《最高人民法院、最高人民检察院关于办理盗窃刑事案件适用法律若干问题的解释》第九条规定，盗窃国有馆藏一般文物、三级文物、二级以上文物的，认定为“数额较大”“数额巨大”“数额特别巨大”。但是盗窃民间收藏的文物的，根据有效价格证明认定盗窃数额。被告人叶某某盗窃的铜钱、花钱等属于民间收藏文物，经鉴定，有明确价格数额。同时，《最高人民法院、最高人民检察院关于办理妨害文物管理等刑事案件适用法律若干问题的解释》又进一步作出补充规定，盗窃一般文物、三级文物、二级以上文物的，分别认定“数额较大”“数额巨大”“数额特别巨大”。但盗窃文物，无法确定文物等级，或者按照文物等级定罪量刑明显过轻或者过重的，按照盗窃的文物价值定罪量刑。该解释还规定，五件同级文物视为一件高一级文物，但是价值明显不相当的除外。该司法解释作出了视案件具体情节不同而以文物等级或文物价值定罪量刑的规定，该规定遵循的基本原则为罪责刑相适应原则。本案被告人叶某某盗窃其哥哥叶某 1 家中收藏的铜钱十二枚、花钱一枚属于一般文物，经鉴定，价格分别为 114 元、1500 元，以文物等级定罪量刑，法定刑为三年以上十年以下有期徒刑，与叶某某罪责明显不相适应，量刑过重，故综合考虑叶某某的犯罪动机、犯罪情节、文物性质，本案以文物价值定罪量刑与叶某某的罪责相适应。被告人叶某某被抓获归案后如实供述了犯罪事实，系坦白，依法可从轻处罚；庭审时，自愿认罪认罚，依法可从宽处理；配合公安机关将扣押的铜钱等赃物退还被害人，依法可酌情从轻处罚；被害人汤某某、叶某 1 是被告人叶某某亲属，均表示对叶某某谅解，且请求法庭对叶某某从轻处罚，依法应对叶某某酌情从宽处理。被告人叶某某曾因犯盗窃罪被判处刑罚，具有前科，酌情从重处罚。综合上述情节，依法对被告人叶某某从轻处罚。据此，判决如下：

一、被告人叶某某犯盗窃罪，判处有期徒刑一年，并处罚金人民币 5000 元；

二、责令被告人叶某某退赔被害人汤某某人民币 5600 元，退赔被害人陈某某人民币 4500 元。

案件宣判后，判决已生效。

【法官后语】

盗窃民间收藏文物案件涉及文物等级、文物价值两个标准时，不应机械适用《最高人民法院、最高人民检察院关于办理妨害文物管理等刑事案件适用法律若干问题的解释》第二条第一款的规定，而应以罪责刑相适应原则为指导，综合考量影响盗窃文物犯罪行为危害性大小与行为人刑事责任大小的各项因素，以文物等级为定罪量刑标准处罚明显过重时，应当选择文物价值作为定罪量刑标准。

本案中，被告人叶某某盗窃的铜钱十二枚、花钱一枚属于一般文物，经鉴定价格共计1614元。关于被告人盗窃的定罪量刑标准，存在两种不同观点。

观点一认为，应依文物等级对被告人定罪量刑。根据《最高人民法院、最高人民检察院关于办理妨害文物管理等刑事案件适用法律若干问题的解释》第二条第一款以及第十三条的规定，本案被告人盗窃一般文物13件，可折算为三级文物2.6件，应认定为“数额巨大”，量刑幅度为三年以上十年以下有期徒刑，并处罚金。

观点二认为，应依文物价值对被告人定罪量刑。根据《最高人民法院、最高人民检察院关于办理盗窃刑事案件适用法律若干问题的解释》第九条第三款以及《最高人民法院、最高人民检察院关于办理妨害文物管理等刑事案件适用法律若干问题的解释》第二条第二款的规定，本案被告人盗窃的文物属于民间收藏文物，按照文物等级量刑明显过重，应当按照文物价值定罪量刑，法定刑为三年以下有期徒刑、拘役或者管制，并处或者单处罚金。

一、罪责刑相适应原则的逻辑贯通

盗窃文物犯罪的定罪量刑经历了从单一标准（文物等级）向双重标准（文物等级与文物价值）的转变，《最高人民法院、最高人民检察院关于办理盗窃刑事案件适用法律若干问题的解释》与《最高人民法院、最高人民检察院关于办理妨害文物管理等刑事案件适用法律若干问题的解释》二者关于盗窃文物犯罪的定罪量刑标准虽不尽一致，但指导原则都是罪责刑相适应原则。《最高人民法院、最高人民检察院关于办理盗窃刑事案件适用法律若干问题的解释》依据不同行为对象的社会危害性区分“国有馆藏文物”及“民间收藏文物”；而《最高人民法院、最高人民检察院关于办理妨害文物管理等刑事案件适用法律若干问题的解释》赋予法官一定的自由裁量权，在根据文物等级定罪量刑确实畸轻畸重时，转而适用文物价值标准①。不仅如此，该司法解释第十三条在坚持文物折算规则的基础上，还特别规定了“价值明显不相当的除外”。这些都是罪责刑相适应原则的具体体现。

① 喻海松：《文物犯罪若干问题辨析》，载《法律适用》2016年第6期。

二、盗窃文物犯罪定罪量刑标准的确定

以罪责刑相适应原则为指导，要求我们在办理盗窃文物犯罪具体案件时，要综合考虑犯罪行为的社会危害性大小（罪）与行为人的刑事责任大小（责），据此选取适当的定罪量刑标准，不能机械地以文物等级或文物价值作出裁判。这也是准确适用法律，特别是《最高人民法院、最高人民检察院关于办理妨害文物管理等刑事案件适用法律若干问题的解释》第二条的前提，只有综合判断盗窃文物犯罪的罪与责后，才能得出按照文物等级定罪量刑是否明显过轻或者过重的结论。行为人刑事责任的轻重主要由犯罪构成事实的整体性质和危害程度来决定的，除此之外，还包括被告人的年龄、精神状况、有无前科、累犯、自首、坦白、立功等其他影响刑事责任的因素。

其一，就本案而言，叶某某盗窃的对象为民间收藏文物“铜钱”“花钱”，是各朝代作为货币予以发行的，发行量大，价值不高，通常由私人持有。其中12枚铜钱的价格共计114元，其作为文物的历史、艺术、科学价值相对较低。且该13件文物存放于被害人衣柜抽屉中，与盗窃博物馆文物相比社会危害性较小。其二，本案被告人盗窃的是近亲属的财产，根据《最高人民法院、最高人民检察院关于办理盗窃刑事案件适用法律若干问题的解释》第八条的规定，一般可以不认为是犯罪或应当酌情从宽。鉴于其犯罪对象的特殊性，在量刑上应当区别于普通盗窃案件。其三，叶某某在第二起犯罪事实中，起初并无盗窃文物的犯罪故意，而是在盗窃社保卡时顺手牵羊，并未明确认识其中包含文物，其主观方面的危害性较小。其四，叶某某虽有盗窃前科，但具有坦白情节，自愿认罪认罚，涉案文物案发后即被追回并发还被害人，没有造成文物流失的危害后果。

综上，从叶某某犯罪的对象、手段、具体损害结果、被告人与被害人的特殊关系、主观方面、被告人犯罪后的具体情况等进行综合分析，以文物等级作为定罪量刑标准，将导致被告人被判处三年以上有期徒刑，明显量刑过重，违背罪责刑相适应原则。

编写人：江西省吉水县人民法院　刘美华　周秋云

45

主观上意识到涉案财物是“有主物”，客观上仍采取一系列积极主动行为，占有他人财物，数额较大的，应如何定性

——王某某等盗窃案

【案件基本信息】

1. 裁判书字号

河南省平顶山市中级人民法院（2023）豫04刑终291号刑事判决书

2. 案由：盗窃罪

【基本案情】

2023年4月24日17时许，被告人马某某在某鹅厂喂鹅时，看见山坡上的一群生猪跑到附近，遂预谋将生猪抓捕屠宰后食用。后，找到被告人尚某某、李某某，电话通知了被告人王某某，被告人王某某又电话通知了被告人程某某。五人赶到现场后，分工配合，使用方钢、木棍、石块等工具将生猪运送至被告人王某某经营的“乡村大锅台”内屠宰，猪肉由上述被告人及其他参与屠宰人员分获。经鉴定，被盗的六头生猪价值人民币19921元。案发后，被告人程某某、李某某、尚某某各赔偿被害人人民币10000元，并取得被害人的谅解。经现场走访，事发的山坡被多人承包，其中包含本案被告人王某某、李某某和被害人杨某某。山坡上尚可见养鹅、养猪、养牛等场所。被害人杨某某的养猪场与生猪被刺死之地距离并不远。

【案件焦点】

1. 涉案牲畜能否认定为遗失物；2. 该行为应如何定性。

【法院裁判要旨】

河南省鲁山县人民法院经审理认为：被告人王某某、程某某、马某某、尚某某、李某某以非法占有为目的，结伙盗窃他人财物，数额较大，其行为已构成盗窃罪。依照《中华人民共和国刑法》第二百六十四条、第二十五条、第五十二条、第四十七条，《中华人民共和国刑事诉讼法》第十五条之规定，判决：

一、被告人王某某犯盗窃罪，判处有期徒刑一年三个月，并处罚金人民币 5000 元；

二、被告人马某某犯盗窃罪，判处有期徒刑一年三个月，并处罚金人民币 3000 元；

三、被告人程某某犯盗窃罪，判处有期徒刑十一个月，并处罚金人民币 1000 元；

四、被告人尚某某犯盗窃罪，判处有期徒刑十个月，并处罚金人民币 1000 元；

五、被告人李某某犯盗窃罪，判处有期徒刑十个月，并处罚金人民币 1000 元。

一审宣判后，程某某、李某某提出上诉。河南省平顶山市鲁山县人民检察院提出抗诉。

河南省平顶山市中级人民法院经审理认为：原判定罪准确，鉴于本案猪逃出圈，有主人管理不善因素，结合程某某、尚某某、李某某在共同犯罪中所起作用较小等情况，原判对该三人的量刑偏重，二审予以调整。改判：

一、上诉人程某某犯盗窃罪，判处有期徒刑八个月，并处罚金人民币 1000 元；

二、上诉人李某某犯盗窃罪，判处有期徒刑八个月，并处罚金人民币 1000 元；

三、原审被告人尚某某犯盗窃罪，判处有期徒刑八个月，并处罚金人民币 1000 元。

【法官后语】

涉案牲畜能否认定为遗失物，是本案控辩双方争议的焦点。对遗失物的判断，在综合法学理论的基础上，要结合一般社会观念等因素进行综合判断。另外，要避免对行为人的行为机械套用犯罪构罪要件，应在遵循主客观相一致原则的基础上，准确定罪量刑，方能更好发挥司法的引领作用。

一、涉案牲畜不应认定为遗失物

涉案牲畜是否属于遗失物，权属人的占有是否丧失，不能机械地以空间距离的远近作为唯一决定因素，应当根据案件的具体情形，参酌日常社会生活的准则和群众一般社会观念，结合具体时空等因素加以判断。

本案中，行为人屠宰涉案牲畜的地点与牲畜所属养猪场相距约1公里，行为人均为附近村民，对山坡周围环境有一定的了解。案发前，养猪场曾有过猪跑出圈的情况，根据当地的地理情况及生活经验，看到涉案牲畜的时候，应当明知涉案牲畜属于养猪场所有。另外，野猪与圈养猪的外貌相差较大，成群出现在居民生活区的场景并不常见，且案发当天，山坡上从养猪场跑出的猪数量较多，行为人辩解的“以为是野猪”的理由不能成立。

综上，涉案牲畜不能认定为遗失物。

二、行为人构成盗窃罪

本案应当定性为侵占罪还是盗窃罪，存在不同意见。笔者认为，对行为定性的分析，要坚持主客观相一致的原则。主观上要看行为人是否具有非法占有他人财物的故意，其中包括：一是行为人是否意识到财物是他人的；二是行为人主观上是否确实不打算归还。客观上看行为人“占有”涉案财物，是采取一系列积极主动行为后努力追求的结果，还是一种自然状态下的“占有”。

（一）行为人具有非法占有涉案牲畜的主观目的

侵占罪与盗窃罪的重要区别之一，即犯罪目的产生的时间不同。侵占行为人的非法占有目的，发生在实际持有或控制他人的托管物以及拾得他人的遗忘物或发现他人的埋藏物之后；而盗窃行为人的不法占有目的，发生在秘密窃取他人财物之前，即行为人是为了非法占有才去秘密窃取他人持有的公私财物。

根据被告人供述，行为人主观上明知涉案牲畜是附近猪场的猪，为实现贪便宜的非法占有目的，行为人分工配合，对涉案牲畜围堵拦截，屠宰后分割。综合行为人的行为来看，其主观上并不具有事后返还财物的主观意愿，客观上也因牲畜被屠宰而确无返还可能。

（二）行为人通过实施一系列积极主动的行为，取得了对涉案牲畜的控制权

侵占罪成立的前提是行为人在侵占他人财物之前，必须已经实际持有或控制他人财物，方式限于代为保管他人财物、拾得他人的遗忘物及发现他人的埋藏物三种方式。而盗窃罪的行为人在实施盗窃他人财物时，并不具备实际持有或控制他人财物的前提条件。

案发当天，本案行为人并未实际控制或持有涉案牲畜，而是采用了分工配合，利用钢叉、木棍、放狗赶猪等撵猪、杀猪的一系列积极主动的行为，行为人非法占有他人财物的意图明显，数额较大，应以盗窃罪追究其刑事责任。

三、关于量刑

涉案养猪场曾多次有过猪跑出猪圈，踩踏附近村民菜地的情形，养猪场主人并未采取相关措施避免此类行为的发生，而是采用放任的态度，置之不理，其对本案的发生也有一定的过错。

编写人：河南省平顶山市中级人民法院　宋红超　张顺强　孙梦蝶

46

油罐车驾驶员利用工作便利在运输途中窃取油品构成盗窃罪

——左某等盗窃案

【案件基本信息】

1. 裁判书字号

浙江省杭州市中级人民法院（2022）浙01刑终335号刑事裁定书

2. 案由：盗窃罪

【基本案情】

2018年8月至2021年2月，被告人左某、左某1、崔某某与被告人菲某1、菲某某、魏某、刘某、沈某某等人分别结伙，利用被告人菲某1等人运输成品油的工作便利，在某村委会附近路段等地私自打开油罐车出油口，以桶装的形式窃取车内他人的成品油，再由被告人左某等人收购并出售牟利。其中，被告人左某1从2019年4月开始参与窃取成品油，并主要负责在某停车场等地销售；被告人崔某某受被告人左某雇用，从2020年9月开始参与窃取成品油，主要负责接油并运至被告人左某1处销售。

被告人左某、左某1、菲某1、魏某、刘某、菲某某对起诉书指控的罪名均有异议，认为本案应定性为职务侵占罪。被告人沈某某、崔某某对起诉书指控的事实及罪名均无异议。

被告人左某、左某1、菲某1、魏某、刘某、菲某某的辩护人提出本案中油罐车驾驶员的行为应认定为职务侵占罪，具体理由如下：驾驶员受运输公司雇用，工作期间经手的油品丢失、被盗等后果由运输公司对外承担，本案驾驶员私卖的油品均是从未封铅的出油口放出的，说明托运人并未实际占有油品，运输过程中系由运输公司实际占有，应视为运输公司的财物，各驾驶员利用运输油品的职务便利，将本单位油品秘密窃为己有，符合职务侵占罪的构成要件。

【案件焦点】

本案应定性为职务侵占罪还是盗窃罪。

【法院裁判要旨】

浙江省杭州市萧山区人民法院经审理认为：被告人左某、左某 1、崔某某与被告人荘某 1、荘某某、魏某、刘某、沈某某等人分别结伙，以非法占有为目的，多次秘密窃取公私财物，其中被告人左某、左某 1、荘某 1 属于数额特别巨大，被告人魏某、刘某、沈某某、荘某某、崔某某属于数额巨大，其行为均已构成盗窃罪，系共同犯罪。关于本案定性的问题，根据证人证言及运输协议等证据可以证实被告人荘某 1、魏某、刘某、沈某某等人所运输的油品所有权为相关的用油公司，而非油品运输公司，油罐车的管理虽存在漏洞并未完全封铅，但并不意味着油品运输公司在运输途中即对油罐车中的油品具有支配权利，油品并未转移占有，故被告人荘某 1、魏某、刘某、沈某某作为驾驶员自然也未占有案涉成品油，此外同案人曾某某所卖油品及被告人刘某所卖部分油品虽非油罐中的油品而是油罐车油箱内的油品，但油品运输公司并未授权驾驶员除自身车辆使用外支配油箱内油品的权利，故窃取油箱内油品的行为也非侵占行为，被告人荘某 1、魏某、刘某、沈某某、荘某某的行为符合盗窃罪的构成要件。据此，判决如下：

一、以盗窃罪判处被告人左某犯盗窃罪，判处有期徒刑十三年，并处罚金 50000 元；

二、判处被告人左某 1 犯盗窃罪，判处有期徒刑十一年，并处罚金 30000 元；

三、判处被告人荘某 1 犯盗窃罪，判处有期徒刑十年六个月，并处罚金 30000 元；

四、判处被告人魏某犯盗窃罪，判处有期徒刑五年三个月，并处罚金20000元；

五、判处被告人刘某犯盗窃罪，判处有期徒刑五年，并处罚金20000元；

六、判处被告人沈某某犯盗窃罪，判处有期徒刑三年，缓刑四年，并处罚金10000元；

七、判处被告人崔某某犯盗窃罪，判处有期徒刑二年八个月，缓刑三年二个月，并处罚金8000元；

八、判处被告人莊某某犯盗窃罪，判处有期徒刑二年，缓刑二年六个月，并处罚金5000元。

一审宣判后，左某、左某1、莊某1、魏某提出上诉。

浙江省杭州市中级人民法院经审理后同意一审法院裁判意见，并裁定：

驳回上诉，维持原判。

【法官后语】

本案的争议焦点即涉案油罐车驾驶员的行为性质认定问题，一种观点认为，本案被盗油罐内油品非油品运输公司财物，油罐车驾驶员窃取油品也未利用职务便利，油罐车驾驶员仅利用运输油品的工作便利窃取用油公司的油品，其行为构成盗窃罪。另一种观点认为，油品运输公司在运输途中对承运油品具有保管义务，公司驾驶员在工作期间经手的油品丢失、被盗等后果由油品运输公司对外承担，故可就此认定油品运输公司对承运油品已实际占有，油罐车驾驶员利用运输途中经手油品的职务便利窃取油品的行为构成职务侵占罪。笔者倾向于第一种观点。

盗窃罪与职务侵占罪均是以非法占有财物为目的，侵犯财产所有权的犯罪。从犯罪构成要件来看，两者的区别包含以下三个方面：(1) 主体要件不同。盗窃罪是一般主体，职务侵占罪是特殊主体，即公司、企业或其他单位的人员。(2) 犯罪对象不同。盗窃罪非法占有的对象可以是任何公私财物，而职务侵占罪侵占的对象只限于本单位且是本人经手、管理的财物。(3) 犯罪手段不同。职务侵占罪侵占本单位财物的手段可以是盗窃、诈骗等多种，但均需利用职务便利；而盗窃罪侵占公司财物的方式并非利用职务便利。本案中，涉案油罐车驾驶员均符合盗窃罪及职务侵占罪的主体要件，区分此罪彼罪的重点在于犯罪对象、犯罪手段的区分，即犯罪对象是否系本单位财物，犯罪手段是否利用了职务便利。

一、罐体内油品能否认定为“本单位财物”

“本单位财物”包括但不仅限于本单位所有的财物，非本单位所有但由其合法占有的财物亦可认定为“本单位财物”。回归本案，油罐车罐体内的油品并非油品运输公司所有，但在运输途中能否认定已由油品运输公司实际占有是本案讨论的重点之一。笔者认为，罐体内的油品属于封缄物。封缄物具有对财物加封上锁等外部特征，本案油罐车罐体两侧均有封铅，油品运输亦有运输途中需完全封铅等的特殊行业要求，故油罐内油品完全符合封缄物的外部特征。而对于封缄物的占有归属问题学界一直存有争议，有学者认为，对封缄物的整体占有属于受托人，但是对于封缄物内的财物的控制属于委托人。还有学者认为，加封上锁的封缄物内的财物属于委托人控制。另有学者认为，受托人对加封或者上锁的封缄物的占有，也意味着对封缄物内财物的控制，所以对封缄物和内容物的非法占有都构成侵占罪。笔者认为，封缄物在运输途中占有并未因实际持有人的变化而转移，一如《中华人民共和国刑法》第二百五十三条第二款之规定，邮政工作人员私自开拆邮件而窃取财物的，依照盗窃罪定罪从重处罚，可见邮件、包裹的运输不因持有状态的改变而转移占有。同理，本案中，被告人茌某1等油罐车驾驶员虽系利用油罐车的管理漏洞窃取油品，但相关用油公司将封缄物交由油品运输公司承运，无论油罐有无完全封铅，相关用油公司显然并不想将罐中油品置于运输公司支配、控制之下，油品运输公司基于承运合同负有保证油品数量、质量和安全的责任，且合同中明确约定油罐车的封铅需到达目的地查验无误后方可开启，故油罐内油品在运输途中并未转移占有，不能就此将罐体内油品认定为“本单位财物”。

二、本案犯罪是否利用了职务便利

所谓“利用职务上的便利”是指行为人在实施犯罪时，利用自身的职权，或者利用自身因执行职务而获取的主管、管理、经手本单位财物的便利条件。这里的“主管”是指行为人在一定范围内拥有调配、处置本单位财物的职责，亦即对本单位财产具有一定的处分权；所谓“经手”是指行为人虽然不负有主管或者管理本单位财物的职责，但因工作需要而在特定的时间、空间内实际控制本单位财物。构成职务侵占罪必然要求行为人在非法占有本单位财物时，以其本人职务范围内的权限、职责为基础，利用其对本单位财物具有一定的主管、管理或者经手的职责，在实际支配、控制、处置本单位财物时实施非法占有行为。本案中，被告人荘某1等油罐车驾驶员系相应油品运输公司员工，接受公司安排从事油品运输工作，虽对车辆安全和行车安全负主要责任，对油罐车有管理的权限，同时负有将承运的油品安全运送至客户单位的义务，但在运输途中没有直接经手、接触油罐车内油品的职务便利，更无除自身车辆使用外支配油箱内油品的职务便利，故上述油罐车驾驶员实施本案犯罪仅利用其从事油品运输易于接触他人主管、管理、经手财物的便利，仅构成“利用工作上的便利”。

综上所述，被告人荘某1等油罐车驾驶员以非法占有为目的，利用运输油品的工作便利窃取油品，构成盗窃罪。

编写人：浙江省杭州市萧山区人民法院　孙珊珊

47

同时符合数额与情节入罪标准的盗窃行为所判处罚金数额可以不受盗窃数额的限制

——孙某某盗窃案

【案件基本信息】

1. 裁判书字号

北京市第三中级人民法院（2023）京03刑终396号刑事裁定书

2. 案由：盗窃罪

【基本案情】

1. 2023年4月12日凌晨，被告人孙某某在某交叉口路边，以砸车盗窃方式窃取被害人柳某丰田牌汽车车内茅台酒、听花酒、海参等财物，其中，部分财物销赃所得为10800元。

2. 2023年4月13日2时左右，被告人孙某某在某丁字路口处，以砸车盗窃方式窃取被害人王某某宝马牌汽车车内茅台酒、五粮液酒等财物，茅台酒经鉴定价值2998元，造成车辆损失1450元。

3. 2023年4月17日凌晨，被告人孙某某在某小区门前以砸车盗窃方式窃取被害人闫某奥迪牌汽车车内五粮液酒、茅台不老酒等财物，经鉴定价值2393元，造成车辆价格损失2190元。所窃物品已起获发还。当日盗窃闫某奥迪汽车车内物品之后，被告人孙某某又在某路与某街交界处，以砸车盗窃方式窃取被害人李某路虎牌汽车车内茅台酒，经鉴定价值3510元，造成车辆价格损失2250元；所窃物品已起获发还。被告人孙某某于2023年4月17日被抓获。起获破窗器1个，手电1个在案。

【案件焦点】

孙某某的盗窃行为达到数额较大的标准，同时也符合盗窃多次的入罪标准，对其罚金刑的判处是否可以不受盗窃数额的限制，原判对原审被告人孙某某的罚金刑判处是否适当。

【法院裁判要旨】

北京市朝阳区人民法院经审理认为：被告人孙某某以非法占有为目的多次盗窃他人财物，其行为已构成盗窃罪。鉴于被告人到案后如实供述所犯罪行，自愿认罪认罚，部分所盗窃物品已经发还，对其依法从轻处罚。在案物品一并处理。故判决：

被告人孙某某犯盗窃罪，判处有期徒刑二年六个月，罚金人民币 3 万元；责令被告人孙某某退赔被害人的经济损失；在案物品依法予以没收。

一审宣判后，北京市朝阳区人民检察院提出抗诉。

北京市第三中级人民法院经审理认为：原判认定孙某某盗窃三次，作案四起。在第二次、第三次盗窃犯罪中，有鉴定报告能够认定的盗窃数额共计 8901 元，但还有部分被盗物品未作价；在第一次盗窃犯罪中，被盗物品均未作价，但在案证据能够证实仅部分物品销赃数额就达 10800 元，该次单笔未作价的销赃数额已高于全案作价确认的盗窃数额。况且本案还有部分被盗物品无法作出价格鉴定，没有明确、具体的盗窃数额，故本案属于《最高人民法院、最高人民检察院关于办理盗窃刑事案件适用法律若干问题的解释》第十四条规定的盗窃数额无法计算的情形，应当在 1000 元以上 10 万元以下判处罚金。孙某某还采用破坏性手段实施盗窃活动，造成被害人车辆损失共计 5890 元，按照上述司法解释第十一条第一项的规定，应当从重处罚。综合考虑本案犯罪数额、违法所得、造成损失大小等犯罪情节，原判对孙某某判处罚金 3 万元并无不当，符合罪责刑相适应的原则。原判在量刑时已经充分考虑了孙某某所具有的量刑情节，对其所处刑罚并无不当。据此，裁定：

驳回抗诉，维持原判。

【法官后语】

本案原审被告人孙某某盗窃三次，作案四起，盗窃物品中可以确定的数额为8901元，达到数额较大的标准，同时也符合盗窃多次的入罪标准。本案的争议焦点就在于对孙某某罚金刑的判处应如何适用《最高人民法院、最高人民检察院关于办理盗窃刑事案件适用法律若干问题的解释》第十四条的规定，是否属于“没有盗窃数额或者盗窃数额无法计算”的情况，原判对原审被告人孙某某的罚金刑判处是否适当。

第一种观点认为，本案鉴定已确认的孙某某的盗窃数额为8901元，不属于没有盗窃数额或者盗窃数额无法计算的情形，应当在1000元至17802元之间对其判处罚金，原判对其判处的罚金数额超过盗窃数额二倍，属于适用法律错误，这也是检察院提出的抗诉理由。第二种观点认为，孙某某能够认定的盗窃数额虽然仅为8901元，但还有部分被盗物品并未作价，且从销赃数额来看远超可以确定的盗窃数额，从总体上属于“没有盗窃数额或者盗窃数额无法计算”的情形，应当对其在1000元以上10万元以下判处罚金。笔者同意后者的观点，有以下三点理由。

第一，本案从总体上看属于“没有盗窃数额或者盗窃数额无法计算”的情形。对于盗窃数额，认定的一般方法是按照有效价格证明或价格认证确定。本案被告人孙某某砸车盗窃3次，作案4起，其中能够作价的部分分别为2998元、3510元、2393元，共计8901元，另有一起被盗物品全部未作价，但可以确定部分销赃数额为10800元，还有一起被盗物品仅部分作价。现行司法解释已经取消1998年《最高人民法院关于审理盗窃案件具体应用法律若干问题的解释》（已失效）中关于“销赃数额高于按解释计算的盗窃数额的，盗窃数额按销赃数额计算”的规定，因此我们不能直接将销赃数额计算为盗窃数额，但可以将其纳入犯罪事实中考虑。既然原判在事实认定中客观描述了盗窃的财物，同时部分被盗物品由于客观原因没能鉴定作价，且未作价的部分中可以确认的销赃数额（10800元）高于当前已作价的数额（8901元），笔者认为，从总体上按照司法解释中盗窃数额无法计算的情况来适用更为恰当合适，符合本案的具体情况。

第二，适用“没有盗窃数额或者盗窃数额无法计算”的情形符合罪责刑相适应的原则。《中华人民共和国刑法》第五十二条规定，判处罚金，应当根据犯罪情节决定罚金数额。因此，在判处罚金刑的时候，应从犯罪数额、违法所得、损失大小、主观恶性、犯罪手段等方面综合考虑。本案被告人孙某某采用破坏性手段实施盗窃活动，犯罪手段恶劣，造成车辆损失共计5890元，按照现行司法解释的规定，应当从重处罚，不仅应在自由刑上从重处罚，在罚金刑方面亦应从重处罚。从违法所得来看，本案第一起盗窃事实中6瓶飞天茅台酒销赃数额为10800元，受害人柳某报案时陈述价格为18966元，且从社会常理来看，销赃数额一般小于盗窃物品实际价值，倘若将该销赃数额计入犯罪数额，判处罚金3万元仍在犯罪数额的二倍以下。综合考虑本案犯罪数额、违法所得、造成损失大小等犯罪情节，对孙某某判处罚金数额适用“没有盗窃数额或者盗窃数额无法计算”的情形，不受盗窃数额的限制，对其处以更重的罚金，与孙某某的犯罪情节更相适应，符合罪责刑相适应的原则。

第三，本案同时符合盗窃数额较大和多次盗窃，但以多次盗窃入罪更为合理。1979年《中华人民共和国刑法》对盗窃罪仅规定了“盗窃、诈骗、抢夺公私财物数额较大的”一种情形，随着经济社会和司法实践的不断发展变化，1997年《中华人民共和国刑法》增加了“多次盗窃”情形，2011年《中华人民共和国刑法修正案（八）》又增加了“入户盗窃、携带凶器盗窃、扒窃的”等情节入罪的情形，由此盗窃犯罪形成了以数额入罪的数额犯和以上述几种情形入罪的非数额犯。相应地，《最高人民法院、最高人民检察院关于办理盗窃刑事案件适用法律若干问题的解释》第十四条也对盗窃罪罚金刑的判处进行了调整，分别适应数额型和非数额型两种情形。实践中，盗窃行为既可以数额入罪，又可以情节入罪时，若因部分被盗物品无法作出价格鉴定等原因，导致能够认定的盗窃数额明显低于实际盗窃物品价值的情况，如前所述，应对其适用“没有盗窃数额或者盗窃数额无法计算”的情形，若认定其盗窃数额较大则与此相矛盾。因此，本案以多次盗窃入罪，盗窃数额作为犯罪情节更为适宜。

编写人：北京市第三中级人民法院　钟欣　边辑

48

利用公司的直播账号向自己私人账号打赏行为的定性

——穆某盗窃案

【案件基本信息】

1. 裁判书字号

江苏省盐城市亭湖区人民法院（2022）苏0902刑初493号刑事判决书

2. 案由：盗窃罪

【基本案情】

2021年1月，被告人穆某入职江苏某文化传媒有限公司运营部，担任直播运营一职，负责管理主播直播状态、剪辑和发布短视频。2022年1月13日至5月23日，被告人穆某秘密登录江苏某文化传媒有限公司多个短视频平台账号，通过直播打赏的方式，秘密转移该公司819958个某平台币（价值人民币81995.8元）到其控制的账号，并实际提现人民币33694.05元，另有15600个某平台币（价值人民币1560元）未提现。

被告人穆某被抓获归案后如实供述了上述事实。在本案侦查及审理期间被告人穆某已向公安机关退出全部赃款人民币81995.8元，该款已由公安机关全部发还被害单位。

【案件焦点】

1. 行为人偷偷登录公司的直播账号，向自己账户打赏后提现获利的行为应如何定性；2. 如何认定犯罪既遂的时间节点。

【法院裁判要旨】

江苏省盐城市亭湖区人民法院经审理认为：被告人穆某以非法占有为目的，采取秘密手段，窃取公私财物，数额巨大，其行为已构成盗窃罪。公诉机关指控的罪名成立，本院予以支持。被告人穆某归案后如实供述自己的罪行，且认罪认罚，依法予以从轻处罚。案发后被告人穆某退出全部赃款，酌情予以从轻处罚。根据被告人穆某的犯罪情节和悔罪表现，可给予其一定考验期限宣告缓刑。据此，判决如下：

被告人穆某犯盗窃罪，判处有期徒刑三年，缓刑四年，并处罚金人民币35000元。

案件宣判后，判决已生效。

【法官后语】

2009年《中华人民共和国刑法修正案（七）》颁布实施以来，非法获取计算机系统数据罪得以确立并实施。该罪的应用，对于完善我国刑法体系，保护公民法人的计算机信息系统数据，打击利用计算机实施犯罪行为的发生起到了较好的效果。但在司法实践中，该罪的认定存在诸多争议，其中争议最多当属该罪与盗窃罪区分的问题。对于如何惩治非法获取虚拟财产行为，各地法院裁判不一，不符合刑法制度的确定性原则，同时，也增大了司法审判工作的难度。

一、实践冲突：盗窃罪与非法获取计算机信息系统数据罪定罪分歧

以虚拟财产为对象的犯罪，是以非法获取计算机信息系统数据罪还是以盗窃罪处理，司法实践中均存在较大争议。一种观点认为，该类犯罪应以非法获取计算机信息系统数据罪论处；另一种观点认为，该类犯罪应以盗窃罪论处。

笔者认为，对于此类犯罪的定性不能一概而论。首先，虚拟财产具有管理可能性、转移可能性和使用价值，难以回避其财产属性，如果对该类犯罪不能以财产犯罪论处，在行为人通过暴力或者骗取等手段骗取虚拟财产的情况下，可能只能认定为侵犯人身的犯罪甚至是无罪，因为非法获取计算机系统数据罪

要求行为人必须以非法手段获取，如果不是技术手段，则难以认定该罪，这种结果显然令人难以接受。其次，虽然虚拟财产具有财产属性，但其与普通的财产依然存在很大的区别，突出表现为部分虚拟财产的价值缺乏普遍认可、相对客观的衡量标准。一方面，对于虚拟财产的持有者而言，它可能具有很大的价值，但是在部分不参与相关网络活动的人的眼中可能一文不值；另一方面，当前网络市场竞争激烈，一些游戏或者应用刚开始上市时可能炙手可热，虚拟财产的价格也水涨船高，但可能几年甚至短短几个月就被新的游戏或者应用替代，原有的用户也会将游戏或应用包括里面的虚拟财产置之一隅，即使想要将自己的虚拟财产连同账号打包出售，往往也要大打折扣，此时网络运营商出售的价格便不能反映虚拟财产的真实价格。综合以上，对于虚拟财产犯罪，要结合案件的具体情况综合认定行为人的行为性质，在无法认定行为人的行为构成计算机犯罪的情况下，如果可以确定虚拟财产的价值，则可以按照财产犯罪论处。

二、个案分析：本案认定为盗窃罪的观点阐释

（一）行为人偷偷登录公司的直播账号，向自己账户打赏后提现获利的行为的定性

本案不应以非法获取计算机系统数据罪论处。非法获取计算机系统数据罪，是指采用其他技术手段，获取该计算机信息系统中存储、处理或者传输的数据，情节严重的行为。被告人穆某系公司运营部的工作人员，其在工作过程中接触到了公司的某平台账号，随后其在自己手机上偷偷登录公司的直播账号，并对自己的账号进行打赏，并未采取技术手段。并且非法获取计算机系统数据罪属于妨害社会公共管理秩序的犯罪，侵犯的是社会公共法益，而本案中被害人只有虚拟财产的所有人直播公司，并不涉及社会公共法益的侵害。

本案不宜以职务侵占罪论处。职务侵占罪，是指公司、企业或者其他单位的人员，利用职务上的便利，将本单位财物非法占为己有，数额较大的行为，包括利用职务上的便利窃取、骗取、侵占本单位财物的行为以及其他将本单位财物占为己有的行为。行为人必须利用了职务上的便利，即利用自己主管、管理、经营、经手单位财物的便利条件。但这里的“管理”“经营”“经手”并

不是指普通意义上的经手，应是指对单位财产的支配与控制；或者说，利用职务上的便利是指利用本人职务上所具有的自我决定或者处置单位财物的权力、职权，而不是利用工作机会。被告人穆某系公司运营部工作人员，工作职责：一是转发主播的短视频；二是在直播掉线的情况下，帮助主播重新登录，其在工作中可以接触到公司的某平台账号，但是公司的某平台账号只能在公司的工作手机上登录，不可以在个人手机上登录。公司还有推广部，推广部负责使用公司事先充值好的某平台币按照公司要求打赏到指定的某平台账号。因此穆某利用的只是工作便利，而非职务便利，其行为不宜认定为职务侵占罪。

本案应以盗窃罪论处。根据《中华人民共和国刑法》第二百八十七条的规定："利用计算机实施金融诈骗、盗窃、贪污、挪用公款、窃取国家秘密或者其他犯罪的，依照本法有关规定定罪处罚。"换言之，即使行为人利用计算机实施犯罪，但只要其行为符合盗窃罪的构成要件，也应以盗窃罪论处。盗窃罪是指以非法占有为目的，窃取他人占有的数额较大的财物，或者多次盗窃、入户盗窃、携带凶器盗窃、扒窃的行为。

盗窃的对象应为刑法意义上的"财物"，某平台币能否认定为"财物"？首先，某平台币具有管理的可能性，一个人一旦注册了某平台账户成为某平台用户，就可以充值某平台币，形成对某平台币的管理和控制；其次，某平台币具有转移可能性，某平台币是由某平台公司发行，某平台用户通过人民币按照一比一的比例购买，以电磁记录的方式存储于某平台服务器内，并以特定数字单位表现的虚拟兑换工具，用户可以通过某平台币购买礼物赠与主播，主播也可以通过提现将某平台币转换为法定货币；再次，某平台币具有使用价值，其可以用于购买礼物、提升用户等级，可以满足用户的精神需求；最后，从案发前到判决宣告时，某平台 APP 均保持着数以亿计的平均日活跃用户，某平台币也依然保持着与人民币一比一的固定兑换比率，将某平台币认定为"财物"，符合一般民众的认知，其财产价值也可以确定。因此，某平台币可以认定为"财物"。

盗窃罪的行为是窃取他人占有的财物，窃取是指违反被害人的一致，将他人占有转为自己或第三者占有。本案中，被害单位直播公司注册账号之后在其账户中充值某平台币，实现了对某平台币的占有，被告人穆某通过打赏的方式将公司的某平台币占为己有，侵犯了公司对财物的占有权，建立了新的占有关系，应认定为盗窃罪。

（二）本案盗窃犯罪既遂的时间节点认定

盗窃罪应以财产所有人或占有人对财产失去控制作为犯罪既遂的标准。然而通过网络手段窃取虚拟财产有其特殊性，是以使用公司账户向他人账户打赏行为完成后即可认定犯罪既遂，还是以公司打赏行为完成后行为人陆续通过提现，实际到手时的时间节点认定犯罪既遂？既遂的标准也存在离账说和提现说之分。提现说观点认为，本案盗窃既遂的时间节点应为行为人实际提现，并以此节点认定行为人的盗窃金额。离账说观点认为，行为人将公司直播账户内资金向自己账户打赏，其行为即已构成盗窃既遂，应将其向自己账户内打赏的金额全部认定为犯罪金额。

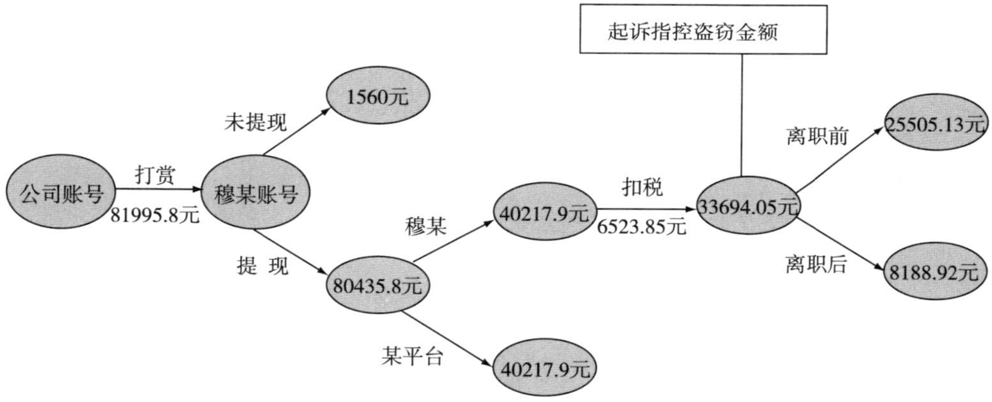

笔者同意第二种观点。盗窃既遂的标准是“失控+控制”，本案的犯罪对象是某平台币，是一种虚拟财产，当行为人将公司直播账户内资金向自己账户内打赏时公司已经对账户内的资金失去了控制，行为人取得了相关控制。至于后续提现过程是行为人对赃款进行的处置过程，不予考虑。

编写人：江苏省盐城市亭湖区人民法院　张佳　周楷敏　纪栋和

（三）诈骗罪

49

虚构事实以借款形式取得被害人财物的行为认定

——石某某诈骗案

【案件基本信息】

1. 裁判书字号

广西壮族自治区柳州市中级人民法院（2023）桂02刑终226号刑事裁定书

2. 案由：诈骗罪

【基本案情】

2020年9月至2022年7月，被告人石某某虚构政府防洪堤项目，称可以帮助被害人何某某、黄某某、梁某某承揽工程项目，以需收取前期运作费、资金、定金等费用为由，先后骗取了何某某、黄某某人民币共计75万元并与被害人签订了《收条》《借条》等，同时骗取了梁某某共计516万元（其中银行转账423万元，微信或现金支付93万元），后被告人石某某将上述钱款用于还债、购置车辆、日常消费及赌博挥霍等。2022年8月22日，被告人石某某经公安机关电话传唤后主动到案，在供述其犯罪事实中，被告人石某某主张其与被害人何某某、黄某某之间系经济纠纷，与梁某某之间系合同诈骗。

【案件焦点】

1. 本案石某某与何某某、黄某某是否属经济纠纷案件；2. 本案石某某对梁某某是否构成合同诈骗罪。

【法院裁判要旨】

广西壮族自治区柳州市城中区人民法院经审理认为：石某某虚构有内部关系，能帮忙拿下工程项目的事实，并向何某某、黄某某隐瞒一车二押及出卖抵押车辆的事实，骗取何某某、黄某某的信任，将所得款项用于购买车辆、偿还个人欠款、出境赌博等，足以体现其具有非法占有目的，其行为构成诈骗罪。其诈骗后，以收条、借条形式与何某某、黄某某签订协议，属于掩盖其诈骗犯罪的手段，且使何某某、黄某某产生认识错误，从而处置财产的原因并非收条、借条内容而是收条、借条内容之外虚构有内部关系，能帮忙拿下工程项目的诈骗行为，该行为没有体现市场经济活动、无市场交易特点，不符合合同诈骗罪的构成要件。据此判决如下：

一、被告人石某某犯诈骗罪，判处有期徒刑十二年，并处罚金人民币 30 万元；

二、责令被告人石某某退赔被害人何某某、黄某某经济损失人民币 68 万元（二被害人均分，若后续被告人家属自动履行承诺代为退赔剩余的 13 万元或二被害人通过其他程序获得，应从责令退赔金额中予以扣减）、退赔被害人梁某某经济损失人民币 516 万元。）

一审宣判后，石某某提出上诉。

广西壮族自治区柳州市中级人民法院经审理认为：石某某以非法占有为目的，虚构事实，隐瞒真相，骗取被害人财物，数额特别巨大，其行为构成诈骗罪。石某某所提认定数额有误和行为定性错误的上诉理由，原判已充分论述，结论正确，本院予以确认。综上，广西壮族自治区柳州市中级人民法院认为原判认定事实清楚，证据确实、充分，定罪准确，量刑适当，适用法律正确。审判程序合法。依照《中华人民共和国刑事诉讼法》第二百三十六条第一款第一项的规定，裁定如下：

驳回上诉，维持原判。

【法官后语】

本案的争议焦点在于石某某虚构事实以借款形式取得被害人财物的行为如何认定。

一、诈骗罪和民间借贷纠纷、合同诈骗罪之间的区别

（一）诈骗罪与民间借贷纠纷之间的刑民交叉点

诈骗罪是指以非法占有为目的，采用虚构事实或隐瞒真相的欺骗方式，使受害人陷于错误认识并“自愿”处分财产，从而骗取数额较大以上公私财物的行为，而民间借贷纠纷虽也是获得出借人的钱财，但主观上存在归还的意图，不具有非法占有的故意。二者之间的交叉点在于非法占有主观目的的存在与否。本案中，石某某虽与何某某、黄某某签订了《借条》《收条》，但石某某借款的意图并不真实，而是虚构项目导致被害人产生错误的认识向其出借了款项，因此石某某构成诈骗罪而非普通的民间借贷纠纷。

（二）诈骗罪与合同诈骗罪之间的边界认定

合同诈骗罪的构成涉及审查签订合同的实质，被告人是否以合同作为诈骗的手段，不能割裂整个诈骗过程单独看待“签订合同”的行为，且合同诈骗罪侵犯的客体是复杂客体，即合同诈骗罪除侵犯公私财产所有权外，还包括扰乱了合同管理行业的犯罪客体领域的市场秩序，而诈骗罪的犯罪客体是针对公私财产的所有权。本案中，石某某（被告人）的犯罪行为所指向的是被害人的私有财产，且未以订立合同作为诈骗手段，也未涉及合同管理行业的市场秩序，故不应以合同诈骗罪来认定被告人石某某的犯罪行为。

二、诈骗罪成立范围的体系性认定

诈骗罪类案件审理过程中一般应查明赃款的去向，这对证实被告人具有非法占有目的具有重要意义，但是在无法查明去向的情况下，结合在案的客观证据可以对其主观上是否具有非法目的进行推定。

（一）不过分苛刻非法占有目的的主观证据

实践中，对于犯诈骗罪的案件，认定非法占有目的的主观证据除被告人供述等直接证据及证人证言等间接性证据外，很少存在其他能证实被告人非法占

有目的的证据，造成财产损失作为非法占有目的的实质内核，存在高度风险过渡至现实化的过程。如行为人获取出借人的资金后将资金用于其他正常经营性活动的，不应一律认为财产损失已经陷入高度风险之中。这是因为，将资金用于其他正常性活动有风险大小之分。换言之，如果该经营性活动的实际风险与被害人投资时所预想的风险相当甚至更小，则不宜评价为足以使被害人的财产损失陷入高度风险之中，应否定非法占有目的的存在。反之，如果实际风险远大于被害人投资时所预想的风险，则表明财产损失已经陷入高度风险之中。此种情形下，应结合履约能力和履约行为来综合认定是否具有非法占有目的。本案中，石某某向被害人虚构可以帮被害人拿到工程项目，使被害人基于错误认识投入资金、与被告人石某某签订了《收条》《借条》等，而石某某实际并未真实地拿到工程项目，即可以认定被害人的财产损失已经陷入高度风险之中，即有非法占有目的的存在。

（二）避免非法占有目的推定的不当限缩

需要明确的是，对于推定基础事实的理解与认定不应超出诈骗罪的构成要件，倘若现有证据足以印证行为人并未将资金用于或计划用于形成自身归还能力的用途，那么实际上已经对他人的财产权益造成严重侵害，同样，在无法查清资金是否为行为人实际占有或获益的情形下，站在实际财产权益人的角度已能够认定其针对财务占有、支配的地位被行为人的行为所排除，在符合其他推定规则的情况下，不应以未能查明资金去向来认定无法排除合理怀疑，才能有效避免在认定诈骗罪构成要件中对于非法占有目的认定的不当限缩。

编写人：广西壮族自治区柳州市城中区人民法院　莫佳璐　蓝子翔

50

多环节型诈骗既遂时间节点的认定

——李某某等诈骗案

【案件基本信息】

1. 裁判书字号

广西壮族自治区柳州市中级人民法院（2023）桂02刑终149号刑事裁定书

2. 案由：诈骗罪

【基本案情】

2022年6月，被告人李某某与杨某、李某（均在逃）等人商议通过购买运输公司，向石油公司、石化公司办理车队加油卡，以公司名义虚构可以以优惠价格代充值油卡的方式骗取被害人的钱款，所得赃款通过转入被告人一方控制的加油卡后套现。李某某指示被告人吕某购买运输公司、找人担任公司法定代表人及业务经理。吕某通过他人购买两个运输公司并更名为A运输公司、B运输公司，租赁某大道某广场×栋×号作为办公地点，找到被告人韦某某担任上述两家公司法定代表人、被告人江某某担任上述两家公司业务经理。被告人吕某主要负责向被告人韦某某、江某某传达被告人李某某的指令，被告人韦某某、江某某主要负责办理加油卡，通过网络平台对外发布优惠代充值信息，并与被害人沟通，通过初期及时为客户充值骗取被害人的信任。

2022年7月29日，被告人韦某某、江某某按照被告人李某某、吕某的要求，虚构公司需要大额充值，诱骗李某1、倪某、贾某、钟某等11人陆续向运输公司对公账户转款共计人民币288.17万元，其中李某1、倪某、贾某、钟某转入195.38万元。尔后，韦某某从公司账户转账158.7万元进入石油公司账户，转账132万元进入石化公司账户，江某某、吕某立即按照李某某的指示将石油公司账户中的157万元分配到非被害人控制的石油公司副卡中。当李某1等11人发现充值未到账后即到上述公司办公地点找到韦某某、江某某，通过圈存主卡资金、挂失副卡等方式追回部分款项。李某1、倪某、贾某、钟某向公安机关报案，另有7人未报案。经核对，报案的四名被害人立案前共追回金额117.92416万元，立案后追回金额10.805946万元，即四被害人被诈骗金额共计195.38-117.92416=77.45584万元，损失金额共计66.649894万元。

【案件焦点】

在存在多环节的诈骗犯罪案件中，犯罪既遂的时间节点如何认定。

【法院裁判要旨】

广西壮族自治区柳州市城中区人民法院经审理认为：被告人李某某、吕某、韦某某、江某某以非法占有为目的，虚构事实、隐瞒真相，骗取他人财物，且数额特别巨大，其行为已构成诈骗罪，公诉机关指控的罪名成立，但指控的数额有误，依法予以纠正。四被告人因意志以外的原因，部分犯罪金额未得逞，该部分系犯罪未遂，可以比照既遂犯从轻或减轻处罚。在共同犯罪中，李某某与他人合伙共谋实施诈骗、完善诈骗流程、接收诈骗前期资金、传达或发布指令给吕某等被告人，系主犯；被告人吕某、韦某某、江某某按照李某某的指示具体实施犯罪，系从犯。被告人韦某某系累犯；被告人吕某、江某某均具有自首、认罪认罚的从轻情节，具有犯罪前科的酌情从重处罚情节。

广西壮族自治区柳州市城中区人民法院依照《中华人民共和国刑法》第二百六十六条、第二十五条第一款、第二十六条第一款及第四款、第二十七条、第六十五条第一款、第六十七条第一款、第五十二条、第五十三条、第六十四条，《最高人民法院、最高人民检察院关于办理诈骗刑事案件具体应用法律若干问题的解释》第一条、第六条，《中华人民共和国刑事诉讼法》第十五条、第二百零一条等法律规定，作出如下判决：

一、被告人李某某犯诈骗罪，判处有期徒刑十一年五个月，并处罚金人民币 10 万元；

二、被告人韦某某犯诈骗罪，判处有期徒刑十年二个月，并处罚金人民币 9 万元；

三、被告人吕某犯诈骗罪，判处有期徒刑八年四个月，并处罚金人民币 7 万元；

四、被告人江某某犯诈骗罪，判处有期徒刑七年三个月，并处罚金人民币 5 万元；

五、责令被告人李某某、韦某某、吕某、江某某退赔各被害人损失。

一审宣判后，广西壮族自治区柳州市城中区人民检察院提出抗诉，李某某提出上诉。

广西壮族自治区柳州市中级人民法院经审理认为：原判认定犯罪数额有误，依法予以纠正，采纳检察机关所提抗诉意见。本案不存在诈骗未遂金额，原判认定未遂金额 132 万元，属于法律适用错误，依法予以纠正。虽然原判认定犯罪数额有误，但所判处刑罚与二审认定的犯罪数额等事实、情节仍相适应。其余同意一审法院裁判意见，裁定：

驳回上诉，维持原判。

【法官后语】

本案的争议焦点是在存在多环节的诈骗犯罪案件中，犯罪既遂的时间节点如何认定，这不仅是行为人刑事责任承担的问题，还可能涉及行为人犯罪数额等实体事实的认定。

学理上，关于诈骗犯罪的既遂标准学说纷呈，主要有“失控说”“控制说”“失控加控制说”“占有说”等，反映到司法实践中，诈骗既遂标准的认识不同，可能直接影响行为定性，如电信网络诈骗犯罪共犯或掩饰、隐瞒犯罪所得罪等区分。在普通诈骗犯罪案件中，则可能影响犯罪数额等实体事实的认定，或者因犯罪形态评价不同而影响刑事责任的认定。

笔者认为，诈骗罪既遂的判断，需要同时考虑行为人或第三人取得财产和被害人遭受财产损失两个要素。取得财产是从事实角度理解诈骗既遂，为认定诈骗既遂提供了时间点上的参照；而对于财产损失的判断是从所保护法益的角度规范地判断是否既遂以及诈骗数额的大小。然而取得财产这一要素虽为认定诈骗既遂提供了时间点上的参照，但对于多环节诈骗案件中，何时认定行为人或者第三人取得财产，也存在见仁见智的情况。笔者认为，在账户支付型诈骗案件中，根据社会一般人的观念，被害人如果已经将钱款转到了行为人指定的账户中，行为人能够支配、控制该账号内的钱款，如可以进行消费、转账、随时支取等，应认为行为人已经取得了财产，且被害人在处分行为中已经有财产损失，应认定为诈骗既遂。

本案中，被告人李某某为避免刑事打击，设置了多环节诈骗流程，即首先虚构有渠道以优惠价格代充值油卡的事实，通过购买空壳公司设立对公账户，让被害人将钱款转入对公账户后，再将钱款转入公司在石化公司开设的主卡中，先期如约以优惠价格充值进被害人持有的副卡当中获取被害人信任，诱骗被害人加大充值后，通过充值进李某某合伙人控制的多张副卡中予以套现获利，当被害人发现钱款未到账时，便以充值失误为由，从而将诈骗行为转为民事纠纷来避免刑事打击。然而各行为人在相互配合过程中，被害人将钱款转入公司对公账户后，因其他原因导致原本应当转入石化公司主卡的钱款，却转入副卡均由被害人实际控制的石油公司的主卡中，导致行为人实际上未取得该部分钱款，各被害人发现被骗后，部分被害人已经通过自行分配的方式获得约定充值的钱款。

首先，从被告人取得财物的时间节点分析。如果以被害人钱款进入行为人控制的石化公司账户中为时间节点，则因其他原因进入被告人无控制副卡的账户的部分钱款，因客观原因，行为人无法取得，应认定为犯罪未遂；而如果以被害人钱款进入第一环节及被告人所设立公司的对公账户即认定犯罪既遂，即使在其他环节因客观原因最终未取得钱款的，也不存在犯罪未遂。一审法院持前者标准，故认定存在部分犯罪未遂数额。二审法院及抗诉检察机关持后者标准，认定本案被害人已经将钱款转入被告人所设立公司的对公账户，被告人已经取得财物的控制权，被告人可以选择不走后续其他诈骗流程，直接将钱款支取、转账或者消费，其后续的诈骗流程系被告人掩饰、隐瞒犯罪的手段。

其次，从被害人遭受财产损失的法益保护角度出发，被害人处分财产后，失去了对财物的支配权、控制权。本案中，被害人将钱款转入被告人所设立公司的对公账户后，涉案财产已经脱离了被害人的控制，财产的支配、控制权已经转移到被告人手中，被告人事实上支配了财物，应认定为犯罪既遂，所转入对公账户的钱款中被害人报案所转入部分应认定为犯罪既遂数额，部分被害人未报案的，因未达证据确实、充分的证明标准，不宜将该部分计入被告人诈骗犯罪既遂数额。

综上，在多环节诈骗犯罪案件中，要综合考虑行为人或第三人取得财产和被害人遭受财产损失两个要素，明确犯罪既遂时间点，准确认定行为人犯罪形态及既遂犯罪数额，实现被告人罪责刑相适应及被害人法益保护二者的平衡。

编写人：广西壮族自治区柳州市城中区人民法院　李金铃

51

请托型诈骗行为性质的认定及不法原因给付财物的处置问题

——董某某诈骗案

【案件基本信息】

1. 裁判书字号

广西壮族自治区贺州市中级人民法院（2024）桂11刑终10号刑事裁定书

2. 案由：诈骗罪

【基本案情】

2021年7月，被告人董某某对被害人何某某承诺能够疏通关系帮助其涉嫌故意伤害罪的丈夫彭某某获得从轻处理，要求何某某支付“打点费”。何某某信以为真，先后向董某某转账共计45000元。董某某通过他人联系伤者赵某某询问能否协商赔偿，在得到赵某某要求赔偿不少于10万元的答复后不了了之。最终何某某多次前往赵某某家中协商，赔偿了8.1万元后取得赵某某对彭某某的谅解。钟山县人民法院以彭某某犯故意伤害罪判处有期徒刑一年，缓刑一年六个月。

缓刑考验期间，彭某某因交通肇事逃逸于2023年3月被处以行政拘留五日。彭某某因在缓刑考验期间有重大违法行为，被撤销缓刑后送到监狱服刑。何某某再次找到董某某，董某某承诺可以疏通关系帮助彭某某办理保外就医，需要何某某支付“打点费”。何某某信以为真，先后向董某某转账共计49800元。董某某找了其叔董某咨询能否将彭某某“捞”出来，在得到没有办法“捞人”的答复后不了了之，并将上述“打点费”用于偿还债务和日常花销。同年6月，何某某经多次追问“捞人”结果和要求退还“打点费”无果后发现被骗，遂向警方报案。董某某经昭平县公安局民警电话联系后主动到案。

被告人董某某辩解其不懂自己的行为是否构成诈骗罪。辩护人提出董某某主观上没有诈骗的故意，客观上没有实施诈骗的行为，公诉机关指控事实不清，证据不足，董某某不构成诈骗罪。

【案件焦点】

1. 董某某承诺为何某某“捞人”而收取“打点费”的行为是否构成诈骗罪；2. 刑事诉讼中基于不法原因给付的财物该如何处置。

【法院裁判要旨】

广西壮族自治区昭平县人民法院经审理认为：被告人董某某以非法占有为目的，采用虚构事实、隐瞒真相的手段，诈骗他人94800元，数额巨大，其行为确已触犯《中华人民共和国刑法》第二百六十六条的规定，构成诈骗罪。辩护人提出董某某主观上没有诈骗的故意，客观上没有实施诈骗的行为，不构成诈骗罪的辩护意见，与查明的事实不符，不予采纳。董某某在接到警方电话通知后主动到案，并如实供述自己的主要犯罪事实，其对其行为性质的认知不影响自首的成立，依法构成自首，可以从轻处罚。被害人何某某在其丈夫犯罪后，出于非法目的，请托董某某使用钱款去检察院疏通关系“捞人”，该请托行为系违法行为，其支付给董某某的钱款依法应予以没收，上缴国库。据此，以诈骗罪判处被告人董某某有期徒刑三年，并处罚金人民币 1 万元；责令被告人董某某退还违法所得 94800 元，予以没收，上缴国库。

一审宣判后，被告人董某某提出上诉。

广西壮族自治区贺州市中级人民法院经审理认为：一审认定事实清楚，证据确实、充分，定罪准确，适用法律正确，量刑适当，审判程序合法，应予维持。据此，作出裁定：

驳回上诉，维持原判。

【法官后语】

本案的争议焦点在于被告人董某某承诺为何某某“捞人”而收取“打点费”的行为是否构成诈骗罪以及刑事诉讼中基于不法原因给付的财物该如何处置。

一、董某某构成诈骗罪

诈骗罪是指以非法占有为目的，虚构事实、隐瞒真相，使用欺骗手段，骗取数额较大公私财物的行为。民事欺诈行为是指一方以欺诈手段，使对方在违背真实意思的情况下实施的民事法律行为。可见，民事欺诈与刑事诈骗均存在“欺诈”，但程度不同，刑事诈骗是“无中生有型”欺诈，民事欺诈系“夸张、扩大型”欺诈。区分诈骗罪与民事欺诈行为最主要还是要看行为人是否具有非法占有目的。判定行为人是否具有非法占有目的，应当综合考虑行为人事前、事中以及事后实施的各种客观行为。

具体到本案，在第一笔犯罪事实中，董某某声称其可以通过疏通关系帮助何某某的丈夫获得从轻处理，但其在收受“打点费”后并没有积极去履行承诺的意愿。实际上董某某也不具备办事成功的可能性，其要求何某某支付“打点费”具有非法占有的目的。

在第二笔犯罪事实中，董某某明知自己没有能力帮助何某某“捞人”，仍声称其可以疏通关系帮助被害人的丈夫办理保外就医，虚构了事实上和法律上不可能的事实，很显然是“无中生有型”欺诈。综上，董某某主观上非法占有他人财物的故意明显，客观上实施了借“捞人”之名虚构事实，骗取他人财物且数额巨大，构成诈骗罪。

二、刑事诉讼中基于不法原因给付的财物的处置

刑事诉讼中，对于违法所得的处置，《中华人民共和国刑法》第六十四条规定，犯罪分子违法所得的一切财物，应当予以追缴或者责令退赔；对被害人的合法财产，应当及时返还；违禁品和供犯罪所用的本人财物，应当予以没收。没收的财物和罚金，一律上缴国库，不得挪用和自行处理。也就是说，被害人的合法财产，应当返还被害人。本案中，何某某支付给董某某的9万余元“打点费”原本是其自身的合法财产，但是其基于不合法的目的，在董某某的诱导下进行了处置，该财物的性质自然发生了变化。此时，该财物应当如何处置，确实值得商榷。

实践中，对于不法原因给付的财物是否应当返还给付人存在争议，各地的判决不一，有判决返还给付人的，也有判决予以没收的。笔者赞同判决予以没收的意见，理由有：一方面，与《中华人民共和国刑法》第六十四条保护被害人合法财产的规定相一致。被害人基于不法原因给付财物，委托的往往是违法行为，其给付的财物也随之发生质的变化。另一方面，与我国民法典保护当事人合法权益的理念相一致。《中华人民共和国民法典》第三条规定，民事主体的人身权利、财产权利以及其他合法权益受法律保护，任何组织或者个人不得侵犯。即保护的也是合法权益。再者，《中华人民共和国刑法修正案（十二）》对《中华人民共和国刑法》第三百九十条作了大篇幅修改，尤其是新增了对司法人员的行贿属于从重处罚情形。本案中，何某某为了谋取不正当利益，企图通过董某某给予司法人员财物，本意就是行贿，这种行为违反了我国有关法律和政策的强制性规定，违背了公序良俗，也助长了社会上的不正之风，其行为目的和手段都不合法。因此，对何某某给付董某某的财物即董某某的违法所得，

判决追缴后予以没收，上缴国库，符合我国法律的规定及司法理念的要求。综上，对董某某的违法所得94800元，应当在追缴后予以没收，上缴国库。

编写人：广西壮族自治区昭平县人民法院　卢春燕

52

明知他人实施电信网络诈骗犯罪，利用“GOIP”网关设备远程提供支持，构成诈骗罪

——谭某、陈某诈骗案

【案件基本信息】

1. 裁判书字号

广西壮族自治区来宾市兴宾区人民法院（2023）桂1302刑初18号刑事判决书

2. 案由：诈骗罪

【基本案情】

2022年6月25日至29日，被告人谭某、陈某通过网络收购多张手机卡，利用手机、音频转接线等器材，在某宾馆房间内、某镇甘蔗田等地，从通讯APP上接受诈骗团伙的远程指示，操作“GOIP”（虚拟拨号设备）网关设备为诈骗分子提供远程通讯基站跳转服务，帮助诈骗分子远程拨打被害人刘某某的电话实施诈骗活动，致使刘某某被诈骗分子以冒充买家的方式骗取1.7万元。2022年6月29日，谭某、陈某在某宾馆401号房内操作“GOIP”网关设备远程拨打诈骗电话时被公安机关当场抓获，二人作案时所使用的手机、手机卡、音频转接线等工具被扣押。

【案件焦点】

行为人明知他人实施电信网络诈骗犯罪，仍利用“GOIP”网关设备远程为诈骗犯罪提供技术支持的行为定性。

【法院裁判要旨】

广西壮族自治区来宾市兴宾区人民法院经审理认为：被告人谭某、陈某明知他人实施诈骗犯罪，仍为他人提供远程通讯基站跳转服务，帮助他人利用电信网络技术手段以虚构事实的方法骗取被害人财物，数额较大，其行为已构成诈骗罪。在电信网络诈骗共同犯罪中，谭某、陈某合伙参与远程转拨诈骗电话活动，均起次要作用，均系从犯，应当从轻处罚。谭某、陈某被动归案后如实供述自己的罪行，且自愿认罪，可以从轻处罚。综上所述，依照《中华人民共和国刑法》第二百六十六条、第二十五条第一款、第二十七条、第五十三条第一款、第六十四条、第六十七条第三款，《中华人民共和国刑事诉讼法》第十五条的规定，判决如下：

一、被告人谭某犯诈骗罪，判处有期徒刑十个月，并处罚金人民币5000元；

二、被告人陈某犯诈骗罪，判处有期徒刑十个月，并处罚金人民币5000元；

三、责令被告人谭某、陈某共同退赔被害人刘某某经济损失人民币17000元；

四、扣押在案的手机、手机卡、音频转接线等作案工具，由扣押机关予以没收，作物证保存。

案件宣判后，判决已生效。

【法官后语】

本案系一起利用“GOIP”设备实施电信网络诈骗案件。“GOIP”全称Gsm Over Internet Protocol，是网络通信的一种硬件设备，一般由“GOIP+卡池设备”组成，配套的卡池设备可以插入上百张手机卡，GOIP通过通信嵌入式软件，可以接入多个频段的手机卡，支持SIP协议（会话发起协议），也可以接到AI机器人交互系统。“GOIP”是虚拟拨号设备，是利用国内手机卡接入电话网络，它能从境外任意切换手机号码拨打受害人电话，通过服务器远程控制“GOIP”设备进行拨号呼叫，让境外电话伪装成本地电话，还具有无人值守、双向通话、规避一般改号软件不能回拨的问题、隐匿犯罪分子位置的功能。一台这样的设备可供上百张手机卡同时运作，通过远程操控拨号，实现“人机分离”，逃避公安机关打击。同时，它可以虚拟拨号，能任意切换手机号码拨打受害人电话，通常冒充公检法、卖家、购物平台、贷款平台等进行违法活动，公安机关对其反制拦截和信号溯源难度极大，因此成为诈骗的新手段。

本案中，被告人操作“GOIP”网关设备为上游诈骗分子提供远程通讯基站跳转服务，帮助诈骗分子远程拨打被害人电话实施诈骗活动，对于该行为的定性，主要存在以下两种观点。

第一种观点认为，成立共同犯罪必须具有共同故意，共同犯罪人需要有通谋或犯意联络，明知他人实施诈骗而为其提供帮助，该帮助与正犯结果具有因果性，以诈骗罪的共犯论处。

第二种观点认为，对于行为人事前或事中未与帮助对象进行通谋，仅向他人信息网络犯罪提供帮助的，以帮助信息网络犯罪活动罪论处。

笔者认同第一种观点，如何区分帮助信息网络犯罪活动罪与诈骗罪的共犯，主要从主观方面进行区分，也从客观方面、因果关系进行考虑。

从主观方面来看，第一，行为人“明知”是区分两罪的基础。帮助信息网络犯罪活动罪的“明知”要求行为人主观上知道他人利用信息网络实施犯罪，但不要求明知对方具体实施什么犯罪及具体实施方式；而诈骗中的“明知”要求行为人主观上知道他人实施了诈骗行为，明知内容包括“知道可能”，即行为人知道他人可能实施诈骗而为其提供帮助，则构成诈骗罪共犯。

第二，“明知”的程度是区分两罪的关键。行为人主观明知的程度，应根据行为人有无电信网络诈骗前科，是否有同案犯质证，行为人出借银行卡的数量、次数等主观因素进行综合分析认定。行为人的犯意联络无法查清或者行为人仅有简单的、概括的故意时，应当认定帮助信息网络犯罪活动罪。若行为人承认其知道上家让其转账洗钱的资金系电信网络诈骗的赃款，或知道上家因卖银行卡被释放后还与其积极联系，或知道上家正在实施诈骗行为而提供帮助，这时主观上已经与上游形成了犯意联络，系诈骗罪的共犯。

第三，成立诈骗罪的共犯需要通谋。用行为人与上游犯罪是否存在通谋来区分帮助信息网络犯罪活动罪与诈骗罪，符合帮助信息网络犯罪活动罪的立法目的。网络诈骗往往不是传统的“一对一”，而是“一对多”“多对多”，犯罪链条比较复杂，被害人也具有不特定性，难以对全案各个环节查明。帮助信息网络犯罪活动罪不要求行为人与他人的诈骗行为进行共谋，而构成诈骗罪的共犯则有要求共谋或者通谋。

从客观方面来看，帮助信息网络犯罪活动罪与诈骗罪共犯都是帮助行为，都要求主犯的行为必须构成犯罪。帮助信息网络犯罪活动罪是指明知他人利用信息网络实施犯罪，仍为其犯罪提供互联网接入、服务器托管、网络存储、通讯传输等技术支持，或者提供广告推广、支付结算等帮助，情节严重的行为，是对网络犯罪的帮助行为独立入罪。《中华人民共和国刑法》第二百八十七条之二第三款规定，为他人利用信息网络实施犯罪提供便利的行为同时又构成其他犯罪的（包括共犯情形），依照处罚较重的规定定罪处罚。帮助信息网络犯罪活动罪则属于帮助行为的正犯化；而诈骗罪共犯要求必须存在共同犯罪行为，行为人是作为共同犯罪的一分子而存在，其依附于主犯，不能脱离主犯而独立存在。

从因果关系上看，被害人的被骗财产与犯罪分子的帮助行为具有刑法上的因果关系。

从以上因素看，“GOIP”类型犯罪认定是帮助信息网络犯罪活动罪还是诈骗罪的共犯主要从主观方面进行区分。本案中，被告人谭某、陈某供述其主观明知他人利用其所架设的“GOIP”设备实施电信网络诈骗，对他人通过拨打电话实施诈骗的作案手法有清晰认知；客观上，通过网络收购多张手机卡，利用手机、音频转接线等器材，在多个地方，从通讯 APP 上接受诈骗团伙的远程指示，操作“GOIP”网关设备为诈骗分子提供远程通讯基站跳转服务，帮助诈骗分子远程拨打被害人的电话实施诈骗活动，并从中牟取非法利益，根据《最高人民法院、最高人民检察院关于办理诈骗刑事案件具体应用法律若干问题的解释》第七条的规定：“明知他人实施诈骗犯罪，为其提供信用卡、手机卡、通讯工具、通讯传输通道、网络技术支持、费用结算等帮助的，以共同犯罪论处。”《最高人民法院、最高人民检察院、公安部关于办理电信网络诈骗等刑事案件适用法律若干问题的意见》第四条第三项：“明知他人实施电信网络诈骗犯罪，具有下列情形之一的，以共同犯罪论处……5. 提供互联网接入、服务器托管、网络存储、通讯传输等技术支持，或者提供支付结算等帮助的……”的规定，因此被告人主观上对上游诈骗有清晰认知，系“明知”他人实施诈骗犯罪，仍为他人提供远程通讯基站跳转服务，帮助他人利用电信网络技术手段以虚构事实的方法骗取被害人财物，数额较大，客观上提供远程通讯基站跳转服务，其行为本身系诈骗行为，因此构成诈骗罪。

编写人：广西壮族自治区来宾市兴宾区人民法院　韦元臻　苏萌

53

冒充正规公益平台，发起网络众筹，非法占有高额筹款构成诈骗罪

——郭某某等诈骗案

【案件基本信息】

1. 裁判书字号

广西壮族自治区贵港市中级人民法院（2023）桂08刑终118号刑事裁定书

2. 案由：诈骗罪

【基本案情】

2021年3月，被告人郭某某从李某某（另案处理）处购买网络众筹诈骗平台源代码，和李某某一起利用网络众筹平台实施诈骗。2021年9月，郭某某聘请被告人满某将其在李某某处购买的众筹诈骗平台源代码，按照正规众筹平台网页进行修改，搭建虚假众筹平台，然后招募被告人麦某等人加入，逐步发展成以郭某某为首，麦某为财务人员和客服人员，满某为技术员，被告人黄某、黄某4、覃某、胡某1、黄某3、黄某2、黎某、韦某、廖某、胡某、黄某1、欧某等50多人为“地推人员”的诈骗团伙。其中，被告人许某注册了信息技术公司并开设对公银行账户给郭某某用于收取诈骗钱款。

2021年9月，郭某某搭建了网址为“××××.com”的网络众筹诈骗平台给许某用于实施诈骗，后许某自己担任平台财务人员和客服人员，逐步形成了以许某为首，被告人胡某、胡某1、黄某4等人为“地推人员”的诈骗团伙。

2022年春节前，苏某（另案处理）通过李某某的介绍，向郭某某购买网络众筹诈骗平台的源代码，后聘请技术员搭建网络筹款诈骗平台用于实施诈骗，到2022年3月初，苏某将网络众筹诈骗平台命名为“某救助”，然后招募苏毅某（另案处理）等人加入，逐步发展成以苏某为首，苏毅某为客服人员，被告人黄某、黄某2、覃某、黄某3等10多人为“地推人员”的诈骗团伙。

上述三个诈骗团伙的作案方式均为由“地推人员”负责在全国各大医院物色目标、寻找重病患者，然后以冒充正规、公益平台人员的身份，隐瞒其平台要收取众筹捐款30%以上费用的真相，以公益性免费帮助重病患者发起网络众筹捐款为由，骗患者提供病历、照片等材料制作众筹捐款链接内容，在网络上发起众筹求助，待获得众筹捐款后，非法占有众筹捐款30%以上的费用，对多人实施诈骗，致使众多患者遭受巨大经济损失。

【案件焦点】

1. 各被告人的行为构成诈骗罪，或构成非法经营罪或无罪；2. 犯罪金额如何认定，被告人被抓之后的数额是否认定为犯罪未遂等问题。

【法院裁判要旨】

广西壮族自治区贵港市平南县人民法院经审理认为：被告人郭某某、麦某、许某、黄某、满某、覃某、黄某1、黎某、欧某、胡某、黄某2、黄某3、黄某4、胡某1、廖某、韦某以非法占有为目的，采用虚构事实或者隐瞒真相的方法，骗取他人财物，其中郭某某、麦某、满某、许某、黄某属数额特别巨大，黄某3、黄某1、黄某2、胡某、覃某、欧某、黎某属数额巨大，胡某1、廖某、黄某4、韦某属数额较大，其行为均已构成诈骗罪。根据各被告人犯罪的事实、犯罪的性质、情节以及对社会的危害程度，以诈骗罪判处16名被告人有期徒刑八个月到十五年不等。

宣判后，被告人郭某某、麦某、许某、黄某、满某、黄某1、黎某、欧某、胡某、黄某2不服，提出上诉。

广西壮族自治区贵港市中级人民法院于2023年6月12日作出裁定：

驳回上诉，维持原判。

【法官后语】

本案是以“网络众筹”为名冒充正规筹款平台对重病患者实施诈骗，侵犯其合法权益的典型案例，该案争议的焦点在于是否构成诈骗罪，以及诈骗数额如何认定等问题。

一、各被告人的行为构成诈骗罪，或构成非法经营罪或无罪

主观方面，郭某某通过各“地推人员”去医院向患者骗取他们在涉案平台上发起筹款，是为了在筹得款项后占有筹款的30%，甚至采取拖延手段导致部分被害人分文不能领取而最终与同伙将款项占为已有的目的。

客观方面，本案所涉筹款平台未经相关部门批准成立，不符合《公开募捐平台服务管理办法》《中华人民共和国慈善法》的规定。郭某某以自己或同案犯或相关人员的身份申请设立公司并开设对公账号，目的是虚构其与正规平台一样具有众筹款项的资质以骗取被害人的信任，方便接收款项，并逃避执法部门的及时发现、打击。“地推人员”通过直接冒充正规众筹平台的工作人员，

或介绍自己是类似这些正规众筹平台的“志愿者”，通过各种方式，骗取患者及家属的信任，从而取得病人的身份证、住院材料等信息以办理筹款链接，然后通过患者或亲属在社交媒体进行筹款。地推人员介绍平台时，或者通过假称免费，或者利用所谓的“0.3术语”欺骗对方以达到隐瞒收取30%筹款而在提现时强行扣除的目的。

客体方面，本案所有的发起筹款只能通过患者或其亲属在社交媒体发布信息进行，实际上捐款的大多数人也是患者及其家属的亲友或与亲友相识的人，捐款人的意愿是将款项捐给患者用于治病，捐款人将款项捐出之后，款项即归筹款人所有。郭某某等人在筹款人提现时以手续费为名强行扣除30%的款项，在被害人表示不同意时采取声称要原路退回或一再拖延提现的手段，也是抓住了被害人急于用钱或怕不提现将会损失全部款项的心理，导致被害人在明知会被扣留30%筹款的情况下仍然领取筹款，但明显违反了筹款人的意愿，被非法占有了财物。

综上，郭某某与担任平台客服及财务人员的麦某、负责地推工作的黄某等人主观上均是为了非法占有部分筹款，客观上均实施了诈骗行为，也侵犯了筹款人的款项，其行为均构成诈骗罪。而非法经营罪是未经国家法律许可而实施非法经营的行为，扰乱市场秩序，情节严重所构成的犯罪。郭某某等人虽以非法筹款平台作为犯罪的手段及工具，但其目的是实施诈骗，应以诈骗罪定罪量刑。

二、犯罪金额如何认定，被告人被抓之后的数额是否认定为犯罪未遂等问题

平台的数据是自行生成的，没有修改过，且郭某某与麦某已对平台的数据进行确认，负责地推工作的被告人也对自己发起的案例进行了指认。根据各平台记录的筹款总额减去已提现部分得出犯罪金额，其中2022年5月发起的筹款由于涉案被告人于2022年5月18日被公安机关抓获，有被害人未得提现的客观原因，该部分筹款的犯罪金额按被告人概括的犯罪故意即强行占有筹款30%比例计算。至于各被告人的具体犯罪金额还需结合其参与作案的时间段进行计

算。2022 年 5 月发起的筹款行为已经实施完毕，亦产生筹款结果，属犯罪既遂，故被告人被抓之后的数额应按涉案人概括的犯罪故意即要强行占有筹款 30%比例计算。

编写人：广西壮族自治区贵港市平南县人民法院　黄安

54

电信网络诈骗犯罪涉案金额证明方法的正当性补足

——杨某某诈骗案

【案件基本信息】

1. 裁判书字号

北京市高级人民法院（2023）京刑终 53 号刑事裁定书

2. 案由：诈骗罪

【基本案情】

被告人杨某某系某设计院实际控制人，2019 年 3 月至 2021 年 8 月，杨某某伙同某职业技能鉴定中心法定代表人丁某，在北京市丰台区及河北省高碑店市等地分设四个销售区，并招募电话销售人员，采取拨打电话、微信聊天等电信网络技术手段，按照预先制定的话术内容，向建筑等行业的不特定人员进行虚假宣传，谎称能够办理国家颁发、认可的资格证书，骗取黄某某、闫某某等数千名被害人的钱款共计人民币 7000 余万元。

【案件焦点】

电信网络诈骗犯罪案件中，在无法查清被害人的情形下，适用“综合认定法”认定涉案资金数额时，如何补足证明方法的正当性。

【法院裁判要旨】

北京市第二中级人民法院经审理认为：被告人杨某某伙同他人以非法占有为目的，利用电信网络技术手段实施诈骗，数额特别巨大，其行为已构成诈骗罪，依法应予惩处。依据《中华人民共和国刑法》第二百六十六条，第二十五条第一款，第二十六条第一款、第四款，第五十七条第一款，第五十九条，第六十一条，第六十四条；《最高人民法院、最高人民检察院关于办理诈骗刑事案件具体应用法律若干问题的解释》第一条第一款之规定，判决如下：

一、被告人杨某某犯诈骗罪，判处无期徒刑，剥夺政治权利终身，并处没收个人全部财产；

二、责令被告人杨某某退赔被害人经济损失；

三、在案扣押、冻结、查封之款物依法处理。

一审宣判后，杨某某提出上诉，辩称原审判决认定事实不清，证据不足，量刑畸重，请求二审法院依法宣判其无罪。

北京市高级人民法院经审理认为：一审法院根据杨某某犯罪的事实，犯罪的性质、情节和对社会的危害程度所作的判决，定罪及适用法律正确，量刑及责令退赔适当，审判程序合法，裁定：

驳回上诉，维持原判。

【法官后语】

在电信网络诈骗犯罪案件中，适用推定证明方法时，可参考二阶层的证据采纳规则，从证据能力和证明力两个方面对证据进行审查判断。证据要转化为法院据以认定案件事实的根据，必须具备双重证据资格：一是证明力，也就是在经验上和逻辑上发挥证明作用的能力；二是证据能力，也就是在法律上能够为法院所接纳的资格和条件。对证据的证明力，应结合案件的具体情况，从各证据与待证事实的关联程度、各证据之间的联系等方面进行审查判断。证据之间具有内在联系，共同指向同一待证事实，且能排除合理怀疑的，才能作为定案的根据。具体到电信网络诈骗案件的办理，在案件基本事实有关键证据予以证明的情形下，可通过合理推定初步拟制待证事实为真，形成适用法律、运用裁判规则的小前提。同时允许被告人提出反证，对辩方提出的反证，综合考量银行账户交易记录、电子数据、转账记录、通话记录等客观证据的内在关联及证明目的的同一指向性，进行全面的审查，进而对证明方法的正当性进行补足，防止降低刑事案件证明标准。

一、证据间有内在联系：涉及诈骗行为及被害人受损的基础事实有关键证据予以证明

在确定电信网络诈骗犯罪事实及涉案金额时，公诉机关应提供认定案件事实及金额的关键证据，对金额认定、财产权属、处置方式等承担举证责任。为此，公诉机关要全面收集与此相关的证据材料，如认定诈骗行为、诈骗数额的资金流向、银行卡流水等相关证据，既要注重书面证据，也不能忽视电子证据、言词证据等，以确保证据收集的全面性、针对性、有效性。电信网络诈骗犯罪案件中被害人分散各地，逐一收集言词证据不具有现实性，在收集证实诈骗事实、犯罪金额的相关证据材料时，可重点审查被告人与被害人因诈骗行为而形成的资金往来明细、电子转账凭证，以及被告人与被害人的聊天记录、第三方支付结算账户交易记录等。

二、证据指向同一待证事实：在关键证据指向同一待证事实时允许合理推定

基于电信网络诈骗犯罪的特点，应秉持更加多元的证据体系，在缺少被害人证据时，通过其他证据补强其证明力，从间接证据的细节性层面补强其他证据的证明效果，单个间接证据的证明力有限，但综合全案的间接证据会产生证明力的累积效用和印证效用，从而与其他证据相互佐证，依赖逻辑思维和经验法则，有效排除证据体系中的冲突及矛盾，从而将证据证实对象指向同一事实。若在案的多份关键证据，均表明行为人账户内的犯罪金额与电信诈骗犯罪事实具有对应性，如提取的电子数据经业务员核对无误，能客观、全面地反映钱款流入情况，且根据被告人的职务、任职时间等，对账户内的合法收入已予刨除，根据证据间的内在联系性、多份证据的共同指向性等特征，可推定流入账户的钱款为诈骗资金。

三、在案证据能排除合理怀疑：允许被告人对案件基础事实提出线索或证据予以反驳

被告人对公诉机关的指控可提出证据或线索予以反驳，如对涉案财产的来源进行说明、提供单项或多项资金交易明细的证据材料，只要被告人提供的证据或证明材料具有客观性、真实性，具有合理的怀疑，即应依据有利于被告人的原则以及排除合理怀疑原则，对其反证予以采纳。与民事诉讼依照优势证据证明标准不同，刑事诉讼要求根据证据链得到的审判结论具有唯一性，不能有其他合理怀疑。审判机关对案件事实进行认定时，不仅要考虑单个证据的证明力，更要结合整个证据链依照逻辑规则进行分析、论证、判断，依靠缜密的法律思维及经验法则对各种可能性进行探求。在辩方确有证据证明涉案账户中钱款系合法收入的情况下，对合法收入的部分应予以剔除。

具体到本案中，本案的争议焦点是公诉机关没有向法庭提交完整的被害人、被告人、涉案金额的明细，指控的诈骗资金数额能否确认。笔者认为，公安机关委托鉴定机构提取到了财务人员电脑中业务员业绩统计表等电子数据，相关业绩统计数额均经过业务员本人核对，能够客观、全面地反映骗取钱款情况。审计机关以该电子数据中业务员业绩统计表为依据，结合其他证据进行了专项司法审计，并根据各被告人的职务、任职时间等，分别认定犯罪数额和违法所得数额等，可作为确定涉案被告人诈骗资金数额的关键证据，此外，本案还综合考虑了被告人供述及辩解、证人证言等言词证据，并结合涉案账户的资金往来明细、交易记录等重要证据予以佐证，同时允许被告人提出反证或反驳，其可对公诉机关及审计报告的指控数额提出异议，如提供线索或证据去论证涉案款项中的某笔或多笔资金不属于诈骗金额，但被告人在庭审质证过程中，并未提出有效的线索或证据材料，故认定杨某某的证据材料足以排除合理怀疑，将被告人诈骗行为实施期间，其银行卡内收取的款项认定为诈骗资金数额，具有正当性和合理性。

编写人：北京市东城区人民法院　石魏

北京市高级人民法院　王伟娜

55

电信网络诈骗中关爱性聊天信息诈骗性质的司法界定

——陈某等诈骗案

【案件基本信息】

1. 裁判书字号

江西省铜鼓县人民法院（2023）赣0926刑初31号刑事判决书

2. 案由：诈骗罪

【基本案情】

2022年12月，陈某发现某境外资金盘赚钱教程，此教程包含了网络“杀洋盘”的套路及话术，认为有利可图，便计划伙同朋友在某县实施网络“杀洋盘”。随后，陈某购买了USDT（虚拟货币）、“杀洋盘”教程及话术模板，另购买了电话卡、二手电脑、手机等作案工具。陈某先后邀请被告人张某、彭某、朱某、高某入股，并招募到谢某、姚某（均另案处理）等十余名业务员从事网络“杀洋盘”工作。陈某将网络“杀洋盘”教程以及话术模板发到内部群聊，并通过“粉商”（专业引流的人）将境外客户随机引流到业务员社交软件账号，业务员把自己包装成所分配的手机卡属地的“成功人士”，按照话术模板使用翻译软件向对方发送聊天信息，通过嘘寒问暖逐步获取信任，再谎称是某平台的高级代理，继续用话术诱导对方充值某平台会员以获得更多的任务或拉新人充值获利。待时机成熟，陈某便关闭平台将境外客户在平台充值的钱款项据为己有。截至案发，该诈骗团伙共发送包含关爱性聊天信息在内的诈骗信息共计61148条。

【案件焦点】

行为人在进行电信网络诈骗活动中依照话务本虚构身份、事实，搭讪被害人建立联系，其中通过即时聊天软件发送的嘘寒问暖等关爱性聊天信息能否认定为诈骗信息。

【法院裁判要旨】

江西省铜鼓县人民法院经审理认为：被告人陈某、张某、彭某、朱某、高某合资设立专门从事诈骗活动的办公场所，以业务员身份进行诈骗活动时，均按照话术模板以“成功人士”使用翻译软件进行“杀洋盘”。上述人员向客户发送关爱性聊天信息的目的不在于交友而在于骗取“目标客户”的信任，然后在此基础上诱使客户到某平台充值或拉新人充值获利。此类嘘寒问暖等关爱性聊天信息，虽不涉及具体的骗取财产内容，但是被告人以诈骗为目的而采用的手段，欺骗、诱导性强，应认定为诈骗信息。因此，上述被告人以非法占有为目的，利用电信网络技术虚构事实，对不特定多数人发送了 61148 条诈骗信息，属于《中华人民共和国刑法》第二百六十六条“其他特别严重情节”，其行为构成诈骗罪（未遂）。江西省铜鼓县人民法院根据陈某的自首情节，张某、彭某、朱某、高某的从犯情节，作出如下判决：

一、被告人陈某犯诈骗罪，判处有期徒刑二年，并处罚金人民币 5000 元；

二、被告人张某犯诈骗罪，判处有期徒刑一年六个月，并处罚金人民币 3000 元；

三、被告人彭某犯诈骗罪，判处有期徒刑一年六个月，并处罚金人民币 3000 元；

四、被告人朱某犯诈骗罪，判处有期徒刑一年六个月，并处罚金人民币 3000 元；

五、被告人高某犯诈骗罪，判处有期徒刑一年，并处罚金人民币 2000 元；

六、扣押在案的优盘二个，予以没收，上缴国库；

七、扣押在案的作案工具手机五十五部、作案电脑二十一台、话务本十二本，予以没收，由扣押机关依法处置。

案件宣判后，判决已生效。

【法官后语】

电信诈骗信息的认定将直接影响到案件定性、量刑问题，对关爱性聊天信息性质的准确界定至关重要。关爱性聊天信息是否属于诈骗信息应从电信网络诈骗犯罪活动整体性角度进行分析、判断，不能简单将关爱性聊天信息单独拎出来进行分析、判断。为准确界定关爱性聊天信息性质，可以围绕关爱性聊天信息产生的时间、形式以及内容三个要点进行分析判断。

一、在时间上，关爱性聊天信息形成于电信网络诈骗活动预备阶段，不具备正常聊天属性

一般情况下，正常的嘘寒问暖等关爱性聊天信息是出于友情关怀等心理因素或者伴随聊天情境即时产生的，具有即时性、关怀性。而在电信网络诈骗活动中，行为人向被害人发送的嘘寒问暖等关爱性聊天信息并非即时产生的，而是在实施电信诈骗活动之初就被设计出来，并根据被害人反应随时作出调整，具有很强的针对性、目的性和欺骗性，不具备正常聊天属性。正如，本案中，陈某等人向不特定群体发送的嘘寒问暖等关爱性聊天信息在实施诈骗活动之初就设计在诈骗话术模板中，并非在沟通交流中即时产生的，陈某等人发送这些信息目的不在于聊天而在于骗取信任。故，从聊天信息形成时间上来看，关爱性电信诈骗信息与正常的关爱性聊天信息还是有一定区别的。

二、在形式上，关爱性聊天信息属于电信网络诈骗话术中诈骗信息的组成部分

当前电信网络诈骗活动主要是利用诈骗话术模板实施的，行为人按照话术模板先向被害人发送关爱性聊天信息，后骗取钱款，整个过程信息往来频繁。从整体来看，电信诈骗话术模板就是一个系统、完善的诈骗信息，其中包含了嘘寒问暖等关爱性聊天信息、骗取钱财铺垫信息、诱骗处分财产信息三种信息类别，它们之间是一种相互独立又循序渐进的关系，各自在不同时间节点承担着不同的任务。例如，在本案中，陈某等人事先通过诈骗话术模板向不特定群体发送嘘寒问暖等关爱性聊天信息意图获取“目标客户”的信任，获取信任后

再向“目标客户”发送“谎称是某平台高级代理”等诱骗处分财产的铺垫信息，铺垫完成后再发送要求“目标客户”充值会员等要求处分财产信息。故，从形式上看，关爱性聊天信息同具有诱骗处分财产内容的信息一样都是电信诈骗话术模板中独立的组成部分，都是为了骗取钱财而实施的虚构事实。

三、在内容上，关爱性聊天信息对被害人财产转移具有意思支配力

电信网络诈骗罪属于典型的交往沟通型犯罪，其本质在于行为人与被害人交往沟通中，对被害人在理性选择财产转移条件上进行了意思支配，其中财产转移条件由财产转移的基础和合理缘由组成。远距离、非接触式的电信诈骗获得“成功”关键是博取受害者信任，缺乏信任这个关键的因素诈骗将无法得逞。电信诈骗活动中，行为人提前设计、伪造关爱性聊天信息与被害人进行沟通互动，意在通过伪造信息对交往沟通过程进行了单方面操纵，从而获得被害人的信任，进而建立信任关系来麻痹被害人防范电信诈骗意识，使其丧失反诈思考能力，进而对被害人财产转移进行意思支配。此外，一旦行为人通过关爱性信息聊天获得被害人的信任，对双方交往沟通进行意思支配，被害人财产就处于一种紧迫的危险状态，后续包含处分财产内容的信息就只起到一个顺水推舟的作用，被害人成功交出财物不由行为人发出的“具有财物处分内容”信息的真实性或诱惑性所决定，而由行为人发送的关爱性聊天信息致使被害人受到误导，对行为人深信不疑，形成诈骗罪上的信赖要件所决定的。故，在电信网络诈骗活动中对整个诈骗活动起控制作用的是关爱性聊天信息，其危害性更大，应认定为诈骗信息。

编写人：江西省铜鼓县人民法院　袁永胜　吴丽红

56

电信诈骗中非法经营、非法获取公民个人信息行为的定性及罪数认定

——代某等诈骗案

【案件基本信息】

1. 裁判书字号

河北省石家庄市中级人民法院（2024）冀01刑终157号刑事判决书

2. 案由：诈骗罪

【基本案情】

被告人代某为牟取非法利益，先后于2016年8月、2019年3月成立甲网络科技有限公司和乙网络科技有限公司，被告人代某为上述两个公司实际控制人，两公司不具备证券投资咨询资质。2016年8月至2020年12月被告人代某陆续招募被告人熊某等19人、2021年2月至3月陆续招募被告人毛某等8人为业务员，27人均无股票相关知识。代某编造固定的话术单，指使其他被告人冒充知名证券公司工作人员，以拨打电话、微信添加客户等方式针对不特定的被害人推荐股票，并以虚构的姓名和“公司有专业的股票分析师、有内幕消息、有实力拉升股价、稳赚不亏”等特定话术骗取被害人信任，向被害人收取提成、服务费等。经统计，2020年6月至2021年4月，已落实的被害人转账金额共计979984.33元（含服务费435300元）。公安民警在现场查获伪造的海通证券投资服务合同6份，涉及核心服务费（咨询费）78400元。

被告人代某为实施诈骗犯罪，其通过股票交流群等非法购买公民个人信息5万余条及1500余万个电话号码。

代某等因形迹可疑被司法机关盘问时如实供述了自己的犯罪事实。到案后，代某家属代其退赔违法所得9万元。

【案件焦点】

1. 代某等构成诈骗罪还是非法经营罪；2. 代某非法购买公民个人信息实施诈骗是否应数罪并罚。

【法院裁判要旨】

河北省石家庄市桥西区人民法院经审理认为：被告人代某等未经有关部门核准，为证券交易活动提供服务，其行为属于非法经营。但代某等人在非法经营过程中又虚构事实、隐瞒真相，使被害人陷入错误认识而交付提成、服务费等费用，其行为属于诈骗。上述过程中，非法经营系被告人代某等人为实施诈骗所采取的部分手段，按照择一重处原则，代某等被告人的行为应构成诈骗罪。代某通过购买等方式非法获取公民个人信息，用于实施违法犯罪活动，情节特别严重。根据《最高人民法院、最高人民检察院、公安部关于办理电信网络诈骗等刑事案件适用法律若干问题的意见》的规定，使用非法获取的公民个人信息，实施电信网络诈骗犯罪行为，构成数罪的，应当依法予以并罚。被告人代某同时构成诈骗罪及侵犯公民个人信息罪，应数罪并罚。代某等在诈骗罪行尚未被司法机关发觉，仅因形迹可疑被司法机关盘问时就如实供述自己的犯罪事实，以自首论，可从轻或减轻处罚。根据《中华人民共和国刑法》第二百六十六条、第二百五十三条之一、第二十五条、第二十六条、第二十七条、第六十七条第一款、第六十九条、第四十五条、第四十七条、第七十二条、第七十三条、第五十二条、第五十三条、第六十四条之规定，判决：

一、被告人代某犯诈骗罪，判处有期徒刑八年，并处罚金人民币20万元；被告人代某犯侵犯公民个人信息罪，判处有期徒刑三年，并处罚金人民币5万元；数罪并罚，决定执行有期徒刑八年六个月，并处罚金人民币25万元；

第二至第二十八、其他27名被告人犯诈骗罪，判处四年至两年四个月有期徒刑，并处罚金人民币8万元至5000元不等，并根据犯罪情节或适用缓刑。

二十九、公安机关扣押在案的电脑、记账本、手机等物品，由扣押机关依法没收；

三十、继续追缴各被告人违法所得，并发还被害人。

一审宣判后，代某以不应认定为诈骗罪而应构成非法经营罪，侵犯公民个人信息罪与非法经营罪系牵连犯应从一重罪处罚为由，提出上诉。

河北省石家庄市中级人民法院经审理认为：原审被告人代某以非法占有为目的，采取虚构事实、隐瞒真相的方法，骗取公私财物，数额特别巨大，构成诈骗罪。代某在实施诈骗行为中，违反国家有关规定，购买公民信息，情节特别严重，构成侵犯公民信息罪，根据《最高人民法院、最高人民检察院、公安部关于办理电信网络诈骗等刑事案件适用法律若干问题的意见》的规定，应数罪并罚。原审法院认定事实清楚，适用法律正确，审判程序合法，对辩护意见的驳辩理据充足，论理透彻。原审被告人代某的上诉意见，不予支持。但原审法院对被告人代某的量刑不当，应予纠正。依照《中华人民共和国刑事诉讼法》第二百三十六条第一款第一项、第二项，第二百四十四条之规定，判决：

一、维持河北省石家庄市桥西区人民法院（2023）冀0104刑初429号刑事判决第二项至第三十项；

二、撤销河北省石家庄市桥西区人民法院（2023）冀0104刑初429号刑事判决第一项对代某的量刑；

三、上诉人（原审被告人）代某犯诈骗罪，判处有期徒刑四年十个月，并处罚金人民币20万元；被告人代某犯侵犯公民个人信息罪，判处有期徒刑三年，并处罚金人民币5万元；数罪并罚，决定执行有期徒刑六年六个月，并处罚金人民币25万元。

【法官后语】

本案系诈骗犯罪活动中，非法经营行为和非法购买公民个人信息行为的定性及罪数认定。主要争议焦点为：一是代某等构成诈骗罪还是非法经营罪；二是代某非法购买公民个人信息实施诈骗犯罪是否应数罪并罚。

一、诈骗罪的判定要点

司法实践中，诈骗罪与非法经营罪易产生混淆。从犯罪构成来看，两者主观上都有犯罪故意，但主体、客体、客观要件均有较大区别。本案中，代某等不具备证券投资咨询资质而推荐股票及虚构事实、隐瞒真相使被害人因受到欺骗而向其交付费用，兼有非法经营行为和诈骗行为，且诈骗行为是目的行为，按照择一重处原则，应构成诈骗罪，而不是非法经营罪。下面，结合本案梳理构成诈骗罪的判定要点。

（一）主观上是否以非法占有为目的

是否以非法占有为目的是认定诈骗罪成立与否的关键。刑事被告人有无非法占有目的，可通过被告人实施的客观行为来判断。本案中，代某及其聘用人员均没有专业知识，其根本没有能力保证客户买的股票能盈利，且代某供述，他们既没有投资专家提供投资股票建议，也没有内幕消息和内部操盘手操作，其虚构事实、隐瞒真相，是为了骗取客户信任，使被害人陷入错误认识而向其交付提成、服务费等，事实上股票的涨跌跟他的推荐没有任何关系。在这样的前提下，应认定代某等是以非法占有为目的。

（二）是否有欺骗行为

构成诈骗罪必须以使用欺骗方法骗取数额较大公私财物为前提。形式上欺骗行为包括虚构事实和隐瞒真相，实质上使对方陷入错误认识而处分财产。本案中，代某在不具备证券投资咨询资质及股票知识的情况下，招募亦无股票相关知识的其他被告人，虚构荐股资质、有内幕消息、有实力拉升股价、稳赚不亏等事实，隐瞒公司员工不懂股票的真相，冒充知名证券公司工作人员，骗取被害人信任，使被害人陷入错误认识而向被告人代某等人支付提成、服务费等费用，符合欺骗行为的形式要件和实质要件，应认定有欺骗行为。

（三）行为人欺骗行为与被害人遭受财产损失有因果关系

被害人基于对被告人的信任而交付相应费用使其财产受损，应认定两者之间存在因果关系。本案中，虽然股票的涨跌跟代某等的推荐没有任何关系，但他们以公司有专业的股票分析师和内部消息，有实力进行建仓拉升股价、盈利率高等为诱饵，骗取被害人信任，进而向被害人收取服务费或与被害人就其股票获利金额进行分成。因此，被害人的财产损失与代某等的欺骗行为有因果关系。

二、非法获取公民个人信息并利用这些信息实施其他犯罪的罪数认定

司法实践中，为了诈骗他人钱财而非法获取他人信息案件频发。对行为人非法获取公民个人信息又利用这些信息实施其他犯罪的罪数认定，应看行为人非法获取公民个人信息的行为能否单独成立犯罪，如不单独成立犯罪，不构成牵连犯，则作为量刑加重情节考虑；如单独成立犯罪，则构成牵连犯，以择一重处为原则，数罪并罚为例外。

本案中，代某通过购买等方式获取公民个人信息，属于《中华人民共和国刑法》第二百五十三条之一第三款规定的“以其他方法非法获取公民个人信息”，构成侵犯公民个人信息罪。其又利用这些个人信息实施诈骗行为，同时构成诈骗罪及侵犯公民个人信息罪。依据《最高人民法院、最高人民检察院、公安部关于办理电信网络诈骗等刑事案件适用法律若干问题的意见》的规定，使用非法获取的公民个人信息，实施电信网络诈骗犯罪行为，构成数罪的，应当依法予以并罚。因此，应对代某以诈骗罪和非法获取公民信息罪进行数罪并罚。

编写人：河北省石家庄市桥西区人民法院　王红阁　郑丽君　贾茵

57

由于客观条件无法逐一收集被害人陈述的涉众型诈骗犯罪，可以根据在案证据综合认定犯罪数额

——于某甲等诈骗案

【案件基本信息】

1. 裁判书字号

北京市第二中级人民法院（2023）京02刑终462号刑事裁定书

2. 案由：诈骗罪

【基本案情】

被告人于某甲伙同他人先后成立北京某甲公司、北京某乙公司，并担任北京某甲公司股东、北京某乙公司股东法定代表人。2020年9月至2022年3月，被告人于某甲伙同先后担任业务员及后勤文员的于某乙，初审鉴定师杨某某，先后担任业务员、业务组长的鲁某某及业务员韩某某等人，以北京某甲公司、北京某乙公司名义，通过电话、网络等方式联系被害人，向被害人夸大藏品价值，虚构买家等事实，诱使被害人对藏品价值产生错误认知，以为可以高价出售藏品，以帮助客户出售收藏品需要鉴定等理由骗取被害人王某某等人鉴定费人民币400余万元。本案报案被害人涉及金额27万余元，未报案被害人涉及金额411万余元。

【案件焦点】

本案大部分被害人没有报案，由于客观条件的限制无法逐一收集被害人陈述，未报案的被害人被骗金额能否认定为犯罪数额。

【法院裁判要旨】

北京市大兴区人民法院经审理认为：因本案系通过电信联络不特定的被害人，涉案被害人众多，区域范围广，且单笔涉案金额不大，故存在未报案人员的情况，确因客观原因无法查找全部被害人，但经具有合法资质的鉴定机构经法定程序，根据账本明细、工资表、协议、收据、交易流水等相互印证的客观证据审计鉴定自 2020 年 9 月至 2022 年 3 月诈骗金额共计 400 余万元以及在案各被告人相关涉案金额（业绩）和薪酬，该鉴定意见程序合法，内容真实、客观，足以准确审计出报案和未报案人员的被诈骗数额及各被告人参与或应当负责的诈骗数额，故判决：

一、被告人于某甲犯诈骗罪，判处有期徒刑十二年六个月，剥夺政治权利二年，并处罚金人民币 13 万元；

二、被告人于某乙犯诈骗罪，判处有期徒刑三年四个月，并处罚金人民币 3 万元；

三、被告人鲁某某犯诈骗罪，判处有期徒刑三年四个月，并处罚金人民币 3 万元；

四、被告人杨某某犯诈骗罪，判处有期徒刑三年，并处罚金人民币 3 万元；

五、被告人严某某犯诈骗罪，判处有期徒刑二年二个月，并处罚金人民币 2 万元；

六、被告人韩某某犯诈骗罪，判处有期徒刑一年四个月，并处罚金人民币 1 万元；

七、被告人文某犯诈骗罪，判处有期徒刑一年二个月，并处罚金人民币 1 万元；

八、被告人耿某犯诈骗罪，判处有期徒刑一年，缓刑二年，并处罚金人民币 1 万元；

九、被告人杜某某犯诈骗罪，判处有期徒刑一年，缓刑二年，并处罚金人民币 1 万元；

十、责令被告人于某甲、鲁某某、于某乙、杨某某、严某某、韩某某、耿某、杜某某、文某退赔违法所得，发还相应被害人。扣押在北京市大兴区人民检察院及本院的被告人鲁某某、于某乙、杨某某、严某某、韩某某、耿某、杜某某退赔的部分或全部违法所得冲抵上述各自退赔款及罚金，不足部分，继续追缴。冻结的于某甲平安银行账户、中信银行账户、招商银行账户及北京某甲公司招商银行对公账户、北京某乙公司招商银行对公账户，冲抵上述被告人于某甲的退赔款；

十一、扣押物品，依法予以处理。

一审宣判后，于某甲、杨某某提出上诉。

北京市第二中级人民法院经审理认为：原判采纳具有合法资质的鉴定机构经法定程序，根据在案账本明细、工资表、收据、交易流水等相互印证的客观证据审计出的涉案数额，认定本案犯罪数额及各被告人参与或应当负责的诈骗数额，并无不妥。原判定罪及适用法律正确，量刑适当，责令退赔项及对涉案物品的处理亦无不当，审判程序合法，应予维持。故裁定：

一、准许上诉人杨某某撤回上诉；

二、驳回上诉人于某甲的上诉，维持原判。

【法官后语】

本案确系由于客观原因的限制，无法逐一收集被害人陈述的涉众型诈骗犯罪，诈骗数额的认定存在证明困境，一方面，本案证明对象数量庞大。在案已对79名被害人收集笔录认定诈骗数额27万余元，但还有411万余元诈骗数额对应的被害人没有报案，人数远多于已报案的被害人，难以具备向所有被害人取证的可能性。另一方面，本案按照传统印证证明模式，对犯罪数额的核实存在客观不能，在被害人陈述这一直接言词证据不能取得的情况下，证据链条之间的相互印证会存在相对不能，因此需要多种证据拼凑整合，从而综合认定犯罪数额。

从本案诈骗模式上看，于某甲等人以公司名义，向客户夸大藏品价值，虚构买家等事实，诱使被害人对藏品价值产生错误认知，使其以为可以高价出售藏品，以帮助客户出售收藏品需要鉴定等理由骗取被害人鉴定费，其行为不同于正常的藏品鉴定收取费用，符合诈骗罪的构成要件。具体到本案犯罪数额的认定，本案系通过通讯工具联系不特定人员实施的诈骗，涉案被害人众多，区域范围广，且单笔涉案金额不大，存在较多被害人未报案的情况。在本案基本犯罪事实已经有相应的客观性证据证明的情况下，由于客观条件的限制，对被害人无法逐一收集相关的言词证据，笔者认为，能够参照适用“综合认定”的证明方法。

根据《最高人民法院、最高人民检察院、公安部关于办理电信网络诈骗等刑事案件适用法律若干问题的意见》的规定，办理电信网络诈骗案件，确因被害人人数众多等客观条件的限制，无法逐一收集被害人陈述的，可以结合已收集的被害人陈述，以及经查证属实的银行账户交易记录、第三方支付结算账户交易记录、通话记录、电子数据等证据，综合认定被害人人数及诈骗资金数额等犯罪事实。所称电信网络诈骗是指“利用通讯工具、互联网等技术手段实施的电信网络诈骗犯罪活动”“侵犯公民个人信息，扰乱无线电通讯管理秩序”的犯罪。又有《最高人民法院、最高人民检察院、公安部关于办理信息网络犯罪案件适用刑事诉讼程序若干问题的意见》第二十一条的规定，对于涉案人数特别众多的信息网络犯罪案件，确因客观条件限制无法收集证据逐一证明、逐人核实涉案账户的资金来源，但根据银行账户、非银行支付账户等交易记录和其他证据材料，足以认定有关账户主要用于接收、流转涉案资金的，可以按照该账户接收的资金数额认定犯罪数额，但犯罪嫌疑人、被告人能够作出合理说明的除外。案外人提出异议的，应当依法审查。本意见所称信息网络犯罪案件包括：(1) 危害计算机信息系统安全犯罪案件；(2) 拒不履行信息网络安全管理义务、非法利用信息网络、帮助信息网络犯罪活动的犯罪案件；(3) 主要行为通过信息网络实施的诈骗、赌博、侵犯公民个人信息等其他犯罪案件。具体到本案中，上诉人及原审被告人主要是通过购买数据后使用通信工具、电信等方式联系不特定人员实施的诈骗，还有少数被害人称是通过网上搜索联系相应人员，藏品大部分通过邮寄，也有线下鉴定的情况，故本案不属于严格意义上的电信诈骗或信息网络犯罪案件。但本案整体诈骗模式一致，且被害人交易均通过涉案公司公户，全案证据支撑较好，所有被害人的身份情况、交易金额均在公司有明确登记，结合客观证据通过审计可以得出未报案人员及涉案金额、各被告人相关涉案金额和违法所得。并且，被害人是否报案本身不是认定行为人构成诈骗罪的必要条件。因此，可参照上述规定，对于确因被害人人数众多等客观条件的限制，无法逐一收集被害人陈述的涉众型诈骗，通过具有合法资质的鉴定机构经法定程序，综合在案账本明细、工资表、收据、交易流水等相互印证的客观证据审计出的涉案数额，可以作为认定犯罪数额的依据。

编写人：北京市第二中级人民法院　王钰楠

58

用赃款"直播打赏"网络主播的追缴规则

——李某诈骗案

【案件基本信息】

1. 裁判书字号

江西省吉安市中级人民法院（2023）赣08刑终121号刑事裁定书

2. 案由：诈骗罪

【基本案情】

2021年3月，时任某高速扩建A1标项目部副经理的被告人李某与被害人刘某相识。2021年4月中旬至7月，被告人李某虚构项目部需要资金，以"借款"名义从被害人刘某处骗取17笔款项共计145万元。所得款项基本用于挥霍至某公司网络平台打赏给主播。

2021年6月至7月，被告人李某虚构项目部需要资金周转，以"借款"的名义从多年认识的被害人金某处骗取11笔款项共计25万元。所得款项基本用于挥霍至某公司网络平台打赏给主播。

2021 年 11 月 17 日公安机关立案后，被告人李某分别于 2022 年 1 月、5 月退还了 2 万元、5000 元给被害人金某。

经调取某公司材料显示，2021 年 4 月 1 日至 9 月 30 日，被告人李某在某公司个人账户 1 共计充值 237.8788 万元，总消费 241.16212 万元；个人账户 2 共计充值 6.2003 万元，总消费 6.19372 万元。

公安机关在侦查期间，于 2023 年 1 月 10 日冻结了某公司银行账户资金 104.233329 万元。

另查明：被告人李某打赏给网络主播的礼物金额共计 239.5131 万元。

【案件焦点】

用赃款进行直播打赏可否进行刑事追缴及追缴的对象。

【法院裁判要旨】

江西省吉安市吉安县人民法院经审理认为：被告人李某以非法占有为目的，虚构事实，隐瞒真相，骗取被害人财物，数额特别巨大，其行为已构成诈骗罪。李某诈骗被害人财物打赏给某公司网络主播。李某的打赏与某公司主播提供的服务不是一种对价的交易行为。李某打赏至某公司网络平台上的款项，明显超过了合理对价，且该公司主播与李某有不正当的男女性行为，明显违背了公序良俗，主播不构成善意。根据《最高人民法院、最高人民检察院关于办理诈骗刑事案件具体应用法律若干问题的解释》第十条的规定，行为人已将诈骗财物用于清偿债务或者转让给他人，对方是无偿取得诈骗财物的，应当依法追缴，某公司从李某处获取的打赏资金依法应予追缴。

综上，依照《中华人民共和国刑法》第二百六十六条、第六十四条，《最高人民法院、最高人民检察院关于办理诈骗刑事案件具体应用法律若干问题的解释》第十条之规定，判决如下：

一、被告人李某犯诈骗罪，判处有期徒刑十二年，并处罚金人民币 20 万元；

二、追缴某公司违法所得167.5万元，发还给被害人刘某、金某。

一审宣判后，李某提出上诉。

江西省吉安市中级人民法院经审理认为：一审判决认定事实清楚，适用法律正确，故裁定：

驳回上诉，维持原判。

【法官后语】

实践中，对于用赃款进行打赏可否进行刑事追缴及追缴的对象这一问题一直存在不同认识。厘清直播打赏行为的法律性质，对统一赃款打赏行为的追缴规则具有积极意义。

一、"直播打赏"属有偿消费活动

《最高人民法院、最高人民检察院关于办理诈骗刑事案件具体应用法律若干问题的解释》《最高人民法院关于刑事裁判涉财产部分执行的若干规定》第十一条确立了已被处分的赃款赃物构成善意取得的可免予刑事追缴。直播打赏款能否进行刑事追缴，前提是需要对"直播打赏"行为进行法律定性。关于"直播打赏"行为的法律性质，理论界和实务界一直存在"赠与说"与"服务合同说"等分歧观点。

笔者认为，"直播打赏"不具备完全无偿的特征，不应认定为无偿赠与关系，也不属于附条件的赠与关系，而应属有偿消费活动。首先，主播为了获得优质直播的能力，必须付出时间、精力、智慧以吸引用户，主播提供的是一定的表演服务。《中华人民共和国著作权法》赋予了表演者通过信息网络传播表演获得报酬的权利。直播平台为了确保直播活动顺利进行，需要组织大量的人力、财力组建团队，孵化、包装主播，并进行商业引流和提供平台服务相应的技术支持，产生了一定的运营成本。用户观赏直播，与主播进行互动，可以实现情感的满足，获得精神上的愉悦。当用户在直播间打赏时，直播间会根据用户的打赏金额、频次等，为用户提供打赏榜靠前、主播额外关注等更为个性化的服务。正是这种差异化的服务、精神上的高度满足，才会激励用户支付更多的打赏。其次，直播经济属于新兴业态，尊重付费打赏的商业合理性实际也是肯定消费形式的多元化。

二、网络主播与用户建立不当男女关系有违公序良俗，主播不构成善意

善意取得须同时满足“主观善意、价格合理、产权转移”这三个条件。服务行业本身因成本、需求和竞争的不同，具有明显的层次差异性，但价格并非没有市场衡量标准。评判是否价格明显不合理，需要以一般理性经济人的标准来进行衡量，若明显超出了一般经济人的理性，那就应当认为属于“明显不合理对价”的交易行为，可纳入刑事追缴的范围。本案被告人在短短半年时间里，就在平台账户消费247万余元，打赏239万余元。打赏的金额与提供的直播服务相比，显然超出了一般经济人的理性范畴，应属于不合理对价的交易行为。平台应有义务对用户的打赏金额和频度设置相应的提醒和限制，对发现主播诱导用户打赏时，应采取及时的干预、限制措施。而主播与用户具有较多的互动，有可能知道用户的一些基本情况，当知道或应当知道打赏款来路不正时，仍接受打赏礼物，甚至与用户建立线下联系，引诱用户更高额的打赏，主播主观上不构成善意，客观上也有违公序良俗，不应适用善意取得。

三、追缴的对象及于平台和其他利益分成者

“充值—打赏”的直播打赏消费模式一般涉及用户、主播、直播平台等多方法律关系。用户已充值但未打赏消费的金额，预付款所有权仍应归属于用户，可直接进行追缴。对于已经消费的打赏款，赃款虽已实现了所有权的转移，但主播与平台之间对外是一体的关系，主播行为不构成善意，即便平台构成善意，也不能适用善意取制度。追缴的对象不仅包括被告人非法占有的财产，还包括已被其处置的财产。对用不符合善意取得应追回的赃款，办案机关应妥善查明相关的打赏记录以及赃款的具体流向，对包括网络主播、直播平台等打赏款的所有分成参与者进行追缴。

编写人：江西省吉安市吉安县人民法院　彭小宁

59

向案外人追缴涉案财物的认定与适用[①]

——高某等诈骗案

【案件基本信息】

1. 裁判书字号

北京市第二中级人民法院（2022）京02刑初60号刑事判决书

2. 案由：诈骗罪

【基本案情】

2018年7月至2019年12月，被告人高某等9名被告人伙同他人，以某拍卖公司、某贸易公司等多家公司的名义，给被害人拨打电话，虚构能够帮助被害人将收藏品高价拍卖等事实，邀约被害人前往公司，后以收取委托拍卖合同佣金、拍卖服务费、拍卖保证金等名义，骗取300余名被害人钱款共计1400余万元，其中大部分被害人系老年人。2020年7月，上述9名被告人相继被抓获归案。案发后，高某等5名被告人的亲属代为退赔被害人损失68万元。另查明，2018年6月，被告人高某借用郭某母亲李某的身份证、银行卡等注册成立某拍卖公司，郭某将其母亲身份证、银行卡等材料邮寄给高某。高某使用李某该银行账户作为某拍卖公司的收款账户，用于收取诈骗所得赃款。2019年12月，李某将该账户挂失，将账户内余额27万余元据为己有。

【案件焦点】

1. 在法院审理阶段，庭前通过审查案外人证言发现其涉嫌占有涉案财物的

① 入库案例，参见人民法院案例库2023-04-1-222-005。

线索，如何认定财产权属，确定其是否符合应当追缴的情形。2. 如何适用向案外人追缴涉案财物的程序。

【法院裁判要旨】

北京市第二中级人民法院经审理认为：本案法庭在审理过程中，公诉机关出示了证人李某、郭某的证言，被告人高某的供述及李某银行账户交易明细，证明李某占有涉案赃款 27.3082 万元，建议法庭责令李某退赔涉案赃款。证人李某、郭某的证言，被告人高某的供述及李某银行账户交易明细，能够证明李某将涉案银行卡挂失后，将卡内钱款 27 万余元支取占有，上述 27 万余元系各被告人以某拍卖公司名义诈骗被害人的赃款。证人李某、郭某的证言和被告人高某的供述关于郭某与高某之间是否存在债权债务关系存在矛盾，二证人虽称郭某对高某具有债权，但无法提供借条、银行转账记录等书证，亦无法提供其他证人予以佐证；且李某明知卡内钱款系高某以公司名义实施诈骗所得，无论郭某与高某是否存在债权债务关系，其均不能善意取得、合法占有涉案财物。综上，关于公诉机关所提对案外人李某追缴涉案赃款的建议，法院予以采纳。

被告人高某、王某、张某、慕某、曹某、刘某、张某甲、丁某、张某乙伙同他人，以非法占有为目的，虚构事实、隐瞒真相，骗取他人钱款，其行为均已构成诈骗罪，且系共同犯罪。据此，以诈骗罪分别判处被告人高某有期徒刑十五年，剥夺政治权利三年，并处罚金人民币 15 万元；判处被告人王某有期徒刑十二年，剥夺政治权利二年，并处罚金人民币 12 万元；判处被告人张某有期徒刑十一年，剥夺政治权利二年，并处罚金人民币 11 万元；判处被告人慕某有期徒刑八年，剥夺政治权利一年，并处罚金人民币 8 万元；判处被告人曹某有期徒刑五年，并处罚金人民币 5 万元；判处被告人刘某有期徒刑四年，并处罚金人民币 4 万元；判处被告人张某甲有期徒刑四年，并处罚金人民币 4 万元；判处被告人丁某有期徒刑二年六个月，并处罚金人民币 3 万元；判处被告人张某乙有期徒刑二年六个月，并处罚金人民币 3 万元；责令各被告人依法退赔被害人损失；责令李某退赔人民币 273082 元，并入退赔某拍卖公司诈骗事实部分被害人项执行；在案扣押的钱款并入退赔项执行；未随案移送的扣押物品由扣押机关依法处理。

案件宣判后，判决已生效。

【法官后语】

人民法院审理养老诈骗等案件，应当加大追赃挽损力度，准确甄别、审查、认定涉案财物，对于有证据能够证明案外人并非善意取得涉案财产的，应当依法判决向案外人追缴涉案财产，最大限度挽回受害群众经济损失。本案的争议焦点问题是，法院在审理阶段发现案外人涉嫌占有涉案财物的线索，如何准确认定涉案财物权属并依法启动向案外人追缴程序。

第一，准确认定案外人占有涉案财物的权属，有两项审查要点，即：案外人所占有财物是否属于违法所得或者依法应当追缴的涉案财物；是否构成阻却刑事追缴的善意取得。本案中，案外人占有诈骗犯罪所得财物，属于涉案财物并无争议。关于案外人对涉案财物是否构成清偿债务型善意取得，《最高人民法院、最高人民检察院关于办理诈骗刑事案件具体应用法律若干问题的解释》第十条第一款从主观明知、合理对价、取财方式等方面说明了善意取得的否定性要件。

本案中，案外人李某所占涉案财物不构成善意取得，应予追缴。一方面，在案证据并不能证明李某与被告人存在债权债务关系，李某不存在善意取得的合理对价。李某、郭某虽称郭某对高某具有债权，该笔钱款应认定为高某的还款，但高某否认与案外人存在债务关系，并称曾向案外人索要该27万余元钱款，案外人拒不退还，双方言词关于郭某与高某之间是否存在债权债务关系存在矛盾。李某一方无法提供借条、银行转账记录等书证，也无法提供其他证人予以作证，未达到高度盖然性的证明标准，其主张无法得到支持。另一方面，李某明知卡内钱款属于诈骗所得，不符合善意取得之善意要件。在李某证言中，其知晓高某使用其银行卡从事诈骗活动，也明知这张银行卡内钱款不归其所有，可见李某对卡内27万余元是违法所得具有明知。

第二，启动向案外人追缴涉案赃款程序，应当坚持以审判为中心，确保对涉案财产权属证据的调查在法庭、对涉案财产处置意见的辩论在法庭、对涉案财产甄别认定的裁判结论形成在法庭。本案中，李某占有涉案财物系审判阶段发现的、未被采取强制措施，不属于《最高人民法院关于适用〈中华人民共和国刑事诉讼法〉的解释》第二百七十九条中“查封、扣押、冻结财物及其孳息”的财物范畴，不能直接适用关于当庭调查的程序，但根据当然解释，对于未被采取强制措施的涉案财物，未经侦查机关、公诉机关初步审查，更应当适用当庭调查程序查明权属，保障当事人、案外人的合法权益。因此。应当由公诉机关就是否向案外人追缴财产提出处置意见，并负有在法庭调查中举证证明处置意见合法、合理的责任。同时，法庭应当听取被告人、辩护人等诉讼参与人的质证、辩护意见，案外人对涉案财物提出权属异议的，应当听取案外人的意见，必要时可以通知案外人出庭。

本案中，审理法院庭审前通过审查案外人在侦查机关所作证言发现其涉嫌非法占有涉案赃款的线索。法院联系案外人李某、证人郭某，以听取案外人的意见、保障案外人参与诉讼的权利，经多次联系未果后将相关线索移送给公诉机关，截至本案开庭审理前，公安机关已对李某涉嫌刑事案件进行立案，李某在逃未到案。因此，审理法院在穷尽全部通知手段但案外人、证人未能到庭的情况下，在庭审中安排了涉案财物处理的调查环节，由公诉机关说明情况、提出处理建议，公诉机关出示了证人李某、郭某的证言，被告人高某的供述及李某银行账户交易明细，证明李某占有涉案赃款27.3082万元，建议法庭责令李某退赔涉案赃款。组织控、辩双方针对案外人证言等证据进行举证、质证；在法庭辩论环节，组织控、辩双方围绕争议焦点进行充分辩论，各被告人及辩护人对公诉机关建议均未提出异议，审理法院最终采纳了公诉机关的处理建议，判决向案外人追缴涉案财物，并在裁判文书中写明责令退赔的方式及退赔数额，对判决所依据的证据、事实及法律进行阐明和说理，最大限度确保向案外人追缴涉案财物的程序公正合法。

编写人：北京市第二中级人民法院　常燕　何朕

60

网络恶势力“套路贷”行为的认定与刑法规制

——顾某某等诈骗案

【案件基本信息】

1. 裁判书字号

上海市高级人民法院（2023）沪刑终 17 号刑事裁定书

2. 案由：诈骗罪

【基本案情】

2020 年 5 月至 2021 年 7 月，被告人顾某某及其妻子被告人王某某通过实际控制的某信息科技公司，开发设计并实际控制爱峰、金戒指等 23 款非法网贷 APP 和共债数据系统，交由被告人郑某等人用于对外放贷，并联系资金结算平台。郑某等人分头纠集人员，使用上述网贷 APP 及顾某某提供的公民个人信息，隐瞒网贷 APP 自动调取手机通讯录等事实，以低息、无抵押等诱骗他人网上申请小额贷款，收取借款金额 30%左右的“砍头息”；还以提高借款额度等诱骗借款人再次借贷，或采用威逼诱骗等手段办理展期，或通过实际控制的关联网贷 APP 重新借款平账从而不断垒高债务；再用“爆通讯录”、“短信轰炸”、辱骂威胁等软暴力手段进行催收，非法占有被害人钱款。被告人杨某某、袁某某、丁某某、李某某等人受郑某纠集，带领人员负责运营部分网贷 APP，实施“套路贷”诈骗犯罪活动。据此，顾某某等人通过网络“套路贷”诈骗全国各地 4100 余名被害人共计人民币 9414.54 万余元，未遂人民币 4152.54 万余元，其中被害人韩某因不堪债务压力身亡。

【案件焦点】

1. 本案的定性；2. 本案是否属于恶势力犯罪集团；3. 本案的犯罪数额。

【法院裁判要旨】

上海市第一中级人民法院经审理认为：（1）本案系假借民间借贷之名，通过低息、红包等为诱饵骗取被害人签订借贷协议，放贷时直接扣除高额的服务费变相虚增借贷金额，又肆意将还款期限提前为中午12时止，诱骗被害人支付高额展期费进行展期或去被告人实际控制的其他非法网贷APP“平账”，进一步垒高债务。行为特征从整体上表现为以非法占有为目的，通过虚构事实、隐瞒真相使被害人产生错误认识而自愿建立借贷关系，又使用软硬兼施“软暴力”催讨使被害人“自愿”承担垒高的债务，以获取被害人高额的服务费、展期费等，符合诈骗罪的构成要件，依法应认定为诈骗罪。（2）对“爆通讯录”“短信轰炸”等非接触网络手段，只要足以对不特定人产生心理威慑、心理强制，可认定为“软暴力”；恶势力主要成员之间虽然人身依附较弱，但首要分子通过掌握信息、技术、资金支付等要素对下实施管理和控制的，亦可认定为恶势力犯罪组织。本案犯罪组织系由多个层级组成，架构完整、成员固定、犯意统一、分工明确，对于有组织的实施电信网络“套路贷”犯罪活动，实施“软暴力”催收，构成“为非作恶，欺压百姓”，造成较为恶劣的社会影响，依法应认定为恶势力犯罪组织。（3）依据司法解释的规定，本案的犯罪数额应以被告人实际所非法占有的被害人所支付的高额的服务费和展期费为准。同时，对因意志以外原因未得逞的，以已经着手非法占有的财物数额认定为犯罪未遂。本案的既遂、未遂金额均已达到数额特别巨大的法定刑幅度，以既遂酌情从重处罚。据此，依法对被告人顾某某、郑某犯诈骗罪分别判处无期徒刑，剥夺政治权利终身，并处没收个人全部财产；对被告人杨某某、袁某某、李某某、丁某某、王某某犯诈骗罪，分别判处有期徒刑十五年至十二年不等刑罚，剥夺政治权利四年或三年，并处人民币200万元至60万元不等罚金。

一审宣判后，顾某某、郑某、杨某某、袁某某、丁某某、李某某、王某某提出上诉。

上海市高级人民法院经审理认为：原判认定上诉人顾某某、郑某、杨某某、袁某某、丁某某、李某某、王某某犯诈骗罪事实清楚，证据确实充分，适用法律正确，量刑适当，审判程序合法。据此，依照《中华人民共和国刑事诉讼法》第二百三十六条第一款第一项之规定，裁定如下：

驳回上诉，维持原判。

【法官后语】

一、“套路贷”的认定应把握其本质特征，以“非法占有目的”为核心要旨

“套路贷”是对假借民间借贷之名非法占有被害人财物的一类违法犯罪活动的概括性称谓，传统“套路贷”的常见犯罪手法和步骤包括制造民间借贷假象、制造资金走账流水等虚假给付、故意制造违约或者肆意认定违约等。随着信息网络的高速发展，“套路贷”犯罪也逐渐转移“战场”，向互联网空间延伸，犯罪链条不断拉长，犯罪行为的科技化、隐蔽化、集团化程度日益增强。此时，倘若仍然以传统线下“套路贷”的惯常手法来认定线上“套路贷”，往往会因缺少其中某一环节而得出不构成“套路贷”的结论，不利于犯罪的有效打击。有鉴于此，在认定不断翻新的“套路贷”案件时，必须要结合贷款的具体手段、情节和后果，从整体上把握“套路贷”犯罪的本质，即通过设置层层“套路”非法占有被害人财物，而是否有制造虚假给付事实、是否有故意制造违约等均不是“套路贷”的必备要件。

本案并非传统“套路贷”，不存在传统“套路贷”中常见的以虚假资金走账流水和层层垒高方式虚增借贷金额、恶意制造违约、肆意认定违约、毁匿还款证据等主要特征，但高额服务费、期限规则和转台平账等与传统“套路贷”的核心内容并无差异。同时，本案存在以下特征：一是事先精准的“客户引流”，即利用事先精准掌握的借款人信息和共债数据系统等引诱借款人办理借款、展期等业务；二是更加隐密的作案方法和强大的反侦查措施，即明知其行为可能涉嫌“套路贷”犯罪，刻意回避传统“套路贷”常见手法和犯罪特征，研发新型非法网贷模式，如在到期当日才告知12点为还款时间（规避传统

“套路贷”中恶意制造违约、肆意认定违约特征）、口头告知期限规则、隐瞒关联关系、系列反侦查措施等；三是利用电信网络技术（非法网贷APP）实施非法活动。据此，本案系新型“套路贷”。

值得注意的是，“套路贷”犯罪通常假借民间借贷之名，但与民间借贷有本质区别。民间借贷是以自有资金以合法方式赚取合法利息，通常没有砍头息、服务费等，如出现逾期通常以民事诉讼方式主张权利。高利贷则是出借人希望借款人按约定支付高额利息并返还本金，目的是获取高额利息。而“套路贷”中，出借人以非法占有借款人财产为目的，要求但并不希望借款人及时归还本金和利息，甚至会刻意制造违约达到虚增债务的目的，并使用软硬兼施的催债手段。

本案的被告人不是仅以获取服务费为最终目的，而是以通过提高展期率、复贷率、转台平账率等快速垒高被害人债务从而最大限度获取暴利为最终目的；所实施的利用“料子”、话术和共债数据系统等进行精准营销、展期、复贷和转台平账单等行为系典型的套路贷行为。对于确实存在正常还款和撸贷情形，其中正常还款所占比例甚低（事实上被告人最终目的并非正常借贷），而对于撸贷既是被告人本身刻意防范的情形，又是被告人在实施犯罪活动中已预估的犯罪成本，且并不包括在本案认定既遂数额中，故均不影响案件的整体定性。

二、对新型网络“套路贷”行为定性应注意对犯罪行为进行全链条审查和完整评价

涉电信网络套路贷行为，因信息网络的利用，突破了传统犯罪的地域时空限制，犯罪链条更长也更为隐蔽。其中，部分行为可能符合相关罪名的构成要件，但片面、割裂地评价部分犯罪事实无法充分体现案件的犯罪过程和社会危害性。故，对新型电信网络“套路贷”行为定性应注意对犯罪行为进行全链条审查和完整评价。本案的被告人在事先已通过“料子”和共债系统掌握了被害人个人信息和急于借款的心理，进而有针对性地进行话术营销，诱骗被害人签订借贷协议；关于借款周期、服务费、展期费、还款截止时间、各网代APP之间关联关系等重要事项进行隐瞒或临时告知被害人；被害人是在被诱骗情况下

网签借款协议、办理展期、复贷、转台平账等逐步垒高债务。被告人的行为特征从整体上表现为以非法占有为目的，通过虚构事实、隐瞒真相使被害人产生错误认识而自愿建立借贷关系，以骗取被害人高额的服务费、展期费等，符合诈骗罪的构成要件。

1. 被告人主观上具有非法占有的故意：一是被告人均明知所运营的均系非法网贷 APP、所从事的均系非法网贷活动；二是被告人均明知只有运营多个非法网贷 APP、提高展期率、复贷率、转台平账率等才能快速地、最大限度地获取暴利，尤其是明知其中的展期（展期费占诈骗既遂比例高达 50%）和转台平账可以快速垒高被害人债务；三是非法网贷 APP 均设置了强制读取被害人手机通讯录等、限制取消订单、强制下单等非正常功能；四是各项反侦查措施证明被告人对所实施行为的非法性和“套路贷”违法性具有充分认识。

2. 被告人客观上实施了虚构事实、隐瞒真相的行为：一是利用“料子”和共债数据系统事先掌握了精准的被害人（借款人）信息（包括急于借款的心理），再有针对性地采用话术诱骗被害人下载、注册非法网贷 APP。二是利用非法网贷 APP 预设的各种非法功能和界面隐瞒真实借款利息、展期费用和期限规则（主要为：真 4 假 5 的借款、展期期限、到期当日 12 点为还款时间）等，诱骗被害人办理借款、展期等。三是隐瞒非法网贷 APP 之间关联性等事实，利用共债数据系统等进行转台平账等。

3. 割裂评价本案事实无法全面体现犯罪过程和社会危害性。非法经营行为（放贷行为）和寻衅滋事行为（催收行为）均系整体行为的组成部分，均无法完整、充分地体现本案的犯罪过程和社会危害性。本案是被告人在统一的诈骗犯罪联络下，按照各自分工相互配合共同实施的诈骗犯罪，整体主观故意并非非法经营或寻衅滋事故意，整体行为也不仅仅是非法经营或寻衅滋事行为。据此，以非法经营罪、寻衅滋事等罪名定性的意见，是对案件整体事实片面、割裂地评价，依照想象竞合理论，本案应当按重罪即诈骗罪论处，而不能以非法经营罪或寻衅滋事罪论处或者并罚。

关于敲诈勒索罪的定性意见，在催收时实施“软暴力”行为，从实施的时间和程度上看，是在被害人“自愿”建立借贷关系之后，难以偿还“债务”时，对被害人施加的程度较轻的胁迫行为。一方面，本案的被害人实质上还是基于被骗而“自愿”承担垒高的债务，在催收阶段的软暴力胁迫主要是保证所诈骗钱款的顺利收取，即犯罪的既遂；另一方面，本案系通过电信网络手段实施的软暴力，对被害人人身权的侵犯程度较低，且依据现有证据也难以证明本案所认定的每一名被害人均遭受到“软暴力”索债，故本案也不宜认定构成敲诈勒索罪。

三、本案中的犯罪集团属于新型网络恶势力犯罪组织

依据《最高人民法院、最高人民检察院、公安部、司法部关于办理恶势力刑事案件若干问题的意见》的相关规定，恶势力，是指经常纠集在一起，以暴力、威胁或者其他手段，在一定区域或者行业内多次实施违法犯罪活动，为非作恶，欺压百姓，扰乱经济、社会生活秩序，造成较为恶劣的社会影响，但尚未形成黑社会性质组织的违法犯罪组织，其中，其他手段应当与传统意义上暴力、威胁的社会危害性相匹配。

（一）“爆通讯录”“短信轰炸”等非接触网络手段情节严重时可认定为“软暴力”，属于其他手段

所谓“软暴力”，是与传统暴力相对的，非通过对被害人肉体施加痛苦而是通过对被害人精神施加影响的违法犯罪手段。依据《最高人民法院、最高人民检察院、公安部、司法部关于办理实施“软暴力”的刑事案件若干问题的意见》的相关规定，认定“软暴力”的关键在于其行为手段是否已达到公开性、对不特定被害人产生的心理威慑性，严重影响他人的正常工作生活秩序。本案中，被告人在进行所谓催收时，或向被害人及其通讯录人员发送讣告、人格侮辱短信等进行所谓“短信轰炸”“爆通讯录”，或直接进行威胁、侮辱、谩骂等，属于线上即通过信息网络或者通讯工具实施的“软暴力”。虽然不是在线下针对具体人身或财产实施暴力或者以暴力相威胁，但长期的滋扰、威胁给被害人及周边亲朋造成了巨大的精神压力和心理恐惧，扰乱了正常的工作、生活秩序。特别是被害人可能产生的“社会性死亡”后果，导致与身边亲朋无法正

常交往，在人际交往频繁的现代社会甚至会形成比现实暴力更为恶劣的危害后果，应当评价为“软暴力”。

（二）相关案件首要分子通过掌握信息、技术、资金支付等要素对下实施管理和控制的，可以认定为新型网络恶势力犯罪组织

《中华人民共和国刑法》关于犯罪集团规定，有明确首要分子，主要成员固定，其他人员虽有一定流动性的电信网络诈骗犯罪组织，依法可以认定为诈骗犯罪集团。但如首要分子与主要成员之间人身依附性较弱，甚至互不相识，亦不能完全排除恶势力犯罪组织之可能。本案涉案的多名被告人中，上级通过信息技术等手段掌握“客源”、技术、资金结算等经营要素，对下实施管理和控制，结合涉案人员众多、组织严密、层级分明、各环节分工明确的特点，本质上依然是以整体、组织的形态共同实施相关犯罪行为，可以认定有组织犯罪；该组织在江苏省、安徽省两地长期实施非法网贷活动，正如被告人自述“已经站在这个行业金字塔的顶端了”，符合“在一定区域或者行业内多次实施违法犯罪活动”的恶势力特征；利用预设的非法功能强制获取借款人通讯记录等并加以利用实施所谓的“短信轰炸”“爆通讯录”等“软暴力”，催收逼债，牟取暴利，严重滋扰被害人正常工作生活，显已构成“为非作恶，欺压百姓”，造成较为恶劣的社会影响，依法应当认定为新型网络恶势力犯罪组织。

本案是一个具有新型“套路贷”、新型“软暴力”、新型“恶势力组织”等特征的恶势力犯罪集团案件。案件显示出的犯罪链条长、作案手段隐蔽性强、精心设计“套路”等导致司法认定争议大等问题，要求我们不能囿于传统的线下犯罪模式，应随时适应技术革新与滥用，紧盯黑恶势力犯罪在信息网络空间的延伸发展态势，把握犯罪的本质特征，准确定性、妥当量刑。

编写人：上海市第一中级人民法院　周婧

61

使用诈骗手段将合法债务转化为虚假的投资不构成对被害人财产利益的实质性损害

——张某某诈骗、伪造国家机关证件案

【案件基本信息】

1. 裁判书字号

北京市第一中级人民法院（2023）京 01 刑终 389 号刑事判决书

2. 案由：诈骗罪、伪造国家机关证件罪

【基本案情】

2021 年 6 月，被害人滑某在看房时结识销售房产的张某某，后滑某向张某某转账 10 万元用于双方合伙投资开民宿。2021 年 6 月、7 月，张某某向滑某提议合伙开临期食品超市，并虚构其已联系好独家代理合同需支付保证金、已得到产品独家代理权、超市前期进货、租赁店铺等理由让滑某转账，滑某陆续转账 33.8037 万元。其中，2021 年 7 月 7 日转账的 3 万元中，滑某称有 2 万元系借款，7 月 9 日其与张某某聊天时将该 2 万元计入投资超市的钱款；7 月 11 日张某某女友退还滑某 1.6 万元。2021 年 7 月 8 日，张某某虚构其女友的朋友买房向滑某借款 10 万元。为隐瞒其犯罪行为，拖延报案，张某某向滑某提供盖有“某市自然资源和规划局”印章的伪造房产证一份。张某某于 2023 年 2 月 17 日被公安机关抓获。案发后张某某女友退还被害人滑某 10 万元。

【案件焦点】

被害人将自己合法的债权转为虚假的投资事项，是否构成实质性财产损失。

【法院裁判要旨】

北京市海淀区人民法院经审理认为：被告人张某某以非法占有为目的，虚构事实骗取他人钱款，数额巨大，其行为已构成诈骗罪，应予惩处。被告人张某某伪造国家机关证件，其行为已构成伪造国家机关证件罪，应与其所犯诈骗罪并罚。依照《中华人民共和国刑法》第二百六十六条，第二百八十条第一款，第六十九条第一款、第三款，第五十五条第一款，第五十六条第一款，第五十三条第一款，第六十四条之规定，判决：

一、被告人张某某犯诈骗罪，判处有期徒刑八年六个月，剥夺政治权利一年，并处罚金人民币4万元；犯伪造国家机关证件罪，判处有期徒刑十个月，罚金人民币3000元，决定执行有期徒刑九年，剥夺政治权利一年，并处罚金人民币43000元；

二、责令被告人张某某退赔人民币46万元，发还滑某；

三、在案扣押假房产证一本，予以没收；手机三部，退还被告人张某某。

一审宣判后，张某某提出上诉。

北京市第一中级人民法院经审理认为：上诉人张某某以非法占有为目的，虚构事实骗取他人财物，其行为已构成诈骗罪且数额巨大，依法应予惩处。张某某伪造国家机关证件，其行为已构成伪造国家机关证件罪，应与其所犯诈骗罪数罪并罚。一审法院根据张某某犯罪的事实、犯罪的性质、情节及对于社会的危害程度所作出的判决，定性准确，审判程序合法。因二审期间出现新证据且原判认定犯罪数额有误，其中滑某向张某某的转账中有6000元没有书证，滑某也承认不存在该笔钱款，张某某女友在案发时间段曾退还给滑某1.6万元，以及2021年7月9日滑某与张某某协商转为投资超市的2万元借款，上述钱款均应在犯罪数额中扣除。依照《中华人民共和国刑法》第二百六十六条，第二百八十条第一款，第六十九条第一款、第三款，第五十五条第一款，第五十六条第一款，第五十二条，第五十三条，第六十四条，第六十一条；《中华人民共和国刑事诉讼法》第二百三十六条第一款第三项；《最高人民法院关于适用财产刑若干问题的规定》第五条之规定，判决如下：

一、撤销北京市海淀区人民法院（2023）京0108刑初675号刑事判决；

二、上诉人张某某犯诈骗罪，判处有期徒刑八年三个月，剥夺政治权利一年，并处罚金人民币4万元；犯伪造国家机关证件罪，判处有期徒刑十个月，并处罚金人民3000元，决定执行有期徒刑八年十个月，剥夺政治权利一年，并处罚金人民币43000元；

三、责令上诉人张某某退赔被害人滑某人民币318037元；

四、在案扣押的假房产证一本，予以没收；手机三部，变价后折抵上述退赔款。

【法官后语】

诈骗罪的法益侵害体现为使被害人遭受财产损失，财产损失应当以被害人的财物或财产性权益实际减少为判断标准。在以财产性利益为诈骗对象的场合，处分行为主要表现为将财产性利益输送给对方，即承担某种义务或者放弃某种权利，一般包括债权取得和债务免除两种情形。在债权取得的情形中，行为人使用诈骗手段给被害人增设债务，使被害人面临财产损失的风险，但最终没有发生实际的财产转移，根据结果未发生的原因，可能不认为是犯罪或者构成诈骗未遂。在债务免除的情形中，债权人向行为人给付钱款时是基于合法有效的借贷关系，债务免除不会发生财产的二次交付，只有行为人使用诈骗手段使被害人失去借据、欠条等借款凭证，且该凭证是确认债权债务关系存在的唯一证明，导致债务彻底消灭时财产性利益才会遭受损害。这里要强调的是，债务免除的关键在于导致债务灭失，而非诈骗取得借款凭证。例如，A借款给B并签订了借条，已经超过诉讼时效，B使用诈骗手段取得该借条，后A以银行流水等证据诉至法院要求B返还借款，B认可债务存在，法院据此判决支持A的诉求，此时B虽然实施了诈骗借条的行为，但因没有危害到A的任何利益，不构成犯罪。

债务转化不是刑法意义上的债务免除，被害人并没有放弃自己的钱款，只是将其挪作他用，仍然享有该笔借款产生的其他民事权利。以本案为例，2万元借款转为投资款后，滑某原来基于借贷关系的债权请求权，就变为基于合伙关系的投资收益请求权，在形式上被害人的财产性利益没有减少或灭失。有观点认为，合法债务转为虚假的、不可能实现的投资，就应当构成实质性财产损失。但问题是，未能按期偿还的借款与不能兑现的投资，在结果上并无二异，即使有证据证明投资是虚假的，但被害人最后遭受的财产损失，究竟是被告人没有还款能力造成，还是想据为己有，除非被告人自认，否则难以作出清晰区分，在此情况下就无法建立财产损失与虚构事实之间的因果关系，也就无法认定被告人构成诈骗罪。与此同时，债务转化并不当然就意味着对被害人不利。例如，A正常借给B一笔钱，并签订了借条，但是已经超过诉讼时效，A向法院起诉不会得到支持，后B以非法占有目的诱使A将该笔借款连同其他钱款一并转为新的借款，并签订了借条，此时A反而可以依据新的借条主张实现该笔借款。而且，在现代社会，民法应当扩张，刑法应当谦抑，除非有证据证明借款时即具有非法占有目的，债务人仅以欺诈等方式拖延还款的情形不可一概纳入刑事管辖范围。

还需要考虑的是，纳入刑事评价视野的应当具有一定社会危害性的行为。《刑事审判参考》第1342号指导案例[①]在区分民事欺诈与刑事诈骗时认为，一般来说，构成诈骗罪的行为，应当是不能通过民事途径进行救济的行为。本案中，如果滑某以投资合作关系向法院主张相关权益或返还投资款，张某某要么认可二人存在投资合作关系，要么承认其对滑某存在欺诈行为。在前一种情况下，滑某的财产权益会得到法律保护。在后一种情况下，根据《中华人民共和国民法典》第一百四十八条的规定，一方以欺诈手段，使对方在违背真实意思的情况下实施的民事法律行为，受欺诈方有权请求人民法院或者仲裁机构予以撤销。据此，滑某可以通过行使撤销权，恢复其与张某某之前的借贷关系。

编写人：北京市第一中级人民法院　魏小项

① 参见最高人民法院刑事审判第一、二、三、四、五庭主办：《刑事审判参考（总第122集）》，法律出版社2020年版。

62

被害人参与度对请托型诈骗定性的影响

——张某诈骗案

【案件基本信息】

1. 裁判书字号

北京市第三中级人民法院（2023）京03刑终369号刑事裁定书

2. 案由：诈骗罪

【基本案情】

被告人张某与被害人赵某早前因工作相识。2019年7月初，赵某的母亲孟某某因涉嫌诈骗罪被河南警方刑事拘留。被告人张某在本市朝阳区等地，向赵某谎称自己在司法系统有关系，以帮助赵某母亲孟某某脱罪为由，诈骗赵某人民币300万元。

赵某之母孟某某因犯诈骗罪于2020年11月27日被河南省某市中级人民法院判处刑罚，孟某某提出上诉。赵某为转移其母亲名下账户钱款，于2020年12月5日至11日，将孟某某账户中的人民币269万元转至自己账户。2020年12月11日12时44分许，赵某在某银行某支行取现人民币260万元。后赵某与张某共同前往某银行某支行，赵某在外等候，张某一人进入银行办理业务。当日16时0分许，张某账户存入现金人民币260万元。在张某存款期间，赵某在银行外等候，二人通过微信就钱款是否存活期、存款期限等进行频繁沟通。2021年8月，河南省高级人民法院就孟某某等人案针对孟某某维持一审法院的判决。2021年8月至9月，赵某及其家人多次通过拨打电话及发送短信方式联系张某，催促张某还款未果。

2021年12月31日赵某报警称被张某诈骗人民币560万元，2022年1月2日，公安机关对张某诈骗案决定立案。张某同日被抓获。

【案件焦点】

1. 被害人赵某在被告人张某的涉案行为中有较高参与度，是否影响张某诈骗罪的成立；2. 被告人张某诈骗的金额如何认定。

【法院裁判要旨】

北京市朝阳区人民法院经审理认为：被告人张某所存两笔钱款即人民币560万元均来自被害人赵某。从赵某取款时张某的参与度来看，赵某将取款事宜告知了张某。而从张某存款时赵某的参与度来看，赵某对办卡存钱是知情的。现有证据足以证明张某以虚构事实或隐瞒真相的手段骗取了赵某人民币300万元，但无法证明赵某的260万元系被张某骗取。被害人赵某虽然前后陈述存在部分变化，但其就给张某钱款的缘由系为了帮赵某之母孟某某脱罪的陈述基本一致，现有证据能够证明张某在赵某给其钱款的前后，有给赵某介绍律师、陪同赵某前往河南探视赵某之母等积极参与的行为，上述行为与赵某所述之给钱缘由能够呼应，且上述300万元均系来自赵某本人，与后续的260万元系从其母亲银行卡取出不同。其次，证据证明赵某在其母亲被判刑后有转移其母亲名下财产的主观意图，其除将其母亲的260万元给张某保管外，赵某在之后继续从其母亲账户转入自己账户数笔钱款共计145万元。现有证据无法证明张某对赵某的260万元实施了虚构事实或隐瞒真相从而骗取钱款的行为。据此，以诈骗罪判处被告人张某有期徒刑十一年，剥夺政治权利二年，并处罚金人民币11万元。

一审宣判后，被告人张某提出上诉。

北京市第三中级人民法院经审理认为：一审法院对被告人张某构成诈骗罪的定罪及适用法律正确，量刑适当，对在案扣押、冻结款物及对责令继续追缴被告人违法所得的处理亦无不当，审判程序合法，应予维持。故裁定如下：

驳回上诉，维持原判。

【法官后语】

区分民事欺诈与刑事诈骗的关键在于审查行为人是否具有非法占有的主观目的。对行为人虚构自己具有实现请托事项的能力，骗取被害人信任进而收取被害人钱款的请托型诈骗，在判断行为人行为是否具有非法占有的主观目的时，被害人在行为人行为中的参与程度亦是重要考量要素。在无其他充分证据对行为人处分钱物时具有非法占有目的予以印证时，被害人参与度如果超出普通认知的“沟通”，可能构成对诈骗事实认定的阻断。不能仅依据行为人在基于被害人高参与授权处分被害人钱物后，产生占有钱物的事后故意，认定行为人构成诈骗罪。

诈骗类犯罪在当前一审、二审案件中均占比较高，该类案件的被告人多拒不认罪。刑事诈骗与民事欺诈并非对立关系，前者系后者中最为严重的部分，在涉及刑民相互交叉或牵连的法律关系时，需把握好“非法占有目的”这一判断标准。在依据事前、事中和事后的时间点对行为人行为进行阶层梳理仍对得出“非法占有目的”之结论存在障碍时，重点分析被害人在该三个时间段中的参与程度亦会对案件的定性产生重要影响。本案即系一起在审理中因充分考量了被害人参与度，对公诉机关指控部分事实未予认定的典型案例。

一、“非法占有目的”是刑民界分的利剑

刑民交叉的视野下，如何对诈骗犯罪和民事欺诈进行区分是司法实务的难点问题。对于两者，可以从欺骗程度（足以使他人产生认识错误并处分财物的程度）和非法占有目的等方面进行区分。

（一）欺骗程度方面

行为究竟属于民事欺诈还是诈骗犯罪，界分的关键之一在于欺骗程度的判断。欺骗程度是指行为人采用的欺骗方法，是否达到使他人产生认识错误并处分财物的程度。在刑民交叉的案件中，如果行为人采用的欺骗手段达到了使他人产生认识错误并处分财物的程度，则构成诈骗罪；如果行为人虽然采用欺骗手段，但并没有达到使他人无对价交付财物的程度，则只是民事欺诈，尚不构成诈骗罪。

实践中，刑民交叉型诈骗犯罪主要包括三种手段：一是“请托型”，通过承揽某项事务的方式从被害人处骗取财物。二是“交易型”，通过商品购销的方式从被害人处骗取财物。三是“借贷型”，通过借款的方式从被害人处骗取财物。本案就属于典型的“请托型”诈骗犯罪。被告人张某虚构能够帮助被害人赵某母亲脱罪的事实，使得赵某形成相信张某真的能够帮助自己的认识错误，并基于此认识错误交付给张某人民币300万元，张某的行为足以说明其欺骗程度已经远远超出民事欺诈范畴，应当以诈骗罪追究其刑事责任。

（二）非法占有目的方面

在某些情况下，民事欺诈和刑事诈骗在行为方式上是完全相同的，因此不能简单从行为方式上进行区分，而是要从行为人的主观是否具有非法占有目的上予以区分。只有诈骗罪才具有非法占有目的，而民事纠纷中的欺诈行为则没有非法占有目的。对请托型诈骗，非法占有目的应结合行为人是否具有履约能力、是否实施履约行为、对取得财物的处置措施等情况综合考量。按照从客观到主观的原则，诈骗罪在客观上表现为一个特定的发展过程：行为人实施欺骗行为—对方陷入认识错误—对方基于认识错误处分财产—行为人取得或者使第三者取得财产—被害人遭受财产损失。认定行为人构成诈骗，上述过程缺一不可，一旦某个环节出现缺失或者加入介入因素，就极易构成诈骗罪认定的阻断。

本案中，张某否认收取被害人两笔钱款。法院在根据证据对张某收取钱款行为进行确认后，对张某行为的定性，重点从被害人错误认识是否产生角度进行论证，从而得出被害人系基于认识错误处分的财产之结论。

被告人张某虚构自己具有办理请托事项的能力，使被害人赵某陷入错误认识，被害人赵某基于错误认识先向被告人张某交付了300万元。被害人赵某虽然前后陈述存在部分变化，但其就给张某钱款的缘由系为了帮自己母亲脱罪的陈述基本一致，现有证据能够证明张某在赵某给其钱款的前后，有给赵某介绍律师、陪同赵某前往河南探视赵某之母等积极参与的行为，上述行为与赵某所述之给钱缘由能够呼应，且上述300万元均系来自赵某本人。结合生活常识来看，300万元并不是小数目，被害人不可能无缘无故给被告人300万元，被告人实施一系列积极行为背后有金钱利益驱动。被告人张某对于300万元有明显的非法占有目的，与后续被害人交由其保管260万元的性质完全不同，无法将剩下的260万元也认定为被告人的诈骗金额。

二、被害人参与程度较高可能构成诈骗罪认定的阻断

请托型诈骗中，被害人与行为人之间通常会有较为频繁的“互动沟通”，在请托事项无须行为人具有特定能力或资格，而仅系帮忙型请托时，行为人如按照与被害人所沟通内容对被害人钱物作出一定处分，在钱物不能按照约定返还时，不宜直接从外观来判定行为人在行为之时是否具有非法占有目的，而应重点审查被害人在整个事件中的参与程度，在依据证据判定被害人对行为人的行为参与度超出普通认知的“沟通”时，就不存在被害人基于认识错误处分财产的情形，从而构成认定行为人行为构成诈骗罪的阻断。

本案中，针对被害人赵某给张某的260万元，从二人的沟通情况来看，对被告人张某所存钱款，张某让渡了部分决定权，被告人赵某享有一定程度的支配权。从张某存款时赵某的参与度来看，赵某对办卡存钱有支配权。赵某在其母亲被判刑后有转移其母亲名下财产的主观意图，其除了将其母亲的260万元给张某保管，赵某亦有在之后继续从其母亲账户转入自己账户数笔钱款的行为。故，在被害人赵某参与了张某的存款过程且享有一定支配权的情况下，不存在赵某系基于认识错误处分财产的情形，从而构成认定张某对260万元构成诈骗罪的阻断。

三、不能依据行为人在基于被害人授权处分被害人钱物后产生占有钱物的事后故意，认定行为人构成诈骗罪

在被害人参与程度较高从而阻断诈骗罪的认定后，双方的行为即为典型的民事行为，如果行为人在事后产生占有被害人钱物的故意，不能据此反向认定行为人构成诈骗罪。

本案中，对260万元应当如何定性？即行为人占有对方当事人委托其保管的财物后，临时产生非法占有目的，拒不退还或擅自处分，究竟是成立诈骗罪还是侵占罪。一种观点认为，构成侵占罪，因为财物系行为人合法保管，欺骗

的因素只是为了掩盖其非法占有的事实。另一种观点认为，构成诈骗罪，因为行为人以虚构事实的方法非法占有财物。侵占罪属于“非转移占有型”犯罪，客观表现为被害人基于委托、信任等原因自愿地将财物交给行为人，行为人占有他人财物与欺诈行为没有因果关系，而是另起犯意将合法控制之下的财物非法占有，且拒不退还。诈骗犯罪属于“转移占有型”犯罪，行为人自始不具备归还意思，并采取虚构事实、隐瞒真相等方法，使得被害人基于错误认识将财物交给其占有。如果行为人在财物转移占有之前没有非法占有目的，即使事后采取了一定的欺诈手段，如谎称财物被盗、丢失、损毁等而拒不归还，对方当事人并未丧失追索权的，不应按照诈骗罪处理。但是，如果行为人在财物转移占有之后，通过欺诈手段使对方当事人免除返还义务或丧失追索权的，同样属于财物处分行为，应按照诈骗罪处理。本案中，张某在赵某转移给自己占有260万元之前，对这笔钱并没有非法占有目的（只是帮助理财），张某后来拒绝返还这笔钱，但不存在以欺诈手段拒不归还的行为，赵某也未对这笔钱丧失追索权，张某对这260万元不成立诈骗罪，260万元不应纳入诈骗金额之中。

编写人：北京市第三中级人民法院　魏颖　申倩

63

控制交易型类金融交易平台犯罪行为构成诈骗罪

——杨某诈骗案

【案件基本信息】

1. 裁判书字号

上海市第二中级人民法院（2022）沪02刑终510号刑事裁定书

2. 案由：诈骗罪

【基本案情】

杨某为某公司股东，2016 年至 2017 年 4 月，某公司申请成为某 1 公司下属会员单位，并托管三组邮票。其间，被告人杨某伙同他人以电话、网络销售的方式吸引客户至公司直播平台听课，配合业务员以邮币卡的涨势诱骗客户开户入金，操盘手利用邮票数量、手续费等优势操作邮票的上涨和下跌，并通过业务员喊单的方式不断诱骗客户入金上述三组邮票，操盘手反向高抛低买，以此赚取客户亏损。经审计，至案发，仁某某、钟某某等 27 名被害人入金共计 2592 万余元，出金共计 2392 万余元，差额 188 万余元（除去案发前仁某某获赔金额）。

【案件焦点】

1. 被告人杨某的行为如何定性；2. 杨某的犯罪金额如何认定。

【法院裁判要旨】

上海市宝山区人民法院经审理认为：被告人杨某伙同他人，以非法占有为目的，虚构事实、隐瞒真相骗取他人财物，数额特别巨大，其行为已构成诈骗罪，依法应予惩处。被告人杨某的供述和同案关系人李某、王某等人的供述相互印证，证实某公司在涉案邮币卡交易过程中，隐瞒公司控盘交易的事实，以高额投资回报引诱被害人投资，继而收割被害人财产，其行为实质上是以暗中操纵邮票涨跌价格为手段，以赚取被害人损失为目的所实施的诈骗犯罪活动。上述犯罪活动与合法市场上的非法经营、操作证券市场等行为有着显著区别。在共同犯罪中，被告人杨某负责操盘交易，作用重要，不宜认定为从犯。证人孙某的证言与公安机关出具的《工作情况》相互印证，证实被告人杨某没有主动投案的行为，故不符合自首的认定条件。被告人杨某到案后能如实供述其罪行，系坦白，依法可以从轻处罚。被告人杨某主动退缴所涉违法所得，并取得部分被害人的谅解，可以酌情从轻处罚。据此，综合被告人杨某的犯罪事实、情节、认罪态度和对社会的危害程度，判决如下：

一、被告人杨某犯诈骗罪，判处有期徒刑十年，并处罚金人民币 10 万元。

二、在案赃款发还相关被害人；不足部分，责令继续退赔。

一审宣判后，杨某提出上诉。

上海市第二中级人民法院经审理认为：原审法院根据上诉人杨某的犯罪事实、性质、情节及退赔等情况所作判决并无不当，且审判程序合法。上诉人杨某的上诉理由不成立。上海市第二中级人民法院依照《中华人民共和国刑事诉讼法》第二百三十六条第一款第一项的规定，作出如下裁定：

驳回上诉，维持原判。

【法官后语】

本案的争议焦点在于杨某以暗中操纵价格涨跌为手段，以赚取被害人损失为目的所实施的诈骗犯罪活动如何定性及杨某的犯罪金额如何认定。

一、杨某的行为构成诈骗罪

控制交易型类金融交易平台犯罪案件即行为人自建平台或成为平台会员单位，前期诱导客户入金交易后，通过操控平台交易系统控制价量，利用反向行情指导收割投资人资金。此类案件多以小众投资标的为噱头，如文化艺术品、邮币卡、虚拟货币等。控制交易型是典型的利用非法平台实施诈骗犯罪案件，对行为人以诈骗罪论处当无疑义，关键在于控制交易的认定。随着犯罪分子反侦查意识的增强，相关交易平台多设置在境外，直接查获交易平台的情形较为少见。实践中需要梳理分析全案证据，通观一个投资周期事前、事中、事后不同阶段的行为表现，进行综合判断。在案证据证实，行为人事前明知以客损为利，事中提供反向操作指导，事后又毁证逃匿的，即足以认定所涉平台是控制交易型平台。

本案中，杨某作为某公司的股东，某公司申请为某1公司下属会员单位，前期通过电话、网络销售的方式，以邮币卡为噱头，诱导客户入金交易，在涉案邮币卡交易过程中，隐瞒公司控盘交易的事实，通过操控平台交易系统控制价量，利用反向行情指导收割投资人资金，其行为实质上是以暗中操纵邮票涨跌价格为手段，杨某等人的行为属于典型的利用非法平台实施诈骗犯罪案件，即属于控制交易型类金融交易平台犯罪。杨某等人的犯罪行为与市场上的非法经营、操作证券市场等行为有着显著区别，故应当以诈骗罪追究杨某刑事责任。

二、杨某的犯罪数额认定

资金流向查证属实，犯罪数额的计算才有据可依。类金融交易平台犯罪案件中，计算犯罪数额时主要涉及3个数字，即入金金额、出金金额、冻结金额。以不同罪名认定犯罪行为，所涉犯罪数额的计算方法也不相同。对于非法经营罪而言，将入金金额认定为犯罪金额具有合理性；对于诈骗罪而言，入金金额减去出金金额（净入金金额，又称客损）是常规计算方式，投资标的为邮币卡、文玩份额等真实存在且有一定价值的物品时，犯罪金额以净入金金额再扣减冻结金额计算，更为合理。

本案中，杨某伙同他人以电话、网络销售的方式吸引客户至公司直播平台听课，配合业务员以邮币卡的涨势诱骗客户开户入金，操盘手利用邮票数量、手续费等优势操作邮票的上涨和下跌，并通过业务员喊单的方式不断诱骗客户入金，操盘手反向高抛低买。其中，诱骗客户开户入金25927324.60元，出金23923917.90元，根据诈骗罪计算方法，本案的犯罪金额为入金金额减去出金金额以及案发前被告人杨某退还被害人的金额120000元，即本案犯罪金额为1883406.7元。

三、遵循从客观到主观的主客观相统一的基本路径区分个体共犯责任

本案中，杨某的辩护人提出杨某的行为较其他同案犯的行为作用小，在共同犯罪中，应认定为从犯。对于类金融交易平台犯罪案中共谋诈骗手法、知晓平台性质、清楚资金流向的行为人，以诈骗罪定罪自无疑义，但对仅招揽意向投资人、不明知核心业务模式的低阶层业务员，以诈骗罪论处有悖于主客观相统一的犯罪认定原则。因此，实践中应注意区分行为人由于层级、职责分工、获取利益方式、对全部犯罪事实知情程度等的不同，以此认定行为人是否具有非法占有他人财物的目的，予以分别认定为诈骗罪和非法经营罪。

遵循从客观到主观的主客观相统一是我国刑事司法实践认定犯罪构成的基本路径。对于类金融交易平台犯罪案件而言，所谓损失究系为行为人骗取还是正常市场波动所致，决定了两罪之争的主要方向，在此也涉及主客观两个方面

的内容。其中，客观方面主要是指资金流向的查证，重点解决案件整体定性；主观方面主要是指非法占有目的的认定，主要用于区别共犯人责任。两个方面相辅相成，并在一些情形下互相支撑印证。

本案中，客观方面河北滨某大宗邮币卡平台下其他会员公司，发展各地交易商和经纪商会员、客户，通过操盘方式诈骗客户的钱财；主观方面杨某作为某公司股东，对于平台性质系明知，其负责操盘交易对于资金的流向亦是明知，故本案中，杨某在共同犯罪中的作用重要，不宜认定为从犯。

编写人：上海市宝山区人民法院　张国滨　牛玲玲

64

利用手机软件针对特定人实施诈骗的不宜认定为电信网络诈骗

——卓某某诈骗案

【案件基本信息】

1. 裁判书字号

安徽省淮南市中级人民法院（2023）皖04刑终185号刑事判决书

2. 案由：诈骗罪

【基本案情】

2021年7月17日22时许，被害人程某某在家中玩手机时，被告人卓某某通过某二手交易平台联系程某某，欲购买被害人“和平精英”的游戏账号，双方约定游戏账号交易价格为37000元。卓某某提前付款给“闲鱼”第三方平台后，便向被害人索要游戏账号相关信息。程某某通过微信将自己登录“和平精英”网游的微信号、微信密码、微信支付密码和“和平精英”二级密码（用于转赠装备）发给卓某某。卓某某获取相应信息后，便解除账号与被害人程某某的绑定关系，并向“闲鱼平台”申请退款。

2021年11月，被害人张某某以23000元的价格从他人处购买“和平精英”游戏账号，后通过某二手交易平台将该账号出售。被告人卓某某使用昵称为“K××”的微信账号与被害人张某某联系，谎称自己为女性，并使用蔡某某身份信息与被害人张某某聊天。被害人将游戏账号、密码告诉卓某某后，卓某某便修改游戏账号和密码并将游戏账号绑定自己的身份证，导致被害人张某某无法登录。为防止被害人张某某联系，卓某某又拉黑对方。2021年12月6日，卓某某以陈某某名义以14000元价格将该游戏账号转卖给李某某。2021年12月8日，在扣除平台手续费后，陈某某按照卓某某要求将13000元转给卓某某。案发后，被告人卓某某退赔李某某7000元，退还程某某37000元，退还张某某23000元，并取得二被害人谅解，签署认罪认罚具结书，退缴违法所得6000元。

【案件焦点】

利用手机APP软件对特定人实施诈骗的能否认定为电信网络诈骗。

【法院裁判要旨】

安徽省淮南市田家庵区人民法院经审理认为：被告人卓某某以非法占有为目的，利用电信网络骗取他人财物，价值60000元，属数额巨大，其行为已构成诈骗罪。归案后能如实供述自己的犯罪事实，且自愿认罪认罚，依法可从轻处罚和从宽处罚；案发后赔偿被害人全部经济损失并取得谅解，可酌情从轻处罚和从宽处罚。卓某某在案发时虽是在校学生，却沉迷于网络游戏，并由此谋取生财之道，冒用他人身份、隐瞒性别和个人信息在网络上实施诈骗，其诈骗手段具有更大的危害性和欺骗性，为严惩电信网络诈骗犯罪活动，保护公民的合法权益，法律也规定要求对此类实施诈骗的被告人裁量刑罚时应就高选择，并应严格控制适用缓刑的范围。对实施诈骗犯罪的被告人而言，其退赃退赔是刑法规定被告人必须予以追缴和退赔的，而不应成为对其适用缓刑的条件，公诉机关提出的起点刑有期徒刑三年的量刑意见已充分考虑到被告人卓某某的从轻、从宽处罚的量刑情节，对公诉机关和辩护人提出要求适用缓刑的意见不予支持。据此，以诈骗罪判处被告人卓某某有期徒刑三年，并处罚金人民币25000 元。

一审宣判后，卓某某提出上诉。

安徽省淮南市中级人民法院经审理认为：上诉人卓某某以非法占有为目的，利用互联网平台骗取他人财物，价值 60000 元，属数额巨大，其行为已构成诈骗罪。但其采取利用网络平台漏洞或者向被害人谎称女性身份的方式，骗取了本案两名被害人网上游戏账号，造成被害人经济损失，行为不符合电信网络诈骗犯罪规定的利用电信网络技术手段，针对不特定群体侵害的特征。同时，鉴于卓某某到案后如实供述，认罪认罚，积极退赃退赔，并取得被害人的谅解，且对其所居住社区没有重大不良影响，综合考虑卓某某的犯罪事实及归案后的认罪态度、悔罪表现等情节，可对其适用缓刑。据此判决：

上诉人卓某某犯诈骗罪，判处有期徒刑三年，缓刑四年，并处罚金人民币25000 元（已缴纳）。

【法官后语】

一、关于电信网络诈骗犯罪的特征

电信网络诈骗犯罪除符合传统诈骗罪的构成要件外，还具有技术性、非接触性、远程性以及针对人群的不特定性等特征。一般可以概括为，以非法占有为目的，利用电信网络技术手段，针对不特定多数人所实施的远程式、非接触式诈骗犯罪。

二、本案是否属于电信网络诈骗犯罪

（一）电信网络诈骗所针对人群的具有不特定性

《最高人民法院、最高人民检察院关于办理诈骗刑事案件具体应用法律若干问题的解释》第二条第一款第一项规定，通过发送短信、拨打电话或者利用互联网、广播电视、报刊杂志等发布虚假信息，对不特定多数人实施诈骗的，可以酌情从严惩处。从法律规定的犯罪手段可以看出，电信网络诈骗具有以点带面、一对多的犯罪特点，而非针对特定人实施诈骗行为，普通的诈骗犯罪在着手实施犯罪行为时就已明确作案目标。本案中，被告人通过手机APP交易平台软件看到被害人出售游戏账号的信息，然后虚构自己要购买的事实，隐瞒欲通过平台漏洞非法占有对方财物的目的，在骗取被害人的账号、密码后，将对方账户拉黑并通过申请退款的方式非法占有对方财物。此时，行为人与特定人之间系点对点、一对一的联系，仍限于特定的空间范畴，具有一定的私密性，没有对其他不特定人产生影响，与电信网络诈骗针对不特定人群的方式有明显不同。因此，本案中被告人针对特定人实施的诈骗犯罪，即使利用了手机APP、网络工具，从诈骗对象不特定多数性的角度也不宜认定为电信网络诈骗犯罪。

（二）电信网络诈骗具有全链条、分工合作的特点

电信网络诈骗产业分工日益完善，上下游及诈骗实行行为独立化、专业化、多层级分工协作，上中下游犯罪全覆盖，形成了包括贩卖公民个人信息，倒买倒卖银行卡、电话卡，为犯罪提供技术支持，洗钱等组织分工严密的黑灰色产业链条。本案中，仅被告人个人单独实施两起诈骗犯罪，不属于犯罪链条上的任何一个环节，与立法严惩电信网络诈骗犯罪的宗旨相去甚远。

（三）准确认定电信网络诈骗性质是公正判决的基础

本案的争议焦点是被告人实施的行为能否认定为电信网络诈骗，认定与否将直接影响对被告人的量刑。根据《最高人民法院、最高人民检察院、公安部关于办理电信网络诈骗等刑事案件适用法律若干问题的意见》第二部分“依法严惩电信网络诈骗犯罪”第七条的规定，对实施电信网络诈骗犯罪的被告人，应当严格控制适用缓刑的范围，严格掌握适用缓刑的条件。本案二审之所以改判适用缓刑，是基于否定被告人实施的行为属于电信网络诈骗犯罪，而是普通的诈骗犯罪，为适用缓刑排除了适用法律的障碍。

编写人：安徽省淮南市中级人民法院　王毅全

（四）职务侵占罪

65

法定节假日公司值班人员“监守自盗”可认定为职务侵占罪

——谭某某职务侵占、盗窃案

【案件基本信息】

1. 裁判书字号

广西壮族自治区柳州市中级人民法院（2023）桂02刑终276号刑事裁定书

2. 案由：职务侵占罪、盗窃罪

【基本案情】

1. 盗窃罪部分（略）。

2. 职务侵占罪。2023年1月，谭某某利用其系被害单位主管，负责值班巡查库房之机，多次盗走上述基地内的充电枪共计412根。后销赃给他人，得款已挥霍。经价格认证中心认定，被盗充电枪价格为205元/根。综上，谭某某盗窃数额共计35670元，职务侵占数额共计84460元。2023年2月20日，谭某某主动到公安机关投案，并如实供述上述事实。案发后，公安机关已追回被盗充电枪433根，并返还被害单位。谭某某的家属已代为退出违法所得8000元，代为退赔充电枪53根给被害单位，并获得被害单位的谅解。综上，谭某某共窃取、侵占公司充电枪586根。

【案件焦点】

法定节假日期间，公司值班工作人员实施窃取公司财物的行为是否应该认定为职务侵占罪。

【法院裁判要旨】

广西壮族自治区柳州市鱼峰区人民法院经审理认为：谭某某以非法占有为目的，秘密窃取他人财物，数额较大，其行为构成盗窃罪。谭某某利用职务便利，将本单位财物非法占为己有，数额较大，其行为构成职务侵占罪。谭某某一人犯数罪，依法应当数罪并罚。谭某某具有自首、认罪认罚、赔偿被害单位部分经济损失并取得谅解、退赃情节，依法可以从轻或者减轻处罚。谭某某具有多次盗窃、职务侵占行为，对其量刑时予以从重考虑。关于辩护人辩称谭某某的行为属于构成想象竞合犯，应以职务侵占罪定罪的辩护意见，法院认为，谭某某的职责主要是负责公司新能源车的装卸作业和现场管理，负责对接火车站货运中心等工作，其只有在2023年1月，因为接受单位安排值班，对新能源汽车财物安全进行夜间巡视，具有安保职责，平素公司有专门的安保人员对车辆进行看守，故只有在其值班期间实施的行为才属于利用职务便利，其他时候实施的盗窃行为跟职务无关，故依法应该实行数罪并罚。另外，根据想象竞合犯的理念，一个行为触犯两个罪名时，应该从一重罪进行处罚，在本案中即应该按照盗窃罪进行处罚，并非辩护人辩称的以职务侵占罪进行处罚，故对辩护人该辩护意见，不予采纳。关于辩护人辩称谭某某具有自首、坦白等其他从轻或者减轻情节，与事实相符，予以采纳。综上，鱼峰法院决定对谭某某适用从轻处罚。公诉机关的量刑建议适当，予以采纳。据此，作出判决如下：

一、谭某某犯盗窃罪，判处有期徒刑一年九个月，并处罚金2万元；犯职务侵占罪，判处有期徒刑八个月，并处罚金1万元；数罪并罚，决定执行有期徒刑二年，并处罚金3万元；

二、谭某某退缴的违法所得8000元，予以返还被害单位；被暂扣的手机，予以没收上缴国库；

三、责令谭某某继续赔偿被害单位经济损失12500元。

上诉人谭某某对一审判决不服，请求二审查明事实，依法对其判处缓刑。

广西壮族自治区柳州市中级人民法院经审理认为：原判认定事实清楚，证据确实、充分，定罪准确，审判程序合法，裁定：

驳回上诉，维持原判。

【法官后语】

根据我国现行刑法理论，对于监守自盗行为，不应以存在“盗”字一律定义为盗窃罪，而应该根据犯罪构成理念，准确界定罪名，充分达到定罪精准、量刑合理。监守自盗行为由于存在职务看管行为的前提，在具体案例中应具体分析，根据是否利用了其职务便利以及利用的程度，来准确界定是否构成职务侵占罪。本案中，谭某某的行为构成职务侵占罪，可以从以下几个方面分析。

1. 存在对公司财物具有管理职权。基于职务的管理职权而侵吞财物，可以构成职务侵占罪，没有基于职务的管理职权，但是受托管理财产的，可以构成侵占罪，没有管理职权，也没有合法占有财物的其他原因，单纯是利用对环境的熟悉和便利，则可能构成盗窃罪等其他犯罪。本案中，谭某某系被害单位主管，其在国家法定节假日期间被公司安排值班，将单位库房内的充电枪拿走并贩卖，其在法定节假日被公司安排值班，理所当然对公司的财产安危、险情防控等具有必然的管理责任，即对充电枪的保管、存放、遗失等均有直接管理责任。

2. 存在利用职务便利情形。顾名思义，职务侵占，理所当然就是存在利用职务便利的情况，如果仅仅是熟悉环境，而非利用其管理财物的职务便利窃取财物，则可能构成盗窃罪。例如，公司普通生产线员工趁老板下班潜入老板办公室将电脑拿走则构成盗窃罪。本案中，谭某某在非法定节假日期间，利用其对公司内部环境熟悉的优势，偷偷将充电枪拿走贩卖，构成盗窃罪，公诉机关亦进行了指控。但在法定节假日期间，其作为公司值班人员，可以轻松便利地接触到公司所有财物，此时将公司财物拿走可以说是存在利用职务便利的情形。

3. 行为模式一致背景下就低选择入罪罪名能够充分有力地打击犯罪。入罪时举轻以明重，出罪时举重以明轻这是刑法基础理论。虽然《中华人民共和国刑法》对每个罪名的行为模式、主客观心理状况、所侵犯的对象等方面都有详细的规定，但是司法实践中一个行为完全可以触犯两个不同的法条，也可能存在同样的犯罪构成模式，却存在截然不同的司法裁判结果。前一种情形在法理上可以解决，后一种情形则有时需借助其他证据来佐证判断，在达不到刑事证据充分、排除一切合理怀疑的证明标准的情况下，以最低标准的轻罪认定。合理怀疑不仅涉及行为事实等客观逻辑上，也对作案时的主观动机等思维化内容可以适用。换言之，本案中，谭某某实施的行为很清晰，即将单位的东西拿走贩卖，但其辩称在其值班时属于利用职务便利。由于监守自盗型盗窃并不完全具备隐蔽性和秘密性特征，如果以盗窃论处则无法排除其利用职务便利去接触单位财物进而在职权掩盖下窃取单位财物的合理性，故不宜轻易以盗窃论处。结合二罪入罪标准和谭某某所窃取充电器的价值，以职务侵占罪定罪更加能够实现罪刑法定原则，亦可排除其他主观方面的合理辩解。

编写人：广西壮族自治区柳州市鱼峰区人民法院　谢剑峰

66

保险代理人作为职务侵占犯罪主体之辨析[①]

——徐某某、朱某某职务侵占、侵犯公民个人信息案

【案件基本信息】

1. 裁判书字号

上海市静安区人民法院（2021）沪 0106 刑初 735 号刑事判决书

2. 案由：职务侵占罪、侵犯公民个人信息罪

① 入库案例，参见人民法院案例库 2023-05-1-226-003。

【基本案情】

一、职务侵占罪

被告人徐某某、朱某某于2020年4月起组织“保险黑产”犯罪团伙。2020年4月至6月，由徐某某先与被害单位某保险公司上海分公司现代部业务总监徐某1共谋，由徐某1指使该部门业务主任张某、顾某某等人提供保险业务团队内新人业务员账号；再由徐某某、朱某某从他人处购买保险公司客户投保的交易信息，将信息交由“保险黑产”犯罪团伙成员冒充某保险公司员工与客户取得联系，采用“撬单”或其他方式促成客户在某保险公司购买新的保单。徐某某、朱某某等团伙成员再将上述销售的新保单挂单在张某、顾某某等人提供的新人业务员账号下，以此骗取某保险公司上海分公司对新人业务员提供的新人训练津贴、增员奖等额外奖励共计184.8万余元。赃款由“保险黑产”犯罪团伙成员与某保险公司内部人员进行分赃。

二、侵犯公民个人信息罪

1. 被告人徐某某、朱某某于2020年4月至6月，由徐某某提供资金、由朱某某负责联系，通过陈某向黄某以每条80元至130元不等的价格购买包含保单号、投保日期、保险险种、保单金额、客户姓名、身份证号码、家庭住址、电话号码等内容的保险交易信息共计1万余条。经查，用于购买保险交易信息的金额共计154万余元。

2. 被告人徐某某于2020年8月，以每条50元的价格向某保险公司上海分公司运营督导部员工肖某购买包含投保日期、保险险种、保单金额、客户姓名、身份证号码、家庭住址、电话号码等内容的保险交易信息数百条，并支付肖某3.95万元。

2020年10月29日，被告人徐某某、朱某某被公安人员抓获。到案后，被告人徐某某拒不供认上述犯罪事实；被告人朱某某对职务侵占一节事实未能如实供述，但主动交代了侵犯公民个人信息一节事实。在审理过程中，被告人徐某某、朱某某均能如实供述全部犯罪事实，且徐某某退出违法所得39万元、朱某某退出违法所得30万元，连同其他同案关系人已退出全部违法所得。

【案件焦点】

1. “保险黑产”团伙中参与犯罪的保险公司内部人员均系与保险公司签订保险代理合同书的保险代理人，保险代理人是否属于保险公司的工作人员；2. 是否符合职务侵占罪所规定的主体身份及具有职务便利的构成要件。

【法院裁判要旨】

上海市静安区人民法院经审理认为：关于争议焦点。

一、保险代理人可以视为保险公司工作人员

同案关系人徐某1、张某、顾某某等人与某保险公司上海分公司签订保险代理合同书，接受保险公司的培训与管理，对外以保险公司的名义开展保险业务，从形式上看似与保险公司属于委托代理关系。但从实质上看，保险代理人以保险公司名义为公司代办保险业务，保险公司从相关业务中获得保费收入，从中再支付保险代理人佣金；为保证保险代理人的工作质量，保险公司还为保险代理人组织培训，安排监督人员实施严格的管理手段；这均与一般公司工作人员的实质属性相同。两者的区别仅在于赚取收益的形式不同，保险公司签订保险代理合同的根本目的在于保险代理人的用工成本相对较低，不需要为保险代理人支付基本工资及缴纳社保，保险代理人通过实际展业的业务量赚取佣金能够形成激励机制，为保险公司创造收益。因此，仅以支付报酬的方式不同不足以区分保险代理人与保险公司工作人员之间的界限，保险代理人具有职务侵占的主体身份条件。

二、保险代理人具有保险公司工作人员的职务便利

同案关系人徐某1、张某、顾某某等人具有一定上下级的管理关系。某保险公司上海分公司的保险代理人采取多层级的管理模式。一般由资深的保险代理人邀请新人保险代理人加入保险公司，被邀请者的数量达到一定标准后，邀请者则晋升为业务主任，对被邀请者们进行管理并从其中的业务分成，被邀请者也可以继续邀请他人加入，当团队规模到达一定标准后，业务主任也可以晋升为部门业务总监、地区业务总监等，管理方式和业务提成以此类推。同案犯徐某1、张某、顾某某等人虚构新任保险代理人，实际由他人展业，挂单在新

人名下的方式，骗取某保险公司上海分公司支付的新人训练津贴、增员奖等额外奖励。这恰恰是利用自己作为业务主任、业务总监等职务便利，向保险公司隐瞒真实的情况，虚构自己邀请并负责管理的下级保险代理人的业务情况。

综上，被告人徐某某、朱某某伙同他人，利用被害单位公司工作人员具有职务上的便利，将被害单位的财物占为己有，数额巨大，其行为均已构成职务侵占罪；被告人徐某某、朱某某还违反国家有关规定，单独或共同以其他方法非法获取公民个人信息，情节特别严重，其行为均已构成侵犯公民个人信息罪，依法应予二罪并罚。公诉机关指控的罪名成立，法院予以支持。在职务侵占的共同犯罪中，被告人徐某某、朱某某起主要作用，系主犯；被告人朱某某到案后如实供述司法机关还未掌握的本人其他罪行，以自首论，依法可以减轻处罚；被告人徐某某、朱某某当庭能如实供述自己的罪行，可以酌情从轻处罚。二名被告人已退赔全部违法所得，亦可以酌情从轻处罚。

据此，上海市静安区人民法院依照《中华人民共和国刑法》第十二条第一款，第二百七十一条第一款，第二百五十三条之一第一款、第三款，第六十九条，第二十五条第一款，第二十六条第一款、第四款，第六十七条第一款、第二款，第六十四条之规定，判决如下：

一、被告人徐某某犯职务侵占罪，判处有期徒刑三年九个月，并处罚金人民币 15 万元；犯侵犯公民个人信息罪，判处有期徒刑三年三个月，并处罚金人民币 6 万元；决定执行有期徒刑五年，并处罚金人民币 21 万元；

二、被告人朱某某犯职务侵占罪，判处有期徒刑三年六个月，并处罚金人民币 15 万元；犯侵犯公民个人信息罪，判处有期徒刑二年六个月，并处罚金人民币 5 万元；决定执行有期徒刑四年四个月，并处罚金人民币 20 万元；

三、退赔的违法所得发还被害单位某保险公司上海分公司。

案件宣判后，判决已生效。

【法官后语】

职务侵占罪的主体是公司、企业或其他单位的工作人员，学理上一般认为这既包括与单位缔结劳动关系的员工，也包括与单位仅存在劳务关系的人员。

保险代理人与保险公司之间，由于双方签订保险代理合同，在民事法律关系上属于委托代理的法律关系，有别于一般认知当中的公司工作人员即正式工、合同工、临时工。但刑事法律关系不同于民事法律关系侧重形式要件，更应当根据实质的工作内容、职责范围、监督管理等进行判断。由此可以判断出，在实质上保险代理人与保险公司的内部工作人员无异，可以视为保险公司的工作人员，成为职务侵占罪的主体。

一、保险代理人与保险公司存在事实劳动关系

由于一个单位存在的主要目的或意义，并不在于集中区分、赋予公民各自的社会角色或身份，而在于组织、分配一定的社会职责或业务活动①，因此判断保险代理人与保险公司之间的关系，不应囿于双方签订的保险代理合同，或是保险代理人是否存在“编制”，而是应探究保险代理人在保险公司处履行的实质职责与业务方式。职务侵占罪的一个重要的特征是“因职而占”，更重要的是强调行为人在侵占公司财物时有没有利用职务上的便利，必须考虑他是否拥有了一定的职务或承担相应职责，而对于其是否是在编人员，并没有实际的刑法意义。②

根据《中华人民共和国保险法》第一百二十五条规定，个人保险代理人在代为办理人寿保险业务时，不得同时接受两个以上保险人的委托。《保险代理人监管规定》第三十八条第二款明确规定，个人保险代理人、保险代理机构从业人员只限于通过一家机构进行执业登记，故保险代理人同一时期，仅能为一家保险公司工作。实践上，虽然保险代理人的流动性高于其他行业，但基本上保险代理人仍会较为稳定地为同一家保险公司工作一段时间。与之相关的，保险公司设立新人训练津贴的初衷，就是通过一年时间的额外补贴，留住保险代理人为本公司服务，以提高人员稳定性，确保业务质量。可见保险公司不是将保险代理人视为简单的委托代理关系，而是公司所雇佣的工作员工。

保险代理人入职保险公司时，保险公司也为保险代理人提供培训，教授相

① 黄祥青：《职务侵占罪的立法分析与司法认定》，载《法学评论》2005 年第 1 期。

② 马松建：《侵占罪专题整理》，中国人民公安大学出版社 2007 年版，第 436~438 页。

关法律法规，以及内部规章制度设立的奖惩机制。相关内容不存在于保险代理合同中，而是独立于委托代理关系外，更接近于公司内部的员工手册。保险代理人展业时，对外以保险公司的名义，需要登录保险公司的办公系统登记信息，受保险公司内部监督员监督管理。保险代理人根据工作业绩提取佣金，工作业绩未达标可能导致无法取得佣金。

据此，保险代理人一定时间内为一家保险公司工作，接受保险公司的指导和培训，遵守保险公司的内部规章制度，并由此收取佣金。保险公司对于保险代理人的业务管理与指导构成了管理与被管理的隶属关系。从委托人的局限性、被委托人的约束性、委托费用的不对等性等多个方面看，双方之间的委托代理关系已经偏离了一般民事委托代理的范畴。保险代理人长期持续、反复地履行保险公司规定的职责、从事保险公司经营的保险业务，名为委托代理关系、实为事实劳动关系，在实质上就属于保险公司工作人员。

二、保险代理人具有职务上的便利条件

从刑法上看，凡是规定利用职务上的便利实施的犯罪，无不对其主体予以明确规定。刑法上对上述犯罪明确规定主体的依据在于明确体现该罪的构成特征，这同时为界定“利用职务的便利”的含义提供了法律依据。[①] 保险代理人是否在保险公司的业务经营范围内取得职务便利成为保险代理人是否能够成为职务侵占罪主体的关键。

在学理上，一直强调“利用职务的便利”与“利用工作的便利”的区分。仅仅因为工作内容的原因接触到相关的财物本身，并不能作为职务侵占罪的前提条件。“利用职务便利”即是利用自己主管、管理、经营单位财务的便利条件，但对“主管”“管理”“经营”应是指对单位财务的控制和支配，而非普通意义上的经手。[②] 保险代理人在展业过程中，对于经手的业务具有一定的管理权。保险代理人以保险公司的名义与投保人洽谈保险业务的过程，其实并不为保险公司所知。保险公司仅能根据签订后的保险合同内容进行审查，详细的

① 刘志伟：《职务侵占罪的理论与司法适用》，中国检察出版社2000年版，第153页。

② 张明楷：《刑法学（下）》，法律出版社2016版，第1021页。

协商过程中，双方是否有所隐瞒抑或恶意串通，并不会被保险代理人与投保人以外的第三人所确认。此过程中，保险代理人享有的即是保险公司因业务范围赋予经营管理的职务便利。

《中华人民共和国刑法》第一百八十三条第一款规定，保险公司的工作人员利用职务上的便利，故意编造未曾发生的保险事故进行虚假理赔，骗取保险金归自己所有的，依照本法第二百七十一条的规定定罪处罚（职务侵占罪）。《中华人民共和国刑法》已经为保险公司的工作人员在展业过程中，对经手保险业务具有一定管理职责进行背书。前文已经论述，保险代理人在实质上与保险公司内部的工作人员无异，那么同理，保险代理人在上述情形下，同样因具有职务上的便利，被认定为职务侵占罪。

除保险代理人与投保人恶意串通，编造虚假的保险事故骗取保险金能够体现保险代理人对于保险业务经营的职务便利外，保险代理人在工作过程中，还具有推荐新人以及上下级管理的人事职责。保险代理人的组织结构相较于一般公司更为松散，以老带新、家族内部相互推荐的入职模式更为普遍，由此反而形成信息茧房，保险公司对此难以掌控，只能借助保险代理人的内部管理。

保险公司设立新人激励机制是为了留存有业务资源的保险代理人，给到保险代理人一定的推荐费用及新人补贴。保险代理人却利用保险公司赋予的人事职责，用以虚构新人的情况，以虚假信息换取保险公司额外的佣金。在权利外观上，这只是保险代理人一种取得佣金的权利，但该权利具有相应的义务，就是为保险公司的保险代理人队伍发展提供一定的帮助。而将真实的业务挂名在虚假的新人名下，不仅对于保险公司发展队伍没有帮助，还损害保险公司的实际经济利益。因此，相关人事职责也应视为保险代理人在职务上的便利。

编写人：上海市静安区人民法院　顾正仰　周子扬

67

职务侵占罪中“公司、企业或者其他单位的工作人员”及“非法占为己有”的认定

——顾某某等职务侵占案

【案件基本信息】

1. 裁判书字号

江苏省苏州市中级人民法院（2023）苏 05 刑终 176 号刑事裁定书

2. 案由：职务侵占罪

【基本案情】

甲公司与被告人顾某某、被告人张某某签订劳动合同后，将二人派遣至同一集团公司下属的乙公司开发的某房产项目营销中心工作，由顾某某担任营销中心经理，负责参与制定销售方针政策、管理营销中心员工等，张某某担任营销中心销售主管，负责房产销售等。2019 年 5 月，顾某某与从事房产中介的被告人顾某 1 商定，如有自行到访的购房者需要操作成中介带看的，由顾某 1 操作，顾某 1 可从乙公司支付的佣金中抽取 10%左右的“好处费”。同年 5 月底 6 月初，顾某某、张某某在向自行到访客户沈某销售房产的过程中，私自商定将沈某的到访渠道由自行到访变更为中介带看，并打算后期将乙公司支付给中介顾某 1 佣金的一部分返还客户沈某作为购房优惠。后顾某某、张某某、顾某 1 共同伪造了沈某的中介带看资料，乙公司遂向合作的分销平台公司支付佣金 287668.65 元，平台公司扣除费用后向房产中介顾某 1 支付 210957 元，顾某 1 将其中 180000 元转给张某某、顾某某。2020 年 9 月 1 日，被告人顾某某、张某某自动投案；后被告人顾某 1 被抓获归案。案发后，顾某某、张某某、顾某 1

赔偿被害单位 287669 元。

【案件焦点】

1. 职务侵占罪中“公司、企业或者其他单位的工作人员”是否限于签订劳动合同的单位；2. 职务侵占罪的“非法占为己有”是否包括使第三人所有的情形。

【法院裁判要旨】

江苏省苏州市吴江区人民法院经审理认为：顾某某、张某某、顾某 1 共同利用顾某某、张某某的职务便利，将涉案公司财物非法占为己有，数额较大，其行为均已构成职务侵占罪。顾某某、张某某、顾某 1 的行为虽发生在《中华人民共和国刑法修正案（十一）》施行前，但根据从旧兼从轻原则，应适用修正后的《中华人民共和国刑法》第二百七十一条对其定罪量刑。在共同犯罪中，顾某某、张某某均系主犯；顾某 1 系从犯，依法从轻处罚。被告人顾某某、张某某均系自首，顾某 1 如实供述自己的罪行，均依法从轻处罚。被告人顾某某、张某某认罪认罚，依法从宽处理。被告人顾某某、张某某、顾某 1 退赔了被害单位的损失，酌情从轻处罚。根据被告人顾某某、张某某、顾某 1 的犯罪情节及悔罪表现，宣告缓刑对其所居住社区无重大不良影响，依法均可以宣告缓刑。据此，对被告人顾某某、张某某依照《中华人民共和国刑法》第十二条第一款，第二百七十一条第一款，第二十五条第一款，第二十六条第一款、第四款，第六十七条第一款，第七十二条第一款、第三款，第七十三条第二款、第三款，第六十四条及《中华人民共和国刑事诉讼法》第十五条之规定，对被告人顾某 1 依照《中华人民共和国刑法》第十二条第一款，第二百七十一条第一款，第二十五条第一款，第二十七条，第六十七条第三款，第七十二条第一款、第三款，第七十三条第一款、第三款，第六十四条之规定，作出如下判决：

一、被告人顾某某犯职务侵占罪，判处有期徒刑七个月，缓刑一年一个月，并处罚金人民币 35000 元；

二、被告人张某某犯职务侵占罪，判处有期徒刑六个月，缓刑一年，并处罚金人民币25000元；

三、被告人顾某1犯职务侵占罪，判处拘役三个月，缓刑五个月，并处罚金人民币1万元。

一审宣判后，顾某某、张某某、顾某1均提出上诉。

江苏省苏州市中级人民法院同意一审法院裁判意见，裁定：

驳回上诉，维持原判。

【法官后语】

本案是售楼处工作人员与房产中介通谋，通过违规变更客户到访渠道的方式，获取房产公司付给中介的佣金的典型案例。此类行为是否构成职务侵占犯罪，应从该罪的立法目的和实践需要出发，准确审查界定。《中华人民共和国刑法》第二百七十一条规定的职务侵占行为是指公司、企业或者其他单位的工作人员，利用职务上的便利，将本单位财物非法占为己有的行为。根据全国人大常委会法制工作委员会刑法室编著的《中华人民共和国刑法解读》①，构成本罪必须符合以下三个条件：（1）主体是公司、企业或者其他单位的人员；（2）行为人必须具有侵占本单位财物的行为；（3）行为人在主观方面是故意的，犯罪目的是非法占有本单位的财产。

一、"公司、企业或者其他单位的工作人员"主体要件的理解

本案审理过程中，一种观点认为，顾某某、张某某是和甲公司签订的劳动合同，并未与乙公司签订劳动合同，故不属于乙公司的工作人员，不符合职务侵占罪的主体要件；另一种观点认为，是否属于某个单位的"工作人员"，不应仅从劳动合同层面进行形式审查，还应综合行为人的身份、职权进行实质判断。

笔者同意第二种观点，理由如下：职务侵占罪的立法原意是通过惩处单位内部人员实施侵占单位财产的行为，从而保护单位财产。实践中，普遍存在关

---

① 全国人大常委会法制工作委员会刑法室编著：《中华人民共和国刑法解读》，中国法制出版社2015年版。

联公司混同用工以及劳务派遣、劳务外包等灵活用工形态，对于劳动者在被派遣至其他公司从事劳务的过程中，利用职务便利，非法占有公司财物的行为，如以未签订劳动合同为由认为其不构成犯罪则会放纵犯罪，不利于单位财产保护；如否定其单位工作人员的身份而认定构成盗窃罪、诈骗罪之类，则完全忽略了利用职务便利的行为方式，也可能导致量刑失衡。因此，职务侵占罪中，行为人的单位不应机械理解为行为人劳动合同签订单位，还应包括行为人实际行使职权的单位。本案中，顾某某、张某某虽是与甲公司签订的劳动合同，却被安排至乙公司某房产项目售楼处担任营销经理、销售主管职务，负责销售房产等；对于中介带看的购房客户，二人也有申请乙公司向中介机构支付分销佣金的职权。顾某某、张某某实际在乙公司行使售房、申请支付分销佣金等职权，且依规行使职权的后果由乙公司认可并承担。因此，应当认定顾某某、张某某是被害单位乙公司的工作人员，二人通过变更客户到访渠道的方法使得乙公司向中介方支付佣金的行为也属于职务行为，而非个人行为，符合职务侵占罪的主体身份要件。

二、“非法占为己有”主观方面及客观行为的认定

顾某某、张某某最开始变更客户沈某到访渠道的目的是促成交易：从公司获取分销佣金，拿出部分返还给沈某作为购房优惠。后因在沈某认购房产后、付清房款前，公司出台新的优惠政策，沈某得以直接享受14万元左右的房款优惠，故顾某某、张某某后续未将佣金返还沈某。

笔者认为，顾某某等人从一开始即具有非法占有的主观故意。理由如下：职务侵占罪的立法目的是保护公司、企业或者其他单位的财产所有权。该罪的核心是惩处单位内部人员侵占单位财产，损害单位利益的行为，即追究的主要是侵占行为，而非被侵占财产去向。实践中，被侵占的单位财产可能由行为人自己占有，也可能由行为人指定其他人占有。如果对于员工利用职务之便，将单位财产私自处分给朋友、合伙人、其他利害关系人的情形排除在职务侵占行为之外，势必成为单位财产权益保护的巨大漏洞。因此，从立法目的及实践需要从两个方面看，该罪法条表述的“非法占为己有”，其界定不应限于行为人

自己所有，还应包括使第三人所有的情形。主观故意方面，只要行为人明知自己的职务行为会侵害本单位的财产权益即可，至于财产最后由谁非法占有不影响罪过；客观行为方面，只要是行为人通过自己的职务行为，使得本单位的财产被永久性地剥夺，就符合职务侵占罪的本质特征。本案中，顾某某、张某某、顾某1在最开始预谋将沈某的到访渠道由自行到访变更为中介带看之时，三人就知道他们的行为会导致乙公司额外支出一笔佣金，仍然在未征得乙公司同意的情况下，故意用隐瞒、欺骗的手段使乙公司丧失对涉案28万余元佣金的所有权，无论该笔款项他们是为了自己占有、与客户共同占有抑或全部给客户占有，均属于职务侵占行为。

综上分析，顾某某、张某某、顾某1的行为符合职务侵占罪的主客观构成要件，一、二审法院据此作出上述裁决。

编写人：江苏省苏州市吴江区人民法院　沈黎红　任远航

68

公司员工与外部人员合作设立公司并以高对价获取公司业务后将业务通过虚设交易环节交给外部人员所任职公司实施并获取差价及返点的行为应认定为职务侵占

——王某某、陈某某职务侵占案

【案件基本信息】

1. 裁判书字号

福建省泉州市中级人民法院（2022）闽05刑终1428号刑事判决书

2. 案由：职务侵占罪

【基本案情】

自2013年以来，被告人王某某在广告公司（国有上市公司“某集团”的全资子公司）担任客户群总监、副总经理期间，与某食品公司网络推广部经理被告人陈某某因广告业务建立合作关系。2014年11月7日，被告人王某某、陈某某及广告公司员工吴某某（另案处理）在某文化传媒公司，由被告人陈某某的表妹林某某担任法人代表、代持股份，实际由被告人王某某、陈某某分别持45%的股份、吴某某持10%的股份。2014年12月至2016年上半年，被告人陈某某代表某食品公司与某文化传媒公司股东被告人王某某等人洽谈，并签订四份广告代理合同，其中，“某食品广告投放合同”，合同标的310万元（币种人民币，下同），约定返点15万元，实际执行标的295万元；“某饮料广告投放合同”，合同标的200万元及200万元的等价商品投放；“某饮料广告投放合同”，合同标的500万元，约定返点30万元，实际执行标的470万元。同时，被告人王某某找到广州市某广告有限公司（以下简称某广告公司），让某广告公司在名义上代理某食品公司的上述广告，以“过单”的形式承包给广告公司，由被告人王某某代表广告公司进行具体接洽、约定返点比例，某广告公司则从中赚取3%左右的过单费，并在收到广告公司的返点后将钱款转给某文化传媒公司。其中，被告人王某某将上述实际执行标的为295万元的“某食品广告投放合同”，标的为200万元及200万元等价商品投放的“某饮料广告投放合同”，合并为合同标的为430万元的“某集团2016年1月至4月网站投放广告代理合同”，从中赚取差价65万元和返点115.4万元，从实际执行标的为470万元的“某饮料广告投放合同”中赚取返点99.3万元，合计279.7万元。后被告人陈某某分别于2016年11月、2017年3月、2017年5月收到现金分红10万元、20万元、20万元，合计50万元。2020年4月9日，被告人王某某在某酒店被公安机关抓获。2020年5月18日，被告人陈某某到公安机关投案。案发后，被告人王某某、陈某某及苏某分别向公安机关退出赃款100万元、50万元、10万元。

【案件焦点】

公司员工与外部人员合作设立公司并以高对价获取公司业务后将业务通过虚设交易环节交给外部人员所任职公司实施并获取差价及返点的行为应如何认定。

【法院裁判要旨】

福建省晋江市人民法院经审理认为：被告人陈某某身为公司的工作人员，伙同被告人王某某，利用被告人陈某某职务上的便利，将本公司财物非法占为己有，数额巨大，二被告人的行为均已构成职务侵占罪。公诉机关指控罪名成立。被告人王某某归案后如实供述自己的主要犯罪事实，可以从轻处罚；被告人陈某某犯罪以后自动投案，如实供述自己的主要犯罪事实，系自首，可以从轻处罚；被告人王某某、陈某某均退出部分赃款，予以酌情从轻处罚。鉴于本案审理期间，新公布并已施行的刑法修正案对本罪的量刑档次、幅度进行了调整，其中数额巨大的主刑幅度比原刑法条文的规定较轻，故本案依法应适用新的规定，据此，以职务侵占罪，判处被告人王某某有期徒刑四年三个月，并处罚金人民币 20 万元，判处被告人陈某某有期徒刑三年九个月，并处罚金人民币 15 万元；暂扣在案的赃款人民币 1600000 元，由扣押机关予以发还被害单位某食品公司；责令被告人王某某、陈某某继续共同退赔被害单位某食品公司经济损失人民币 1197000 元。

一审宣判后，王某某、陈某某提出上诉。

福建省泉州市中级人民法院经审理认为：陈某某身为公司的工作人员，伙同王某某，利用陈某某职务上的便利，共同将本公司财物非法占为己有，数额巨大，其行为均已构成职务侵占罪。王某某归案后如实供述犯罪事实，予以从轻处罚。陈某某主动投案并如实供述犯罪事实，系自首，予以从轻处罚。王某某、陈某某案发后能退出部分赃款，予以酌情从轻处罚。原判定罪准确，量刑适当，审判程序合法，但对苏某退出的受贿款 10 万元处理不当，依法予以纠正。二审审理期间，陈某某家属代其退赔被害人部分经济损失并取得谅解，可再予以从轻处罚。据此，判决如下：

一、驳回上诉人王某某的上诉请求，维持福建省晋江市人民法院（2021）闽0582刑初2404号刑事判决第一项，即上诉人王某某的定罪量刑部分；

二、撤销福建省晋江市人民法院（2021）闽0582刑初2404号刑事判决第二项中上诉人陈某某的量刑部分及第三项、第四项涉案财物处置；

三、上诉人陈某某犯职务侵占罪，判处有期徒刑三年三个月，并处罚金人民币15万元；

四、上诉人王某某、陈某某退出的暂扣于晋江市公安局的赃款人民币1500000元，返还被害单位某食品公司；苏某扣押于晋江市公安局的赃款人民币100000元予以没收，上缴国库；

五、责令被告人王某某、陈某某继续共同退赔被害单位某食品公司经济损失人民币1047000元。

【法官后语】

公司员工与外部人员为获取公司员工所任职公司的业务而合作成立新公司，且公司员工未实际出资，后利用公司员工的职务便利将公司业务高对价提供给所成立的公司，后该公司并未实际从事相关业务，而是将获取的业务通过几个中间交易环节转手提供给外部人员所任职的公司，从中赚取差价及返点，后外部人员将获取的差价、返点部分分赃给公司员工，对公司员工及外部人员的行为应如何定性，司法实践中存在较大的争议，有认定为公司员工、外部人员分别构成非国家工作人员受贿罪、对非国家工作人员行贿罪，有认为二者构成非法经营同类经营罪的共同犯罪，有认为二者构成贪污罪的共同犯罪，有认为二者构成非法经营同类经营罪、背信损害上市公司利益罪的共同犯罪，有认为二者构成职务侵占共同犯罪。通过本案的审理，此类行为定罪的关键在于行为人的主体身份、是否侵占公司财产以及侵占公司财产的主要手段。

一、被告人王某某不具有公职职务犯罪、非法经营同类营业罪及背信损害上市公司利益罪的主体资格

（一）被告人王某某并非国家工作人员

被告人王某某虽然系国有上市公司下属子公司某部门副经理，但其并非国

家工作人员。《最高人民法院关于如何认定国有控股、参股股份有限公司中的国有公司、企业人员的解释》规定，国有公司、企业委派到国有控股、参股公司从事公务的人员，以国有公司、企业人员论。《最高人民法院、最高人民检察院关于办理国家出资企业中职务犯罪案件具体应用法律若干问题的意见》第六条规定，国家出资企业中国家工作人员是指：经国家机关、国有公司、企业、事业单位提名、推荐、任命、批准等，在国有控股、参股公司及其分支机构中从事公务的人员，应当认定为国家工作人员。具体的任命机构和程序，不影响国家工作人员的认定。经国家出资企业中负有管理、监督国有资产职责的组织批准或者研究决定，代表其在国有控股、参股公司及其分支机构中从事组织、领导、监督、经营、管理工作的人员，应当认定为国家工作人员。国家出资企业中的国家工作人员，在国家出资企业中持有个人股份或者同时接受非国有股东委托的，不影响其国家工作人员身份的认定。《最高人民法院关于在国有资本控股、参股的股份有限公司中从事管理工作的人员利用职务便利非法占有本公司财物如何定罪问题的批复》规定，在国有资本控股、参股的股份有限公司中从事管理工作的人员，除受国家机关、国有公司、企业、事业单位委派从事公务的外，不属于国家工作人员。对其利用职务上的便利，将本单位财物非法占为己有，数额较大的，应当依照《中华人民共和国刑法》第二百七十一条第一款的规定，以职务侵占罪定罪处罚。根据上述规定，本案被告人王某某虽在国有控股上市公司的子公司中从事部门管理工作，但并非受国有公司、企业、事业单位委派从事公务，其任职也非经国家机关、国有公司、企业、事业单位提名、推荐、任命、批准，不属于国家工作人员，故不具备公职职务犯罪的主体资格。

（二）被告人王某某不具有非法经营同类营业罪及背信损害上市公司利益罪的主体资格

非法经营同类营业罪，是指国有公司、企业的董事、经理利用职务便利，自己经营或者为他人经营与其所任职公司、企业同类的营业，获取非法利益，数额巨大的行为。非法经营同类营业罪的犯罪主体为特殊主体，即国有公司、企业的董事、经理，根据《中华人民共和国公司法》的规定，董事包括董事会组成人员中的董事长、副董事长、执行董事及一般董事，经理则由董事会聘任、对董事会负责，负责公司的日常生产经营管理工作等。实践中，很多公司将其内部中层管理人员、内设机构负责人等也称为经理，但部门经理并非负责整个公司的经营管理，其经营管理权仅限于本部门，作为非法经营同类经营罪系属法定犯，在刑法没有明确规定的情况下，本着刑法谦抑性原则，非法经营同类营业罪的主体不应扩大至国有公司、企业的部门经理等中层管理人员。

背信损害上市公司利益罪，是指上市公司的董事、监事、高级管理人员违背对公司的忠实义务，利用职务便利，操纵上市公司从事损害上市公司利益的行为，致使上市公司利益遭受重大损失的行为。该罪的犯罪主体亦为特殊主体，即上市公司的董事、监事、高级管理人员，本案被告人王某某所任职的公司虽然系国有上市公司的全资子公司，但其具有独立主体资格，并非上市公司本身，故被告人王某某首先不具有上市公司人员的身份；此外，其系上市公司下属子公司的部门副经理，不属于董事、经理，根据《中华人民共和国公司法》第二百一十六条第一项的规定，高级管理人员，是指公司的经理、副经理、财务负责人，上市公司董事会秘书和公司章程规定的其他人员。因此，在公司章程未明确规定部门负责人为高级管理人员的情况下，公司内设部门经理等中层管理人员亦不属于公司高级管理人员。

二、从利益损失对象来看，本案遭受利益损失的对象并非被告人王某某所任职公司而是某食品公司

本案审理过程中，还有一个难点问题，即本案被害单位的认定问题。某食品公司与广告公司在广告业务上有一定的合作，某食品公司由陈某某作为代表，广告公司由王某某作为代表，双方对接广告业务，若按正常商业合作来看，涉案广告业务可由广告公司以正常的市场价格获取，却由王某某等人私下成立的公司获取，通过中间交易环节再交由广告公司具体实施业务，被告人王某某再从中获取差价及返点，则此差价及返点属于广告公司本应该获取的利益，则被害单位应认定广告公司。但在案的证据证实，本案广告公司一方相关人员证实

该公司与某食品公司的合作并非常态化，某食品公司给其的广告订单也不多，某食品公司并非必然地会把涉案广告业务交给其公司，且即便本案的交易，通过王某某的操作最终将某食品公司的广告业务交由该公司具体实施，该公司仍是有利可图的，故广告公司实际上在本案中并没有遭受可得利益的损失，且广告公司也多次表示其不是被害单位。综上，本案广告公司并非本案被害单位。

相反，本案，被告人陈某某作为某食品公司的工作人员，伙同被告人王某某成立某文化传媒公司，后该公司通过被告人陈某某的职务便利获取涉案4单广告代理合同业务，某文化传媒公司再将其中的3单广告代理业务通过某广告公司过单给广告公司，某食品公司涉案广告业务如果不需要经过中间交易环节，直接与终端商进行交易，就不存在层层差价、返点的问题，实际上被告人陈某某将某食品公司的涉案广告业务交给某文化传媒公司，合同价格已经包含希望获取的差价及返点金额，被告人陈某某等人获取的该差价及返点金额系某食品公司本不应该支出的钱款，系属某食品公司的财产，故本案遭受利益损失的对象为某食品公司。

三、从犯罪构成要件来看，本案二被告人的行为构成职务侵占罪的共同犯罪而非分别构成对非国家工作人员行贿罪、非国家工作人员受贿罪

对非国家工作人员行贿罪、非国家工作人员受贿罪系对向犯，对非国家工作人员行贿罪，是指为谋取不正当利益，给予公司、企业或者其他单位的工作人员以数据较大以上财物的行为，非国家工作人员受贿罪是指公司、企业或者其他单位的工作人员，利用职务上的便利，索取他人数额较大以上财物或者非法收受他人数额较大以上财物，为他人谋取利益。该两罪的行为特征为受贿人必须实施利用职务上的便利，索取行贿人财物或者非法收受行贿人财物为行贿人谋取利益的行为，即所侵犯的法益为公司、企业或者其他单位的正常管理活动和公平竞争的市场经济秩序。职务侵占罪，是指公司、企业或者其他单位的工作人员利用职务上的便利将本单位数额较大的财物占为已有的行为。从职务侵占罪的构成要件来看，该罪侵犯的客体是单位的财产权；客观方面表现为利用职务上的便利，将本单位数额较大的财物非法占为已有的行为；犯罪主体为

特殊主体，即公司、企业或者其他单位的人员；主观方面由故意构成，且具有将本单位财物非法占为己有的目的。

本案中，被告人陈某某将涉案广告代理业务交由其与被告人王某某合作成立但其本人未实际出资的某文化传媒公司代理，后某文化传媒公司通过将广告业务通过中间交易环节过单最终交由被告人王某某任职公司实施赚取利润及返点279.7万元，虽然在形式上是某文化传媒公司通过交易所获取的利润，但从其本质来看，被告人陈某某作为某食品公司的工作人员，伙同被告人王某某成立某文化传媒公司，后该公司通过被告人陈某某的职务便利获取涉案4单广告代理合同业务，某文化传媒公司再将其中的3单广告代理业务通过某广告公司过单给广告公司，并从广告公司处赚取差价和返点，被告人陈某某、王某某明知道广告业内广告代理公司存在赚取返点、差价的情况，仍通过双方合作设立的公司获取被告人陈某某所任职公司的广告代理业务，并通过虚设中间交易环节以赚取可能的差价及返点，现有证据不能证实某食品公司确有设立中间交易环节必要性的情况下，某食品公司与某文化传媒公司签订的广告代理合同价款实际上包含了某文化传媒公司将业务过单给其他公司可能获取的差价及返点，被告人陈某某系伙同被告人王某某利用被告人陈某某的职务便利，将包含可能获取的差价及返点金额的合同价格报给某食品公司并最终得到确认，后获取相应的差价款及返点金额，某文化传媒公司所获利益即是侵害了某食品公司的利益，某文化传媒公司通过赚取返点、合同价差所获取的非法利益均即为某食品公司的损失，被告人陈某某作为某食品公司的员工，被告人王某某虽非某食品公司员工，但二人合谋利用被告人陈某某职务上的便利侵占某食品公司的财物，被告人陈某某获取利益是通过合作成立公司的方式侵占差价及返点，而非获取被告人王某某的行贿款，被告人王某某交给被告人陈某某的款项系属侵占款项的分赃款，本案侵犯的法益最主要的是公司的财产权益而非公平的市场竞争秩序，故二被告人的行为符合职务侵占罪的构成要件，共同构成职务侵占罪。

司法实践中，行为人实施职务侵占的手段更多的是利用职务便利进行窃取、骗取、侵吞的直接结果，中间没有任何中间环节，如将为自己购买家具的价款开具办公用品发票直接从单位报销或者将代收的货款直接侵占等，但也不乏与本案类似情节的案件。行为人出于非法占有之目的，借交易之名故意抬高价格“收买”或者降低价格“卖出”，或者本无设立中间环节的必要而设立中间环节并不经手居中获取“利益”，或者设立近乎空壳公司的中间环节经手但交易成本极低，谋取远远高于出售价或者远远低于收购价所获取的暴利，且该暴利为中间环节的设立者所控制占有，此种情形即为典型的职务侵占犯罪，如符合国家工作人员主体身份，则构成贪污罪。

编写人：福建省晋江市人民法院　廖文斌

69

公立医院合同制收费员将收取的医药费用占为己有的构成职务侵占罪

——张某职务侵占案

【案件基本信息】

1. 裁判书字号

福建省宁德市中级人民法院（2022）闽09刑终195号刑事判决书

2. 案由：职务侵占罪

【基本案情】

张某于2012年3月进入某疗养院任计算机系统管理员，其于2013年2月至3月离职，复职后担任收费员一职，为合同制员工，负责门诊、住院病人预交金的收、退及日结上缴工作，2019年5月开始成为某劳务派遣公司福鼎分公司派遣工、2021年5月开始成为某1劳务派遣公司派遣工，仍与吴某某、邓某某一同担任某疗养院的窗口收费员，收费员的职责为依托该院天资收费系统，将个体病人支付的预交款统一存入该医院专户，在病人诊疗结束后进行费用结算时，可由任一收费员登录系统扣除病人诊疗应收款项后，为病人办理退还多缴预收款。因该医院系统不支持退款原路径返还，仍由收费员以现金形式为病人办理退款。自2020年9月5日起，张某利用其之前担任计算机系统管理员掌握的该院天资收费系统管理员权限先后虚开三个门诊号，分别盗用收费员吴某某及出纳刘某某此前担任收费员时的账号，往其中一个门诊号进行虚假预交金充值。此后，张某又盗用已退休收费员叶某某的账号，往三个门诊号和住院病人陈某某、马某某两个住院号进行虚假预交金充值，再用其本人的账号对上述两个住院号及三个门诊号办理退费，虚增所生成的日结报表中预交金退费金额，以此为手段少向出纳上缴其收取的预交金，将部分钱款套出予以侵吞。截至2022年2月13日案发，张某共计侵吞结存住院费、门诊费人民币824925.20元，用于个人日常生活开支及偿还债务。2022年2月13日，某疗养院财务人员发现门诊收费异常，该院于次日上午调整张某工作岗位，张某即向单位主动说明相关情况。当晚，某疗养院以谈话为由电话通知张某到单位，张某随即被福鼎市公安机关传唤，到案后如实供述罪行。

【案件焦点】

张某作为受聘于公立医院的合同制收费员，负责处理医院门诊、住院病人各类款项的收取、核算、结算，其将所收取的医药费用非法占为己有的行为如何定性。

【法院裁判要旨】

福建省福鼎市人民法院经审理认为：某疗养院作为民政局设立的事业单位，根据《中华人民共和国刑法》第九十一条的规定，其所有及管理的财产均属公共财产，包括被告人张某所收取的病人预缴的医疗费用。被告人张某虽系聘用人员，但其所收取的病人预缴的医疗费用在进入疗养院财务管理系统后已属于公共财产，具有国有公款的性质。被告人张某在履行收费员职责的过程中，利用疗养院财务管理上的漏洞，采取虚设病人门诊号、盗用其他收费员账号、虚假充值、虚增退费的手段骗取已处于疗养院管理中的财产，侵犯的法益是公共财产的所有权，其行为特征符合贪污罪的构成要件，应以贪污罪追究其刑事责任，公诉机关指控的罪名有误，应予更正。被告人张某具有自首情节，且自愿认罪认罚，依法予以减轻处罚，并从宽处理。被告人张某积极退出部分赃款，予以酌情从轻处罚。据此，以贪污罪判处被告人张某有期徒刑二年四个月，并处罚金人民币 10 万元。

一审宣判后，张某提出上诉。

福建省宁德市中级人民法院经审理认为：上诉人张某在担任某疗养院收费员期间，利用职务上的便利，非法侵占本单位财物价值达人民币 824925.20 元，数额较大，其行为已构成职务侵占罪。原判定性不当，予以纠正。上诉人张某主动投案，到案后如实供述罪行，具有自首情节，予以从轻处罚。上诉人张某到案后积极退出部分赃款，予以酌情从轻处罚。据此，判决如下：

一、维持福建省福鼎市人民法院（2022）闽 0982 刑初 163 号刑事判决第二项对责令退赔之判决；

二、撤销福建省福鼎市人民法院（2022）闽 0982 刑初 163 号刑事判决第一项对上诉人张某定罪量刑之判决；

三、上诉人张某犯职务侵占罪，判处有期徒刑一年十个月，并处罚金人民币 10 万元。

【法官后语】

对于医院收费员将收取的医药费用占为己有行为性质的认定，在司法实践中一直存在较大争议。从本案情况来看，张某作为一名医院聘请的合同制收费员，其所做的工作是负责处理门诊、住院病人各类款项的收取、核算、结算，其所从事的工作实质是服务性的劳务工作，不属于在国有事业单位中从事公务的人员，不具备贪污罪的主体资格，其行为应定性为职务侵占罪。理由如下。

1.《中华人民共和国刑法》第三百八十二条规定，贪污罪是指国家工作人员利用职务上的便利，侵吞、窃取、骗取或者以其他手段非法占有公共财物的行为。受国家机关、国有公司、企业、事业单位、人民团体委托管理、经营国有财产的人员，利用职务上的便利，侵吞、窃取、骗取或者以其他手段非法占有国有财物的，以贪污论。根据该条的规定，贪污罪的主体包括两类：一类是国家工作人员，侵犯的对象是公共财物；另一类是受委托人员，侵犯的对象是国有财物。

2.《中华人民共和国刑法》第九十三条规定："本法所称国家工作人员，是指国家机关中从事公务的人员。国有公司、企业、事业单位、人民团体中从事公务的人员和国家机关、国有公司、企业、事业单位委派到非国有公司、企业、事业单位、社会团体从事公务的人员，以及其他依照法律从事公务的人员，以国家工作人员论。"《全国法院审理经济犯罪案件工作座谈会纪要》（以下简称《纪要》）第一条关于贪污贿赂犯罪和渎职犯罪的主体的规定，对国家机关工作人员以及"国家机关中从事公务的人员"以外的国家工作人员的范围作出了明确规定，同时又对何谓"从事公务"作出了明确阐释，并成为司法实践中认定国有事业单位中"从事公务的人员"的参考标准。《纪要》规定："从事公务，是指代表国家机关、国有公司、企业、事业单位、人民团体等履行组织、领导、监督、管理等职责。公务主要表现为与职权相联系的公务事务以及监督、管理国有财产的职务活动。如国家机关工作人员依法履行职责，国有公司的董事、经理、监事、会计、出纳人员等管理、监督国有财产等活动，属于从事公务。那些不具备职权内容的劳务活动、技术服务工作，如售货员、售票员等所从事的工作，一般不认为是公务。"对于非行使组织、领导、监督、管理职权的劳务活动、技术服务工作，不论行为人是否具有干部身份，只要其所从事的工作不具有职权内容，一般不认为是从事公务。同样，行为人从事与公务行为无关的私人行为构成犯罪时，也不应认定为从事公务时实施的犯罪。

3. 贪污罪主体还有一类为：虽非国家工作人员，但受国家机关、国有公司、企业、事业单位、人民团体委托管理、经营国有财产的人员，利用职务上的便利非法侵占本单位财物的。受委托管理、经营国有财产的人员不是国家工作人员，也不能以国家工作人员论，因此，只能成为贪污犯罪的主体，不能成为受贿、挪用公款等其他国家工作人员职务犯罪的主体。在形式上，无论是在受托前还是在受托后，受托人与委托单位之间都不存在行政上的隶属关系。对于国有单位中非从事公务的工作人员，即使是合同工，一旦在国有单位内部承担管理、经营国有财产的职责，则应当直接认定为国有单位中从事公务的人员，而不是受委托管理、经营国有财产的人员；如其被国有单位聘用后指派到非国有单位管理、经营国有财产，则属于受委派从事公务的人员，也不是受委托管理、经营国有财产的人员。实质上，受托人行使了管理、经营国有资产的职责。这里的“管理国有资产”，是一种具有公共事务性质的活动，不仅意味着对国有资产进行保管，通常还意味着受托人对国有财产具有一定的处分权。所谓管理，是指具有监守或者保管公共财物的职权。经营者在经营期间通常同时行使管理职权，对公共财物具有处置权。所谓经营，是指将公共财物投放市场并作为资本使其增值的商业活动，或者利用公共财物从事营利性活动。虽然管理、经营国有财产也是从事公务的具体表现，由于受委托管理、经营国有财产的人员，并不属于受托单位的工作人员，因此，不属于国家工作人员。鉴于此，“受委托管理、经营国有财产”，应理解为承包、租赁、临时聘用等管理、经营国有财产。

4. 本案中，某疗养院虽然系国有事业单位，张某作为一名劳务公司派遣到该院的合同制员工，本身并不具有国家干部身份，从其工作内容看仅限于服务性的收取、核算、结算各类病人门诊、住院费用的劳务工作，其虽然对收取的医药费用有一定的保管或管理职责，但这仅仅是其作为收费员一种当然义务，是通过其劳务活动对医药费进行收取、核算和暂时管理，本质上是其劳务活动的组成部分，其对该院的财物实质上没有管理支配权，其所从事的工作属于不具备职权性、管理性、代表性的劳务性工作，不具有代表疗养院进行组织、领导、监督和管理的职能，不应认定为国有事业单位中从事公务人员，也不属于受委托管理、经营国有财产人员，不具备贪污罪的主体身份，其利用职务上的便利，非法占有单位财物，应构成职务侵占罪。

编写人：福建省宁德市中级人民法院　史玲芝

（五）敲诈勒索罪

70

敲诈勒索罪与强迫交易罪的区分认定技巧

——耿某敲诈勒索案

【案件基本信息】

1. 裁判书字号

广西壮族自治区柳州市中级人民法院（2023）桂02刑终243号刑事判决书

2. 案由：敲诈勒索罪

【基本案情】

2019年至2022年，被告人耿某在网络上发布网上批量开通证券账户的广告。在证券公司从业人员联系耿某委托批量开户后，耿某以显著超过约定数量、不符合约定种类或要求的开户清单要求结算，并通过反复向对方所在证券公司及证券监督管理部门投诉、举报违规开户向对方施加压力，利用证券公司从业人员害怕受处罚、被辞退等的心理，迫使对方处理解决投诉的过程中按耿某意愿支付钱款后才同意撤诉。耿某以此手段分别敲诈勒索被害人黄某1万元、陈某1.6万元、赵某12万元、王某2.3万元、傅某3.6万元，共20.5万元。耿某又企图以同样手段敲诈勒索被害人姜某7万元，后姜某未支付钱款，向公安机关报案。

【案件焦点】

1. 以举报违规为由索取财物，是否构成敲诈勒索；2. 被告人的犯罪行为构成是敲诈勒索罪还是强迫交易罪。

【法院裁判要旨】

广西壮族自治区柳州市柳北区人民法院经审理认为：关于耿某及其辩护人提出耿某合法举报他人违规是正常维权行为，如构成犯罪应当构成强迫交易罪。经查，耿某无真实的交易意思，开户交易是其索财的工具，耿某主观上具有非法占有为目的；耿某利用他人弱点以举报、投诉、撤诉作为要挟，给被害人造成处罚、失业的心理恐慌，迫使被害人无奈交付钱款，客观上实施敲诈勒索的行为，该辩解与辩护意见不成立，法院不予采纳。耿某以非法占有为目的，多次采用要挟手段，索取他人财物，其行为构成敲诈勒索罪，且数额巨大。此外，耿某企图敲诈勒索姜某，已着手实行而因意志以外的原因而未得逞，是犯罪未遂。

广西壮族自治区柳州市柳北区人民法院依照《中华人民共和国刑法》第二百七十四条、第二十三条、第五十二条、第五十三条、第六十四条及《最高人民法院、最高人民检察院关于办理敲诈勒索刑事案件适用法律若干问题的解释》第一条、第六条第二款、第八条之规定，作出如下判决：

一、被告人耿某犯敲诈勒索罪，判处有期徒刑五年六个月，并处罚金人民币 10 万元；

二、责令被告人耿某退赔被害人黄某的经济损失人民币 1 万元，退赔被害人陈某的经济损失人民币 1.6 万元，退赔被害人赵某的经济损失人民币 12 万元，退赔被害人王某的经济损失人民币 2.3 万元，退赔被害人傅某的经济损失人民币 3.6 万元；

三、被告人耿某的作案工具蓝绿色手机一部、黑色手机一部，依法予以没收，上缴国库。

一审宣判后，耿某提出上诉，并在二审期间其亲属代其通过一审法院退赔各被害人的全部经济损失共计 20.5 万元。

广西壮族自治区柳州市中级人民法院经审理认为：原判认定事实清楚，证据确实、充分，定罪准确。二审期间上诉人耿某通过亲属退赔了被害人的全部经济损失，具有一定悔罪表现，可在原判基础上酌情对其进一步从轻处罚。原判审判程序合法。依照《中华人民共和国刑事诉讼法》第二百三十六条第一款第一项、第二项，《中华人民共和国刑法》第二百七十四条、第二十三条、第五十二条、第五十三条、第六十四条及《最高人民法院、最高人民检察院关于办理敲诈勒索刑事案件适用法律若干问题的解释》第一条、第六条第二款、第八条之规定，作出如下判决：

一、维持广西壮族自治区柳州市柳北区人民法院（2023）桂0205刑初198号刑事判决中的第二项、第三项，即责令被告人耿某退赔被害人黄某的经济损失人民币1万元，退赔被害人陈某的经济损失人民币1.6万元，退赔被害人赵某的经济损失人民币12万元，退赔被害人王某的经济损失人民币2.3万元，退赔被害人傅某的经济损失人民币3.6万元；被告人耿某的作案工具蓝绿色手机一部、黑色手机一部，依法予以没收，上缴国库；

二、撤销广西壮族自治区柳州市柳北区人民法院（2023）桂0205刑初198号刑事判决中的第一项，即被告人耿某犯敲诈勒索罪，判处有期徒刑五年六个月，并处罚金人民币10万元；

三、上诉人耿某犯敲诈勒索罪，判处有期徒刑四年六个月，并处罚金人民币8万元。

【法官后语】

本案的争议焦点在于耿某的行为如何定性，耿某的行为属于解决民事争议的维权行为，还是构成敲诈勒索罪，或是构成强迫交易罪。

一、耿某的行为不属于解决民事争议的维权行为

首先，双方纠纷不属于普通民事争议。虽然具有民事法律关系的外观，但耿某主张的权利是违规开户所得收益，违规开户违反证券监管部门的管理规定，双方的交易与收益都不具备正当性。且被害人陷入违规的错误中，与耿某有直接因果关系。其次，耿某主张权利超出正当合理限度。要求结算的开户清单，

达约定数量数倍，开户存在瑕疵甚至无效，结算金额随意且超出合理范围，体现耿某的目的与主张已经超过维权的范畴。最后，耿某的投诉举报具有胁迫性。从证据微信聊天记录、投诉举报材料分析，耿某频繁、反复地举报，远超必要限度，所谓“友好协商”实际为通过语言施加压力，通过举报索取财物。因此，显然耿某并非正当维权，举报是其要挟的手段。

二、耿某行为构成敲诈勒索罪而非强制交易罪

敲诈勒索罪与强迫交易罪在形式外观上有相似之处，且侵犯法益有所重合。不同的是，手段上，敲诈勒索罪除威胁外还包括要挟的手段；客体上，强迫交易罪除侵害他人合法权益外，还侵害正常的社会主义市场经济秩序。而区别两罪的关键，就在于主观上是非法占有的目的还是不平等交易的目的，客观上是否具有客观交易的事实基础等因素。综合本案情节，具体分析如下。

（一）耿某具有非法占有的目的而无真实交易的意图

其一，耿某无履约诚意。各被害人在交易前已就开户的数量、价格、时限、种类等作出明确、具体的约定，后耿某违背被害人意志，自行超出约定数量、不符合要求开户。在被害人迫于压力交付钱款后，耿某也未继续履行。其二，交易主体的不平等性。耿某所开的账户不符合要求对被害人而言缺乏使用价值，耿某仍通过投诉、举报要求对方结算，利用对方害怕被处罚甚至失业的心理迫使对方结算。可知真实追求是胁迫而非交易。其三，耿某的行为不具有偶发性。结合证据聊天记录，耿某频繁实施同一行为，与普通交易常理不符。

（二）双方不具有客观交易的事实基础

首先，无客观的交易内容。开户数量远超约定，开户的主体在年龄、资产等方面具有高度相似性，无效户的占比远高，不能为被害人带来收益，已不具备客观的交易基础。其次，未进行真实的交易行为。从本案证据中的微信聊天记录、举报、投诉材料来看，支付钱款的真实原因是解决投诉纠纷，支付钱款的数额与交易约定的单价、数量不能对应，具有随意性。

（三）被害人因受要挟产生恐慌而无奈给付钱款

耿某的行为符合敲诈勒索罪的行为特征，即行为人实施胁迫行为，使对方

产生恐惧心理，被害人基于恐惧心理处分了财产，行为人因此取得财产。本案中，耿某以广告吸引被害人与之违规交易，又利用被害人弱点，躲在虚拟的互联网以及假名之下，多次、反复投诉、举报，其行为具有要挟性质，被告人是基于失业、处罚的恐慌而交付财物。

综上，耿某主观上具有非法占有为目的，客观上实施了敲诈勒索行为，被害人基于心理恐慌被迫交付钱款，且数额巨大，其行为构成敲诈勒索罪论处。

编写人：广西壮族自治区柳州市柳北区人民法院　黄婧　黎建婷

ISBN 978-7-5216-5039-6

9 787521 650396 >

图书在版编目（CIP）数据

中国法院2025年度案例. 刑事案例. 三 / 国家法官学院，最高人民法院司法案例研究院编. -- 北京 : 中国法治出版社，2025. 5. -- ISBN 978-7-5216-5039-6

Ⅰ. D920. 5

中国国家版本馆CIP数据核字第2025YJ3731号

策划编辑：李小草　韩璐玮　白天园

责任编辑：白天园　　封面设计：李宁

中国法院2025年度案例．刑事案例．三

ZHONGGUO FAYUAN 2025 NIANDU ANLI. XINGSHI ANLI. SAN

编者/国家法官学院，最高人民法院司法案例研究院

经销/新华书店

印刷/三河市紫恒印装有限公司

开本/730毫米×1030毫米　16开　　印张/20　字数/239千

版次/2025年5月第1版　　2025年5月第1次印刷

中国法治出版社出版

书号 ISBN 978-7-5216-5039-6　　定价：79.00元

北京市西城区西便门西里甲16号西便门办公区

邮政编码：100053　　传真：010-63141600

网址：http：//www.zgfzs.com　　**编辑部电话：010-63141792**

市场营销部电话：010-63141612　　**印务部电话：010-63141606**

（如有印装质量问题，请与本社印务部联系。）

中国法院年度案例集成丛书(全15册)

国家法官学院　最高人民法院司法案例研究院　编

汇集十年精华　展现裁判思维　促进适法统一

实务性：为新型疑难法律适用问题提供解决方案的司法实务参考用书

工具性：可以查阅人民法院类型化裁判规则的小全书

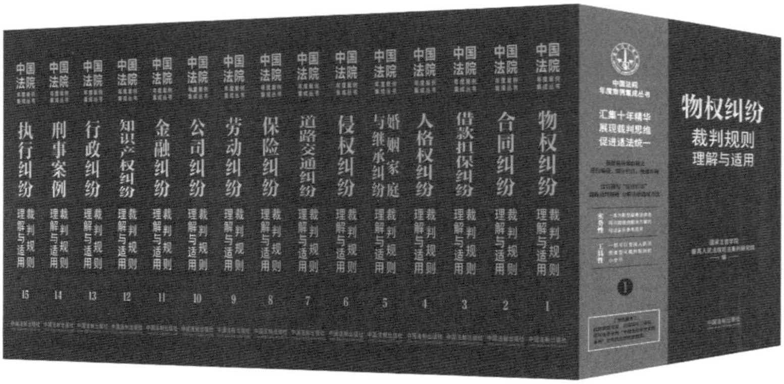

1. 物权纠纷裁判规则理解与适用
2. 合同纠纷裁判规则理解与适用
3. 借款担保纠纷裁判规则理解与适用
4. 人格权纠纷裁判规则理解与适用
5. 婚姻家庭与继承纠纷裁判规则理解与适用
6. 侵权纠纷裁判规则理解与适用
7. 道路交通纠纷裁判规则理解与适用
8. 保险纠纷裁判规则理解与适用
9. 劳动纠纷裁判规则理解与适用
10. 公司纠纷裁判规则理解与适用
11. 金融纠纷裁判规则理解与适用
12. 知识产权纠纷裁判规则理解与适用
13. 行政纠纷裁判规则理解与适用
14. 刑事案例裁判规则理解与适用
15. 执行纠纷裁判规则理解与适用